동형모의고사 2 파트 1 빠른 정답

제1회 모의고사 2023년 지방직 동형 모의고사

1	2	3	4	5	6	7	8	9	10
②	①	③	③	③	①	④	①	④	①
11	12	13	14	15	16	17	18	19	20
④	③	②	④	①	②	④	②	③	①

제2회 모의고사 2023년 국가직 동형 모의고사

1	2	3	4	5	6	7	8	9	10
④	③	①	②	②	②	④	③	③	③
11	12	13	14	15	16	17	18	19	20
②	②	①	④	②	①	②	④	①	③

제3회 모의고사 2022년 지방직 동형 모의고사

1	2	3	4	5	6	7	8	9	10
②	①	③	②	④	③	②	①	④	③
11	12	13	14	15	16	17	18	19	20
④	③	①	①	④	③	②	②	③	①

제4회 모의고사 2022년 국가직 동형 모의고사

1	2	3	4	5	6	7	8	9	10
②	④	③	①	③	④	②	④	①	③
11	12	13	14	15	16	17	18	19	20
②	③	④	②	①	④	①	②	①	②

제5회 모의고사 2021년 지방직 동형 모의고사

1	2	3	4	5	6	7	8	9	10
③	④	①	②	③	①	①	③	②	④
11	12	13	14	15	16	17	18	19	20
①	④	④	②	①	③	④	③	②	④	①

제6회 모의고사 2021년 국가직 동형 모의고사

1	2	3	4	5	6	7	8	9	10
③	②	③	②	④	②	①	①	①	①
11	12	13	14	15	16	17	18	19	20
③	④	④	②	①	③	③	④	②	④

제7회 모의고사 2020년 지방직 동형 모의고사

1	2	3	4	5	6	7	8	9	10
③	①	③	③	①	②	④	④	①	②
11	12	13	14	15	16	17	18	19	20
④	①	②	②	①	②	④	①	②	④	③

제8회 모의고사 2020년 국가직 동형 모의고사

1	2	3	4	5	6	7	8	9	10
③	③	②	④	②	③	④	①	①	②
11	12	13	14	15	16	17	18	19	20
①	③	④	②	③	④	②	③	①	①

동형모의고사 2 파트 1

빠른 정답

제9회 모의고사 2019년 지방직 동형 모의고사

1	2	3	4	5	6	7	8	9	10
④	①	④	③	④	③	①	①	②	③
11	12	13	14	15	16	17	18	19	20
④	②	①	②	③	④	③	③	①	②

제10회 모의고사 2019년 국가직 동형 모의고사

1	2	3	4	5	6	7	8	9	10
④	②	①	③	②	③	②	②	④	①
11	12	13	14	15	16	17	18	19	20
④	④	②	③	①	③	④	④	①	①

제11회 모의고사 2018년 지방직 동형 모의고사

1	2	3	4	5	6	7	8	9	10
②	④	①	③	③	②	③	②	②	②
11	12	13	14	15	16	17	18	19	20
①	①	④	④	③	④	④	①	①	③

제12회 모의고사 2018년 국가직 동형 모의고사

1	2	3	4	5	6	7	8	9	10
③	①	③	①	④	②	③	④	①	②
11	12	13	14	15	16	17	18	19	20
③	④	②	④	②	①	③	②	③	④

제13회 모의고사 2017년 지방직 추가시험(12월) 동형 모의고사

1	2	3	4	5	6	7	8	9	10
③	③	①	②	②	③	④	②	②	①
11	12	13	14	15	16	17	18	19	20
①	①	④	③	④	④	④	①	④	③

제14회 모의고사 2017년 지방직+국가직 동형 모의고사

1	2	3	4	5	6	7	8	9	10
④	②	①	③	④	④	②	①	①	③
11	12	13	14	15	16	17	18	19	20
③	④	④	③	①	②	③	②	③	②

제15회 모의고사 2016년 지방직 동형 모의고사

1	2	3	4	5	6	7	8	9	10
②	③	①	②	①	②	④	②	③	④
11	12	13	14	15	16	17	18	19	20
④	③	③	①	④	④	④	②	①	①

제16회 모의고사 2016년 국가직 동형 모의고사

1	2	3	4	5	6	7	8	9	10
②	①	②	②	①	④	④	②	②	④
11	12	13	14	15	16	17	18	19	20
①	①	③	④	①	③	③	④	④	③

동형모의고사 2 파트 1 빠른 정답

제17회 모의고사 2015년 지방직 동형 모의고사

1	2	3	4	5	6	7	8	9	10
③	①	①	③	③	②	③	④	①	②
11	12	13	14	15	16	17	18	19	20
④	②	④	①	①	③	④	②	②	④

제18회 모의고사 2015년 국가직 동형 모의고사

1	2	3	4	5	6	7	8	9	10
①	③	③	①	①	④	③	④	③	④
11	12	13	14	15	16	17	18	19	20
④	③	②	②	①	①	④	②	②	②

제19회 모의고사 2014년 지방직 동형 모의고사

1	2	3	4	5	6	7	8	9	10
③	②	①	②	③	④	③	①	①	④
11	12	13	14	15	16	17	18	19	20
①	①	②	③	④	④	③	④	②	②

제20회 모의고사 2014년 국가직 동형 모의고사

1	2	3	4	5	6	7	8	9	10
①	③	④	③	②	①	②	②	①	③
11	12	13	14	15	16	17	18	19	20
③	②	①	③	④	④	④	②	④	①

제21회 모의고사 2013년 지방직 동형 모의고사

1	2	3	4	5	6	7	8	9	10
④	②	①	①	③	③	①	③	③	②
11	12	13	14	15	16	17	18	19	20
②	④	①	④	③	①	③	④	②	④

제22회 모의고사 2013년 국가직 동형 모의고사

1	2	3	4	5	6	7	8	9	10
④	③	④	①	②	③	②	②	①	④
11	12	13	14	15	16	17	18	19	20
③	③	①	③	④	④	①	②	②	①

제23회 모의고사 2012년 지방직 동형 모의고사

1	2	3	4	5	6	7	8	9	10
③	②	①	②	①	②	③	①	④	②
11	12	13	14	15	16	17	18	19	20
①	④	④	②	③	④	②	①	④	③

제24회 모의고사 2012년 국가직 동형 모의고사

1	2	3	4	5	6	7	8	9	10
②	②	②	③	①	④	①	③	④	①
11	12	13	14	15	16	17	18	19	20
①	④	②	④	③	③	③	②	①	④

동형모의고사 2 파트 1 빠른 정답

제25회 모의고사 2011년 지방직(상반기) 동형 모의고사

1	2	3	4	5	6	7	8	9	10
④	①	①	③	②	①	④	④	②	③
11	12	13	14	15	16	17	18	19	20
②	④	①	③	④	②	③	②	④	③

제26회 모의고사 2011년 지방기(하반기) 동형 모의고사

1	2	3	4	5	6	7	8	9	10
①	③	①	②	①	②	④	②	④	③
11	12	13	14	15	16	17	18	19	20
③	①	①	②	④	④	②	③	③	④

제27회 모의고사 2011년 국가직 동형 모의고사

1	2	3	4	5	6	7	8	9	10
③	③	②	③	①	④	④	③	①	①
11	12	13	14	15	16	17	18	19	20
②	④	④	②	②	④	①	④	③	①

제28회 모의고사 2010년 지방직 동형 모의고사

1	2	3	4	5	6	7	8	9	10
④	①	③	③	①	②	④	②	③	③
11	12	13	14	15	16	17	18	19	20
②	④	②	①	③	③	①	②	④	②

제29회 모의고사 2010년 국가직 동형 모의고사

1	2	3	4	5	6	7	8	9	10
②	③	④	④	①	④	③	②	①	③
11	12	13	14	15	16	17	18	19	20
④	①	②	②	④	①	③	③	②	①

동형모의고사 2 파트 2 — 빠른 정답

제30회 동형 모의고사

1	2	3	4	5	6	7	8	9	10
④	②	④	①	②	④	①	②	①	③

11	12	13	14	15	16	17	18	19	20
④	①	②	②	③	③	③	④	③	④

제31회 동형 모의고사

1	2	3	4	5	6	7	8	9	10
①	①	③	②	①	③	③	④	①	④

11	12	13	14	15	16	17	18	19	20
④	②	③	③	④	③	④	②	①	②

제32회 동형 모의고사

1	2	3	4	5	6	7	8	9	10
④	②	③	①	①	①	③	③	④	①

11	12	13	14	15	16	17	18	19	20
④	②	③	①	③	②	④	②	③	②

제33회 동형 모의고사

1	2	3	4	5	6	7	8	9	10
②	③	①	②	③	①	④	③	①	①

11	12	13	14	15	16	17	18	19	20
②	④	③	④	②	④	②	④	②	①

제34회 동형 모의고사

1	2	3	4	5	6	7	8	9	10
③	④	②	③	③	②	③	④	②	①

11	12	13	14	15	16	17	18	19	20
③	②	③	①	④	②	①	②	①	④

제35회 동형 모의고사

1	2	3	4	5	6	7	8	9	10
④	①	①	②	④	④	②	①	③	①

11	12	13	14	15	16	17	18	19	20
①	③	④	②	④	②	③	①	③	②

제36회 동형 모의고사

1	2	3	4	5	6	7	8	9	10
②	②	④	④	③	③	④	④	①	①

11	12	13	14	15	16	17	18	19	20
④	①	①	④	③	①	③	②	②	②

제37회 동형 모의고사

1	2	3	4	5	6	7	8	9	10
②	②	①	④	①	②	④	③	①	④

11	12	13	14	15	16	17	18	19	20
②	③	③	③	①	①	④	③	①	②

동형모의고사 2 파트 2　　빠른 정답

제38회 동형 모의고사

1	2	3	4	5	6	7	8	9	10
①	①	②	④	①	③	②	④	①	③
11	12	13	14	15	16	17	18	19	20
③	①	②	③	④	①	③	②	④	②

제39회 동형 모의고사

1	2	3	4	5	6	7	8	9	10
②	①	①	③	②	②	③	①	②	④
11	12	13	14	15	16	17	18	19	20
③	④	③	④	①	①	②	③	④	④

제40회 동형 모의고사

1	2	3	4	5	6	7	8	9	10
④	②	④	③	②	④	①	④	③	③
11	12	13	14	15	16	17	18	19	20
④	①	②	③	①	④	②	②	③	①

제41회 동형 모의고사

1	2	3	4	5	6	7	8	9	10
④	④	④	①	③	②	③	②	①	①
11	12	13	14	15	16	17	18	19	20
①	②	③	③	②	②	①	①	③	④

제42회 동형 모의고사

1	2	3	4	5	6	7	8	9	10
④	③	④	③	②	①	①	③	③	②
11	12	13	14	15	16	17	18	19	20
①	②	①	④	④	②	③	④	②	①

제43회 동형 모의고사

1	2	3	4	5	6	7	8	9	10
④	②	②	①	④	①	②	③	④	③
11	12	13	14	15	16	17	18	19	20
②	①	③	④	①	③	④	①	①	③

제44회 동형 모의고사

1	2	3	4	5	6	7	8	9	10
①	③	③	④	④	②	④	①	③	④
11	12	13	14	15	16	17	18	19	20
②	③	②	②	①	④	③	①	②	①

제45회 동형 모의고사

1	2	3	4	5	6	7	8	9	10
③	②	③	①	②	④	④	④	③	③
11	12	13	14	15	16	17	18	19	20
④	④	④	③	②	①	①	③	②	②

동형모의고사 2 파트 2

빠른 정답

제46회 동형 모의고사

1	2	3	4	5	6	7	8	9	10
②	①	③	②	②	③	③	②	①	②
11	12	13	14	15	16	17	18	19	20
①	④	①	③	③	④	④	④	①	②

제47회 동형 모의고사

1	2	3	4	5	6	7	8	9	10
②	④	①	①	②	②	③	③	④	③
11	12	13	14	15	16	17	18	19	20
③	①	②	①	④	④	②	③	①	④

제48회 동형 모의고사

1	2	3	4	5	6	7	8	9	10
①	③	④	②	③	④	①	①	①	①
11	12	13	14	15	16	17	18	19	20
②	③	②	②	①	③	②	④	③	④

제49회 동형 모의고사

1	2	3	4	5	6	7	8	9	10
③	①	①	②	③	③	①	④	②	①
11	12	13	14	15	16	17	18	19	20
②	④	③	②	③	④	③	②	④	①

제50회 동형 모의고사

1	2	3	4	5	6	7	8	9	10
②	④	③	③	④	①	②	①	③	④
11	12	13	14	15	16	17	18	19	20
④	③	③	②	①	②	①	①	②	④

김유경 사회복지학개론
동형모의고사 2
실전대비 예상문제 총 50회

2024 보호직·사회복지직 9급 공무원시험 대비

김유경 사회복지학개론
동형모의고사 2
실전대비 예상문제 총 50회

정답 및 해설

지식터

파트 1

제1회 모의고사 정답 및 해설 ——— 4
제2회 모의고사 정답 및 해설 ——— 7
제3회 모의고사 정답 및 해설 ——— 11
제4회 모의고사 정답 및 해설 ——— 14
제5회 모의고사 정답 및 해설 ——— 16
제6회 모의고사 정답 및 해설 ——— 19
제7회 모의고사 정답 및 해설 ——— 22
제8회 모의고사 정답 및 해설 ——— 25
제9회 모의고사 정답 및 해설 ——— 27
제10회 모의고사 정답 및 해설 ——— 30
제11회 모의고사 정답 및 해설 ——— 33
제12회 모의고사 정답 및 해설 ——— 36
제13회 모의고사 정답 및 해설 ——— 39
제14회 모의고사 정답 및 해설 ——— 42
제15회 모의고사 정답 및 해설 ——— 45

제16회 모의고사 정답 및 해설 ——— 48
제17회 모의고사 정답 및 해설 ——— 52
제18회 모의고사 정답 및 해설 ——— 55
제19회 모의고사 정답 및 해설 ——— 58
제20회 모의고사 정답 및 해설 ——— 62
제21회 모의고사 정답 및 해설 ——— 65
제22회 모의고사 정답 및 해설 ——— 67
제23회 모의고사 정답 및 해설 ——— 71
제24회 모의고사 정답 및 해설 ——— 73
제25회 모의고사 정답 및 해설 ——— 75
제26회 모의고사 정답 및 해설 ——— 79
제27회 모의고사 정답 및 해설 ——— 82
제28회 모의고사 정답 및 해설 ——— 84
제29회 모의고사 정답 및 해설 ——— 88

파트 2

제30회 모의고사 정답 및 해설 ——— 91

제31회 모의고사 정답 및 해설 ——— 94

제32회 모의고사 정답 및 해설 ——— 97

제33회 모의고사 정답 및 해설 ——— 100

제34회 모의고사 정답 및 해설 ——— 102

제35회 모의고사 정답 및 해설 ——— 105

제36회 모의고사 정답 및 해설 ——— 108

제37회 모의고사 정답 및 해설 ——— 111

제38회 모의고사 정답 및 해설 ——— 114

제39회 모의고사 정답 및 해설 ——— 117

제40회 모의고사 정답 및 해설 ——— 119

제41회 모의고사 정답 및 해설 ——— 122

제42회 모의고사 정답 및 해설 ——— 125

제43회 모의고사 정답 및 해설 ——— 128

제44회 모의고사 정답 및 해설 ——— 130

제45회 모의고사 정답 및 해설 ——— 132

제46회 모의고사 정답 및 해설 ——— 135

제47회 모의고사 정답 및 해설 ——— 137

제48회 모의고사 정답 및 해설 ——— 140

제49회 모의고사 정답 및 해설 ——— 143

제50회 모의고사 정답 및 해설 ——— 146

2024 보호직·사회복지직 9급 공무원시험 대비 | 사회복지학개론

파트 1

제1회 모의고사 2023년 지방직 동형 모의고사

1	2	3	4	5	6	7	8	9	10
②	①	③	③	③	①	④	①	④	①
11	12	13	14	15	16	17	18	19	20
④	③	②	④	①	②	④	②	③	①

01 ②가 답인 이유
병리적 관점(혹은 의료모델)에 기초한 진단(diagnosis)과 달리 사회복지실천의 사정(assessment)은 사회복지사와 클라이언트 양자가 함께 참여하는 상호적인 과정을 통해 이루어진다.

02 ①이 답인 이유
[오답 체크]
② 양적 연구는 현상에 내재한 인과관계의 법칙을 밝혀내는 데 초점을 둔다.
③ 질적 연구는 질적 연구에 비해 귀납적 논리방법을 주로 사용한다.
④ 양적 연구는 연구자의 주관성을 통제한 가치중립적 조사를 강조한다.

양적 연구와 질적 연구 비교

	양적 연구	질적 연구
패러다임	실증주의	해석주의
추론방법	연역법	귀납법
목표	현상에 내재한 법칙의 규명	현상에 대한 심층적 이해
강조	객관성(가치중립)	주관성
상대적 장점	일반화 가능성 높음	심층규명 가능
표본크기	큼	작음
주된 방법	실험설계, 설문조사 등	면접, 관찰 등

03 ③이 답인 이유
베버리지가 제시한 사회보험의 원칙에는 누구나 소득에 관계없이 동일한 보험료를 내고 동일한 금액의 급여를 받는 정액기여, 정액급여의 원칙이 포함된다.
[오답 체크]
① 베버리지 보고서는 1942년에 제출되었고, 영국 최초 사회보험인 건강보험과 실업보험은 1911년 「국민보험법」 제정을 통해 도입되었다.
② 열등처우 원칙은 1834년 개정구빈법에서 제시했다.
④ 영국 자유당 정권에서 무갹출 방식의 노령연금을 도입한 것은 1908년이다.

04 ③이 답인 이유
• 제도적 복지와 잔여적 복지는 사회복지제도의 기능을 어떻게 바라보는가에 따른 구분이다.
• 제도적 복지에서는 사회복지제도가 다른 사회제도들과 마찬가지로 제1선에서 필수적인 기능을 담당한다고 본다.
[오답 체크]
① 사회복지제도는 다른 사회제도와 **중복되는 기능**도 수행하면서 동시에 다른 사회제도로는 충족되지 않는 영역에 대한 독자적인 기능도 수행한다.
② **잔여적 복지**에서는 사회문제의 발생이 개인에게 책임이 있다고 보지만, 제도적 복지에서는 사회에 책임이 있다고 본다.
④ **잔여적 복지**에서는 정상적으로 다른 사회제도가 기능을 발휘하고 있을 때는 사회복지활동을 중지해야 한다고 보지만, 제도적 복지에서는 현대 사회에서 사회복지제도 없이 다른 사회제도만으로 사회가 온전히 기능할 수는 없다고 본다. 즉, 사회복지제도는 항시 꼭 있어야 하는 필수적 제도이지 다른 제도가 기능을 발휘할 수 없을 때만 한시적으로 기능하는 제도가 아니라고 본다.

05 ③이 답인 이유
③에서 설명하고 있는 내용은 열등처우의 원칙이며, **개정구빈법(1834년)**에 해당한다.
옳은 지문 보충설명
② 구빈세는 지방세의 형태로 각 교구별로 징수하고 집행하도록 하였으며, 구빈 재정과 행정단위를 교구단위로 하여 각 지방의 치안판사들이 교구민 중 선발된 2~3명의 구빈감독관에게 구빈행정의 책임을 맡기는 등 구빈의 지방 행정체계를 확립하였다.

06 ①이 답인 이유

②는 노인주거복지시설, ③은 재가노인복지시설, ④는 노인여가복지시설에 해당한다.

노인복지시설 유형

형태	노인복지시설 종류	
생활시설	노인주거복지시설	양로시설, 노인공동생활가정, 노인복지주택
	노인의료복지시설	노인요양시설, 노인요양공동생활가정
	학대피해노인전용쉼터	
이용시설	재가노인복지시설	재가노인복지시설(방문요양, 주·야간보호, 단기보호, 방문목욕, 재가노인지원, 방문간호)
	노인여가복지시설	노인복지관, 경로당, 노인교실
	노인보호전문기관	
	노인일자리지원기관	

07 ④가 답인 이유

- ㄱ은 개입단계, ㄴ은 사정단계, ㄷ은 접수단계, ㄹ은 평가단계에 해당한다.
- 사회복지실천의 과정은 접수단계(ㄷ) – 자료수집 및 사정단계(ㄴ) – 계획단계 – 개입단계(ㄱ) – 평가 및 종결단계(ㄹ) 순이므로, ④가 옳다.

08 ①이 답인 이유

바우처란 특정 사회복지서비스 및 재화를 구매할 수 있도록 사회복지서비스의 이용자에게 제공하는 구매증서로서, 현금급여와 현물급여에 속하지 않는 중간 형태의 급여이다.

오답 체크

② 바우처는 **현물급여에 비해** 낙인 효과를 줄일 수 있다.
③ 바우처는 **현금급여에 비해** 비합리적 소비를 예방할 수 있다.
④ 우리나라는 **2007년부터** 전자바우처 방식의 사회서비스를 도입하였다.

09 ④가 답인 이유

재보증기법이란, 자신의 능력이나 자질에 대해 회의적인 클라이언트를 대상으로 이들의 자신감을 향상시키기 위해 활용하는 기법을 말한다. ④는 다시 또 실패할까봐 불안해하는 클라이언트에게 사회복지사가 신뢰를 표현함으로써 클라이언트의 자신감을 북돋아주는 재보증기법에 해당한다.

오답 체크

①은 직면기법, ②는 명확화(명료화)기법, ③은 공감기법에 해당한다.

10 ①이 답인 이유

실제 사회복지사 윤리강령의 규정은 다음과 같다. '사회복지사는 사회복지 실천에 필요한 정보통신 관련 지식과 기술을 습득하기 위해 노력하며, 이를 사용하는 과정에서 발생할 수 있는 윤리적 문제를 인식하고 정보통신 관련 지식과 기술을 활용하도록 한다.'

한국 사회복지사 윤리강령 > 윤리기준 > 기본적 윤리기준 > 전문성 개발을 위한 노력

1) 직무 능력 개발

가. 사회복지사는 클라이언트에게 최상의 서비스를 제공하기 위해, 지식과 기술을 개발하는 데 최선을 다하며 이를 활용하고 공유할 책임이 있다.
나. 사회복지사는 사회적 다양성의 특징(성, 연령, 정신·신체적 장애, 경제적 지위, 정치적 신념, 종교, 인종, 국적, 결혼 상태, 임신 또는 출산, 가족 형태 또는 가족 상황, 성적 지향, 젠더 정체성, 기타 개인적 선호·특징·조건·지위 등), 차별, 억압 등에 대해 교육을 받고 이에 대한 이해를 증진하기 위해 노력한다.
다. 사회복지사는 변화하는 사회복지 관련 쟁점에 대응할 수 있도록 실천 기술을 향상하고, 새로운 실천 기술이나 접근법을 적용하기 위해 적절한 교육, 훈련, 연수, 자문, 슈퍼비전 등을 받도록 노력한다.
라. **사회복지사는 사회복지 실천에 필요한 정보통신 관련 지식과 기술을 습득하기 위해 노력하며, 이를 사용하는 과정에서 발생할 수 있는 윤리적 문제를 인식하고 정보통신 관련 지식과 기술을 활용하도록 한다.**

2) 지식기반의 실천 증진

가. 사회복지사는 사회복지 실천 과정에서 평가와 연구 조사를 함으로써, 사회복지 실천의 지식 기반형성에 기여하고, 궁극적으로 사회복지 실천의 질적 향상을 위해 노력한다.
나. 사회복지사는 평가나 연구 조사를 할 때, 연구 참여자의 권리를 보장하기 위해, 연구 관련 사항을 충분히 안내하고 자발적인 동의를 얻어야 한다.
다. 사회복지사는 연구 과정에서 얻은 정보를 비밀 보장의 원칙에서 다루며, 비밀 보장의 한계, 비밀 보장을 위한 조치, 조사자료폐기 등을 연구 참여자에게 알려야 한다.
라. 사회복지사는 평가나 연구 조사를 할 때, 연구 참여자의 보호와 이익, 존엄성, 자기 결정권, 자발적 동의, 비밀 보장 등을 고려하며, 「생명윤리 및 안전에 관한 법률」 등 관련 법령과 규정에 따라 연구윤리를 준수한다.

11 ④가 답인 이유

ㄱ. 인권은 천부적이고, 보편적(누구나에게 보장되어야 함)인 기본적, 법적 권리이다.

ㄴ. 수많은 소중한 생명을 참혹하게 앗아간 제2차 세계 대전이 종식된 후 이 같은 비극이 또다시 반복되는 것을 막고자 1948년 12월 10일 유엔총회에서 채택된 세계인권선언(Universal Declaration of Human Rights)은 세계에서 가장 널리 인정된 인권선언문이다.

ㄷ. 「대한민국헌법」 제10조에서는 인권보장에 대한 국가의 의무를 규정하고 있다.

「대한민국헌법」 제10조

모든 국민은 인간으로서의 존엄과 가치를 가지며, 행복을 추구할 권리를 가진다. **국가는 개인이 가지는 불가침의 기본적 인권을 확인하고 이를 보장할 의무를 진다.**

ㄹ. 한국 사회복지사 윤리강령의 〈윤리강령의 가치와 원칙〉에서는 인간 존엄성 가치를 위한 윤리적 원칙으로 인권

에 대한 보호와 존중을 다음과 같이 명시하고 있다.

> **한국 사회복지사 윤리강령 > 윤리강령의 가치와 원칙**
>
> 사회복지사는 인간 존엄성과 사회정의라는 사회복지의 핵심 가치에 기반을 두고 사회복지 전문직의 사명을 다하기 위해 노력해야 한다. 이러한 핵심가치와 관련해 사회복지 전문직이 준수해야 할 윤리적 원칙을 제시한다.
>
> **핵심 가치 1. 인간 존엄성**
> 윤리적 원칙: 사회복지사는 인간의 존엄성과 가치를 인정하고 존중한다.
> - 사회복지사는 개인적·사회적·문화적·정치적·종교적 다양성을 고려하며 개인의 인권을 보호하고 존중한다.
> - 사회복지사는 클라이언트의 자율성을 존중하고, 자기 결정을 지원한다.
> - 사회복지사는 클라이언트가 역량을 강화하고, 자신과 환경을 변화시킬 수 있도록 지원한다.
> - 사회복지사는 사회복지 실천 과정에서 클라이언트의 개입과 참여를 보장한다.
>
> **핵심 가치 2. 사회정의**
> 윤리적 원칙: 사회복지사는 사회정의 실현을 위해 앞장선다.
> - 사회복지사는 개인적·집단적·사회적·문화적·정치적·종교적 차별에 도전하여 사회정의를 촉진한다.
> - 사회복지사는 개인, 가족, 집단, 지역사회의 다양성을 존중하는 포용적 지역사회를 만들기 위해 노력한다.
> - 사회복지사는 부적절하고 억압적이며 불공정한 사회제도와 관행을 변화시키기 위해 사회의 다양한 구성원들과 협력한다.
> - 사회복지사는 포용적이고 책임 있는 사회를 만들어 가기 위해 연대 활동을 한다.

12 ③이 답인 이유

- "활동지원기관"이란 제20조에 따라 지정을 받은 기관으로서 수급자에게 활동지원급여를 제공하는 기관을 말한다.
- 제20조 : 활동지원기관을 설치·운영하려는 자는 보건복지부령으로 정하는 시설 및 인력 기준을 갖추고 소재지를 관할하는 특별자치시장·특별자치도지사·시장·군수·구청장으로부터 지정을 받아야 한다.

13 ②가 답인 이유

「의료급여법」 제10조(급여비용의 부담) : 급여비용은 대통령령으로 정하는 바에 따라 그 **전부 또는 일부를 의료급여기금에서 부담하되, 의료급여기금에서 일부를 부담하는 경우 그 나머지 비용은 본인이 부담**한다.

옳은 지문 보충설명

> **「의료급여법 시행령」 제3조(수급권자의 구분)**
> ① 수급권자는 법 제3조제3항에 따라 1종수급권자와 2종수급권자로 구분한다.
>
> **「의료급여법」 제5조의2(사례관리)**
> ① 보건복지부장관, 특별시장·광역시장·도지사 및 시장·군수·구청장은 수급권자의 건강관리 능력 향상 및 합리적 의료이용 유도 등을 위하여 사례관리를 실시할 수 있다.
> ② 제1항에 따른 사례관리를 실시하기 위하여 특별시·광역시·특별자치시·도·특별자치도(이하 "시·도"라 한다) 및 시(특별자치도의 행정시를 제외한다. 이하 같다)·군·구(자치구를 말한다. 이하 같다)에 의료급여 관리사를 둔다.

> **「의료급여법」 제4조(적용 배제)**
> ① 수급권자가 업무 또는 공무로 생긴 질병·부상·재해로 다른 법령에 따른 급여나 보상(報償) 또는 보상(補償)을 받게 되는 경우에는 이 법에 따른 의료급여를 하지 아니한다.
> ② 수급권자가 다른 법령에 따라 국가나 지방자치단체 등으로부터 의료급여에 상당하는 급여 또는 비용을 받게 되는 경우에는 그 한도에서 이 법에 따른 의료급여를 하지 아니한다.

14 ④가 답인 이유

모든 국민은 사회보장 관계 법령에서 정하는 바에 따라 사회보장급여를 받을 권리(이하 "사회보장수급권"이라 한다)를 가진다. 사회보장수급권은 제한되거나 정지될 수 없다. 다만, **관계 법령에서 따로 정하고 있는 경우에는 그러하지 아니하다.** 사회보장수급권이 제한되거나 정지되는 경우에는 제한 또는 정지하는 목적에 필요한 최소한의 범위에 그쳐야 한다.

15 ①이 답인 이유

②, ③, ④는 병리적 관점에 해당한다.

16 ②가 답인 이유

국민기초생활 보장제도에서 생계급여는 수급자가 주거가 없거나 주거가 있어도 그곳에서는 급여의 목적을 달성할 수 없는 경우 또는 수급자가 희망하는 경우에는 수급자를 **보장시설이나 타인의 가정에 위탁하여 급여를 실시할 수 있다.**

17 ④가 답인 이유

ㄷ. 다음 두 조건에 해당하면 장기요양인정을 신청할 수 있다.
  ① 65세 이상의 노인 또는 65세 미만의 자로서 노인성 질병(파킨슨병, 알츠하이머병, 뇌경색증, 뇌내출혈, 혈관성 치매 등)이 있는 자
  ② 장기요양보험 가입자 또는 피부양자이거나 의료급여 수급권자
ㄹ. 수급자는 동일한 시간에 방문요양, 방문목욕, 방문간호, 주·야간보호 또는 단기보호 급여를 2가지 이상 받을 수 없다. 다만, 방문간호와 방문목욕, 방문간호와 방문요양의 경우 수급자의 원활한 급여 이용을 위해 동일한 시간에도 불구하고 각각의 급여를 받을 수 있다.

오답 체크

ㄱ. 장기요양급여는 노인 등이 가족과 함께 생활하면서 가정에서 장기요양을 받는 **재가급여**를 우선적으로 제공하여야 한다.
ㄴ. 장기요양보험제도는 2007년 제정되어 **2008년부터 시행**되었으며 보험자는 국민건강보험공단이다.

18 ②가 답인 이유

사례관리가 전통적 사회복지실천과 다른 대표적인 차이는 **기관 내 서비스에 한정되지 않고 지역사회의 다양한 자원과 서비스를 활용**한다는 데 있다. 이를 통해 클라이언트의 복합적이고 다양한 욕구를 최대한 효과적이고 효율적으로 충족하고자 한다.

19 ③이 답인 이유

보건복지부장관은 **5년마다** 정신건강에 대한 실태조사를 하여야 하며, 필요한 경우 「장애인복지법」에 따른 장애 실태조사와 함께 실시할 수 있다.

옳은 지문 보충설명

① 정신건강증진시설에는 정신의료기관, 정신요양시설 및 정신재활시설이 포함되며, 「의료법」에 따른 정신병원은 이 중 정신의료기관에 해당한다. 따라서 정신병원은 정신건강증진시설에 포함된다.

20 ①이 답인 이유

감호 위탁 처분을 받은 청소년에 대하여 보호자를 대신하여 그 청소년을 보호할 수 있는 자가 상담·주거·학업·자립 등 서비스를 제공하는 청소년복지시설은 청소년회복지원시설이다.

청소년복지시설의 종류

청소년쉼터	**가정 밖 청소년**에 대하여 가정·학교·사회로 복귀하여 생활할 수 있도록 일정 기간 보호하면서 상담·주거·학업·자립 등을 지원하는 시설
청소년자립지원관	일정 기간 청소년쉼터 또는 청소년회복지원시설의 지원을 받는데도 **가정·학교·사회로 복귀하여 생활할 수 없는 청소년**에게 자립하여 생활할 수 있는 능력과 여건을 갖추도록 지원하는 시설
청소년치료재활센터	**학습·정서·행동상의 장애를 가진 청소년**을 대상으로 정상적인 성장과 생활을 할 수 있도록 해당 청소년에게 적합한 치료·교육 및 재활을 종합적으로 지원하는 거주형 시설
청소년회복지원시설	**감호 위탁 처분을 받은 청소년**에 대하여 보호자를 대신하여 그 청소년을 보호할 수 있는 자가 상담·주거·학업·자립 등 서비스를 제공하는 시설

제2회 모의고사 2023년 국가직 동형 모의고사

1	2	3	4	5	6	7	8	9	10
④	③	①	②	②	②	④	③	③	③
11	12	13	14	15	16	17	18	19	20
②	③	①	④	②	①	④	④	①	③

01 ④가 답인 이유

인보관 운동은 **지역주민 참여에 기반한 지역복지실천**의 발전에, 자선조직협회는 **개별사회사업**의 발전에 영향을 주었다.

02 ③이 답인 이유

사회문제는 가치중립적이지 않다. 어떤 상황을 사회문제라고 인식하는가는 가치판단에 영향을 받는다.

03 ①이 답인 이유

강점관점의 원칙 중 하나는 '**성장과 변화의 상한선은 없다**는 전제하에서 개인, 가족, 지역사회가 원하는 바를 진지하게 받아들여야 한다.'이다.

04 ②가 답인 이유

오답 체크

ㄱ. 로웬버그와 돌고프 : 삶의 질의 원칙이 평등과 불평등의 원칙과 상충하는 경우, **평등과 불평등의 원칙이 우선**한다.

ㄹ. 리머 : 개인의 자기결정권이 그 자신의 기본적 복지권과 상충하는 경우, **개인의 자기결정권이 우선**한다.

로웬버그와 돌고프의 윤리원칙 심사표(EPS : Ethical Principles Screen)

① 생명보호
② 평등과 불평등
③ 자율과 자유
④ 최소 해악
⑤ 삶의 질
⑥ 사생활 보호와 비밀보장
⑦ 진실성과 정보공개(성실)

리머(Reamer)의 윤리적 의사결정 지침

1. 인간행위의 필수적 전제조건(생명, 건강, 음식, 주거, 정신적 균형)에 대한 기본적인 위해를 막는 규칙은 거짓말을 하거나 비밀정보를 누설하거나 오락, 교육, 재산과 같은 부가재를 위협하는 것과 같은 위해를 막는 규칙에 우선한다.
2. 개인의 기본적 복지권(인간행위의 필수적인 조건 포함)은 타인의 자기결정권에 우선한다.
3. 개인의 자기결정권은 그 자신의 기본적 복지권에 우선한다.
4. 자발적이고 자유롭게 동의한 법률, 규칙, 규정을 준수해야 하는 의무는 이들 법률, 규칙, 규정과 갈등을 일으키는 방식으로 행동하는 개인의 권리에 통상적으로 우선한다.

5. 개인의 복지권은 그와 갈등을 일으키는 법률, 규칙, 규정 및 자원단체들의 협정에 우선한다.
6. 기아와 같은 기본적 위해를 예방하고 주택, 교육, 공공부조와 같은 공공재를 증진시킬 의무는 개인의 완전한 재산관리권에 우선한다.

05 ②가 답인 이유
②는 선별주의의 장점이다. 꼭 필요한 대상에게 자원을 활용하는 것은 목표효율성(혹은 대상효율성)이 높음을 의미한다. 선별주의는 불필요한 대상에게까지 자원을 할당하지 않아 목표효율성과 비용효율성이 높다는 장점이 있다.

옳은 지문 보충설명
① 이 내용은 운영효율성을 의미한다. 선별주의는 대상을 선정하는 과정에서 행정비용의 과다 문제가 발생할 수 있어 운영효율성이 떨어지지만 보편주의는 운영효율성이 높다.
③ 선별주의는 대상 선정 과정에서 낙인과 비인간화 문제를 유발하여 수급 기피 현상을 초래할 우려가 있지만, 누구나 대상이 되는 보편주의는 낙인을 유발하지 않는다.
④ 누구나 대상이 되는 보편적 복지가 일부만 대상이 되는 선별적 복지보다 정치적 선호도와 제도적 지속성이 높다.

06 ②가 답인 이유
에스핑-안데르센(Esping-Andersen)이 분류한 복지국가 유형 중 개인 책임과 자조 원리를 강조하는 유형은 자유주의 복지국가이고, 중산층까지를 복지의 대상으로 포괄하는 유형은 사회민주주의 복지국가이다.

옳은 지문 보충설명
② 티트머스(Titmuss)는 사회복지정책의 영역을 포괄적으로 해석하여 조세정책도 사회정책의 분야로 포함시켰다. 그는 한 나라의 복지는 사회복지, 재정복지, 직업복지의 세 부분으로 역할 분담되어 있다고 보았는데, 여기서 재정복지는 조세정책을 통해 간접적으로 국민들의 복지를 향상시키는 방식을 말한다.

07 ④가 답인 이유
노인교실, 노인복지관, 경로당은 노인여가복지시설에 해당한다.

오답 체크
① 노인요양공동생활가정은 노인의료복지시설에, 노인공동생활가정은 노인주거복지시설에 속한다.
② 노인의료복지시설(노인요양시설, 노인요양공동생활가정이 포함됨)은 「노인복지법」상 노인복지시설이지만, 노인전문병원은 그렇지 않다.
③ 경로당은 노인여가복지시설에, 노인주간보호시설은 재가노인복지시설에 속한다.

08 ③이 답인 이유
반두라가 제시한 조건화는 '대리적 조건화'로, 직접적인 보상이나 처벌 없이도 타인이 누군가로부터 어떤 행위에 대해 보상이나 처벌을 받는 것을 보고 그 행동을 하게 되거나 하지 않게 되는 조건화가 일어날 수 있다는 원리이다. 모방, 모델링, 관찰학습, 대리학습 등으로도 불린다. ③에서는 친구가 선생님께 칭찬받는 것을 보고 그 행동을 따라했으므로 대리적 조건화에 해당한다.

오답 체크
①은 스키너의 정적 강화, ②는 스키너의 부적 강화, ④는 스키너의 소거 개념에 해당하는 사례이다.

09 ③이 답인 이유
①은 자유주의 페미니즘, ②는 사회주의 페미니즘, ③은 급진주의 페미니즘, ④는 마르크스주의 페미니즘의 주장에 해당한다.

10 ③이 답인 이유
초고령사회는 전체 인구 중 노인인구 비율이 20% 이상인 사회를 말한다. 따라서 ㄷ을 옳게 서술하면 다음과 같다. '우리나라는 현재 고령사회(aged society)에 해당하며, 2025년이면 전체 인구 중 노인인구 비율이 20%를 초과하며 초고령사회(super-aged society)에 진입할 것으로 예측되고 있다.'

옳은 지문 보충설명
ㄱ. 합계출산율은 가임기 여성(15~49세) 1명이 가임기간(15~49세) 동안 낳을 것으로 예상되는 평균 출생아수로, 우리나라 합계출산율은 2023년 12월 기준 0.81명으로 OECD 회원국 중 가장 낮고 217개 국가·지역 가운데 홍콩(0.77 명)을 빼고 꼴찌다.
ㄴ. 우리나라는 특히 저출산과 기대수명의 증가로 인해 인류 역사상 유래가 없는 수준의 고령화 속도를 나타내고 있으며, 65세 이상 노인 비율이 7%(고령화 사회)에서 14%(고령 사회)로 2배 증가하는데 18년 밖에 걸리지 않아 일본(1971년 고령화사회로 진입한 뒤 24년만인 1995년 고령사회에 진입)보다도 빠른 것으로 나타났다. 또한 최근 10년간 한국의 65세 이상 인구는 연평균 4.2% 증가해 고령화 속도는 일본(2.1%)보다 2배 빨랐다.

ㄹ. 2022년 기준 한국의 노인빈곤율(38.1%년)은 OECD 국가 중 가장 높으며 OECD 평균(약 14%)의 약 3배 수준이다.

11   ②가 답인 이유
내적 타당도가 높은 순서는 실험설계(혹은 순수실험설계) > 유사실험설계(혹은 준실험설계) > 원시실험설계 순이다. ②(솔로몬 4집단설계)는 실험설계, ①(비동일 통제집단설계)과 ③(단순시계열 설계)은 유사실험설계, ④(단일집단 사전사후검사설계)는 원시실험설계이므로 ②의 내적 타당도가 가장 높다.

12   ③이 답인 이유
복지모델은 개별 장애인의 손상에 초점을 두지만, 시민권모델은 장애로 인한 사회적 배제와 불이익에 초점을 둔다.

오답 체크
① **재활모델(혹은 개별적 모델)**에서는 장애인을 환자나 클라이언트로 보고 전문적 개입을 통해 기능회복과 재활을 돕는 것에 중점을 둔다.
② **자립생활모델**에서는 문제의 원인이 장애인 개인이 아닌 환경에 있다고 본다.
④ 국제장애분류체계인 **ICF(International Classification of Functioning, Disability and Health)**는 장애인뿐만 아니라 모든 사람의 기능과 활동을 설명하는 보편적 틀로서 장애의 개념을 확대했으며, 기능과 장애뿐만 아니라 상황(환경)적인 요인들도 고려한다.

13   ①이 답인 이유
통제된 정서적 관여는 클라이언트의 감정표현에 대한 민감함, 감정의 의미에 대한 이해, 그리고 클라이언트의 감정에 대한 적절한 반응을 포함한다.

오답 체크
② 비심판적인 태도는 문제의 책임이나 가치관, 성향 등에 대해 클라이언트를 비난하지 않아야 함을 의미하는 것이지, 클라이언트의 문제나 문제의 원인에 대한 **전문적인 판단을 하지 않아야 함을 의미하는 것은 아니다.**
③ **수용**은 클라이언트를 있는 그대로 받아들인다는 점에서 클라이언트의 가치와 존엄함에 대한 사회복지사의 존중을 나타내는 원칙이라고 볼 수 있다.
④ **개별화**는 각 클라이언트의 독특한 특성과 자질을 이해하여 효과적으로 클라이언트를 돕기 위해 각 클라이언트가 처한 상황에 따라 각기 다른 원리나 방법을 활용하는 것이다.

14   ④가 답인 이유
- ㄷ은 직면, ㄹ은 명료화(혹은 명확화) 기법에 해당한다.
- 재명명 : 상황과 문제에 대한 클라이언트의 관점을 변화시키기 위해 클라이언트가 부여하는 의미를 좀 더 긍정적인 관점으로 수정하는 기법
- 재보증 : 자신의 능력에 대해 확신하지 못해 자신감 없어 하는 클라이언트에게 자신감을 갖도록 하는 기법
- 직면 : 클라이언트의 말과 말 사이, 말과 행위 사이 등의 불일치와 모순을 인식시키는 기법
- 명료화 : 클라이언트의 메시지가 추상적이고 애매모호하거나 혼란스러울 때 이를 구체적으로 확인하는 기법

15   ②가 답인 이유
리커트 척도의 대표적 특징은 다음과 같다.
- 총화평정척도
- 척도개발이 쉬워 사회조사에서 가장 많이 사용
- 각 문항의 측정수준은 서열수준
- 개별 문항은 동일한 가치(중요도)를 가짐

오답 체크
① 체계적 오류는 일정한 양태를 보이는 측정오류로 측정의 신뢰도는 크게 문제되지 않지만 **타당도**를 떨어뜨린다.
③ 측정의 신뢰도와 타당도 사이의 관계는 다음과 같다.
  - **측정의 신뢰도가 높아도 타당도는 낮을 수 있다.**
  - 측정의 신뢰도 없이 타당도가 높을 수 없다. 즉, 타당도가 성립하기 위해서는 신뢰도가 꼭 전제되어야 한다.
  - 측정의 타당도가 높으면 신뢰도도 높다.
④ 크론바 알파(Cronbach's alpah)는 **신뢰도**를 평가하는 대표적인 방법이다. 타당도를 평가하는 방법으로는 내용타당도, 기준타당도(동시타당도와 예측타당도), 개념타당도(이해타당도, 수렴타당도, 판별타당도) 등이 있다.

16   ①이 답인 이유
우울한 사람에게 더 우울한 생각을 하라고 하는 것은 역설적 지시에 해당한다. 역설적 지시에는 증상처방, 시련기법, 제지기법 등이 포함되는데, ④번에는 증상처방(매일 우울한 생각을 하라)과 시련기법(그 내용을 매일 기록하라) 이 둘 다 포함되고 있다(물론 글쓰기를 매우 좋아하는 클라이언트라면 매일 1페이지씩 우울한 생각을 기록하는 일이 시련으로 느껴지지 않을 것이므로 그 경우는 예외가 될 것이다).

오답 체크
②는 해결중심모델의 **대처질문** 기법이다.

③은 행동수정모델의 **타임아웃** 기법이다.
④는 심리사회모델의 **직접적 영향주기** 기법이다.

17 ④가 답인 이유

- "정신건강증진시설"이란 정신의료기관, 정신요양시설 및 정신재활시설을 말한다.
- "정신의료기관"이란 다음 각 목의 어느 하나에 해당하는 기관을 말한다.
  가. 「의료법」에 따른 정신병원
  나. 「의료법」에 따른 의료기관 중 제19조제1항 후단에 따른 기준에 적합하게 설치된 의원
  다. 「의료법」에 따른 병원급 의료기관에 설치된 정신건강의학과로서 제19조제1항 후단에 따른 기준에 적합한 기관
- "정신요양시설"이란 정신질환자를 입소시켜 요양 서비스를 제공하는 시설을 말한다.
- "정신재활시설"이란 정신질환자 또는 정신건강상 문제가 있는 사람 중 대통령령으로 정하는 사람(이하 "정신질환자 등"이라 한다)의 사회적응을 위한 각종 훈련과 생활지도를 하는 시설을 말한다.

오답 체크

① "정신질환자"란 망상, 환각, 사고(思考)나 기분의 장애 등으로 인하여 독립적으로 일상생활을 영위하는 데 **중대한 제약**이 있는 사람을 말한다. (기존의 「정신보건법」에서는 정신질환자를 '정신병·인격장애·알코올 및 약물중독 기타 비정신병적정신장애를 가진 자'로 정의했지만, 2016년에 이 법이 「정신건강증진 및 정신질환자 복지서비스 지원에 관한 법률」로 바뀌면서 정신질환자의 정의가 변경되었다.)
② "**정신건강복지센터**"란 **정신건강증진시설**, 사회복지시설, 학교 및 사업장과 연계체계를 구축하여 지역사회에서의 정신건강증진사업 및 정신질환자 복지서비스 지원사업을 하는 **기관 또는 단체**를 말한다.
③ "정신건강증진시설"이란 정신의료기관, 정신요양시설 및 정신재활시설을 말한다. 이 중 병원급 의료기관에 설치된 정신건강의학과는 정신의료기관에 포함되므로 **정신건강증진시설에 해당된다.**

18 ④가 답인 이유

프로이트(S. Freud)가 제시한 발달단계(구강기→항문기→남근기→잠복기→생식기) 중 유아기(3~6세)는 남근기에 해당한다. 프로이트는 이 시기의 남아는 오이디푸스 콤플렉스로 인한 거세불안을, 여아는 엘렉트라 콤플렉스로 인한 남근선망을 경험하며, 그 과정에서 초자아가 발달한다고 보았다.

오답 체크

① 제1성장 급등기는 영아기(0~2세)이다.
② 피아제(J. Piaget)가 제시한 발달단계(감각운동기→전조작기→구체적 조작기→형식적 조작기) 중 자아중심성이 감소하고 논리적인 사고가 크게 발달한다고 보았던 시기는 구체적 조작기이다. 구체적 조작기는 아동기에 해당한다. 유아기는 전조작기에 해당하며, 이 시기는 자아중심성이 강하고 직관적으로 사고하는 경향이 강해 논리적 사고가 발달하지 못하는 특징을 보인다.
③ 에릭슨(E. Erikson)의 발달단계 중 유아기(3~6세)에 해당하는 단계는 3단계(유희기 혹은 학령전기)로, 이 시기의 심리사회적 위기(주도성 대 죄의식)를 잘 극복했을 때 타인과 '**목표(혹은 목적의식)**'가 발달한다고 보았다.

19 ①이 답인 이유

- 엘리자베스 구빈법(1601년), 정주법(1662년), 개정구빈법(1834년)은 일련의 구빈법들 중에서도 빈민통제와 사회질서 유지라는 목적이 강했던 구빈법들이다. 사회복지제도나 정책의 발달을 이러한 숨은 통제 의도로 설명하는 이론은 **음모이론(혹은 사회통제이론)**이다.
- 권력자원이론(power resource theory)은 사회민주주의이론에 해당하는 이론으로, 자본주의 사회에서 자본계급은 경제적 자원을 통제함으로써 큰 영향력을 행사하지만, 자본계급보다 수적으로 우세한 노동계급은 선거와 정치세력화를 통해 정치적 권력자원을 통제함으로써 복지국가 발전을 이룰 수 있었다고 보는 이론이다.

20 ③이 답인 이유

매슬로우는 강도와 우선순위에 따라 욕구의 위계서열을 나누었는데, 위계서열이 낮은 **하위욕구일수록 강도와 우선순위가 높다.** 즉, 생리적 욕구의 강도와 우선순위가 가장 높다.

제3회 모의고사 2022년 지방직 동형 모의고사

1	2	3	4	5	6	7	8	9	10
②	①	③	②	④	③	②	①	④	③
11	12	13	14	15	16	17	18	19	20
④	③	①	①	④	②	②	②	③	①

01 ②가 답인 이유
로마니쉰(J. M. Romanyshyn)은 사회복지가 **민간의 후원으로부터 정부의 후원**으로 변천했다고 보았다.

02 ①이 답인 이유
"차상위계층"이란 **수급권자에 해당하지 아니하는 계층**으로서 소득인정액이 기준 **중위소득의 50% 이하**인 계층을 말한다. 그냥 '소득인정액이 기준 중위소득의 50% 이하인 계층'이라고만 서술하는 경우 생계급여, 의료급여, 주거급여 등 급여 수급자 모두 해당 범위에 포함되기 때문에 ①에서와 같이 정의하는 것은 옳지 않다.

03 ③이 답인 이유
질병, 실업, 직장상의 이유 등으로 부모가 부모 역할을 일시적으로 수행하기 어려울 때 부모 역할의 일부를 보충해주는 서비스를 보충적 서비스라고 한다.

오답 체크
① 지지적 서비스는 아동이 속해 있는 원가정의 구조를 침해하지 않으면서 그 가정의 기능이 원활하게 수행될 수 있도록 지원해주는 외부의 서비스를 말한다.
② 대리적 서비스는 부모의 역할 전부가 상실되었을 경우 아동에게 부모를 대신하여 제공되는 입양, 가정위탁, 시설보호 등의 서비스를 말한다.
④ 심리적 서비스는 카두신의 아동복지서비스 분류에 해당되지 않는다.

04 ②가 답인 이유
ㄴ. 노인복지주택은 **단독취사 등 독립생활이 가능한 60세 이상**의 노인이 입소할 수 있다.
ㄹ. 경로당과 **노인복지관은 노인여가복지시설**에 속한다.

05 ④가 답인 이유
• 모든 체계는 체계 내외의 변화 속에서도 다시 원래의 균형 상태(평형)를 회복하여 일정한 구조나 기능을 유지하려는 경향을 갖는데 이를 항상성이라 한다. 가족도 하나의 체계로 그러한 경향을 나타내는데 이를 가족항상성이라고 한다.
• 가족규칙은 시간에 걸쳐 가족행동을 제한하는 관계상의 합의로서, 가족항상성을 지속하는 기능을 한다. 다시 말하면, **가족은 가족규칙을 통해 안정되고 지속적인 관계를 유지하려는 가족항상성을 나타낸다.**

오답 체크
① 가족생활주기가 변하면 그에 따라 **가족의 역할도 변하는 것이 적응적이다.** 가족의 상황이 달라졌는데도 역할분담을 조정하지 못해 가족역할에 융통성이 없다면 역기능적이다.
② 미누친이 개발한 구조적 가족치료에서는 부모-자녀 관계를 포함한 가족관계가 지나치게 밀착된 경계 혹은 유리된 경계를 가진 관계일수록 **역기능적**이라고 보았다.
③ 가족문제는 **순환적 인과론**으로 설명하는 것이 효과적이다.

06 ③이 답인 이유
①은 항상성(homeostasis), ②는 다중종결성(multifinality), ④는 균형(equilibrium)에 해당한다.

07 ②가 답인 이유
ㄷ. 옹호자(advocate)는 클라이언트의 이익 혹은 권리를 대변하거나 방어하는 역할로, 제시된 사례에서는 분진 피해를 입고 있는 경로당 어르신들의 편에서 이들의 입장을 대변하고 있으므로 옹호자 역할에 해당한다.
ㄹ. 교사(교육자, teacher)는 클라이언트의 사회적 기능이나 문제해결능력이 향상될 수 있도록 교육적인 프로그램이나 정보를 제공하고, 적응 기술을 익히도록 클라이언트를 가르치는 역할로 교육, 정보제공, 기술훈련, 세미나 실시 등이 해당된다.

오답 체크
ㄱ. 중재자 역할에서는 분쟁과 갈등의 어느 한쪽을 지지하지 않고 **중립을 유지**하는 것이 중요하다. 어느 한 편에서 갈등을 조정하는 역할은 중재자가 아니라 협상가 역할에 해당한다.
ㄴ. 클라이언트가 자기 스스로 문제를 해결할 수 있는 능력을 기르고 필요한 자원을 찾아낼 수 있도록 돕는 역할은 **조력자(조성자, enabler)**에 해당한다.

08 ①이 답인 이유
제시된 장애인복지시설의 「장애인복지법」상 기능은 각각 다음과 같다.
① 장애인 지역사회재활시설 : 장애인을 전문적으로 상담·치료·훈련하거나 장애인의 일상생활, 여가활동 및 사회참여활동 등을 지원하는 시설
② 장애인 거주시설 : 거주공간을 활용하여 일반가정에서 생활하기 어려운 장애인에게 일정 기간 동안 거주·요양·지원 등의 서비스를 제공하는 동시에 지역사회생활을 지원하는 시설
③ 장애인 의료재활시설 : 장애인을 입원 또는 통원하게 하여 상담, 진단·판정, 치료 등 의료재활서비스를 제공하는 시설
④ 장애인 직업재활시설 : 일반 작업환경에서는 일하기 어려운 장애인이 특별히 준비된 작업환경에서 직업훈련을 받거나 직업 생활을 할 수 있도록 하는 시설

09 ④가 답인 이유
2020년 10월 1일부터 아동학대 신고접수, 현장조사 및 응급보호 업무는 아동보호전문기관이 아니라 **시·도 또는 시·군·구의 아동학대전담공무원이나 수사기관의 사법경찰관리**가 담당한다. 아동보호전문기관의 장과 종사자는 아동학대 신고의무자이다.

오답 체크
① 「아동복지법」상 아동은 만 18세 **미만**을 칭한다.
② 국공립어린이집 외의 어린이집을 설치·운영하려는 자는 **특별자치시장·특별자치도지사·시장·군수·구청장의 인가**를 받아야 한다.
③ 보건복지부장관은 **3년마다** 아동의 종합실태를 조사하여 그 결과를 공표하고, 이를 기본계획과 시행계획에 반영하여야 한다.

10 ③이 답인 이유
이재민과 빈민 구제를 담당한 기관으로는 고려의 제위보, 조선의 진휼청이 있다.

오답 체크
① **고려** : 춘궁기 구휼정책의 일환으로 의창이나 상평창 같은 창제를 운영했다. 고구려는 진대법이다.
② **고려** : 충렬왕 때 납속보관지제를 **도입했던 이유가 구휼재정 충당이었던 것은 아니었고**, 후에 구휼재정으로도 일부 사용한 것이다.
④ **일제강점기** : 근대적 사회복지제도의 효시인 조선구호령(1944년)을 제정하였다.

11 ④가 답인 이유
「사회보장기본법」은 1995년에, 「장애인차별금지 및 권리구제 등에 관한 법률」은 2007년에 제정되었다.

옳은 지문 보충설명
① 「산업재해보상보험법」은 1963년에, 「아동복리법」은 1961년에 제정되었다.
② 「사회복지사업법」은 1970년에, 「의료보호법」은 1977년에 제정되었다.
③ 「국민연금법」은 1986년에, 「장애인복지법」은 1989년에 제정되었다.

12 ③이 답인 이유
마르크스주의에서는 생산수단이 소수의 특권계급에 의해 독점됨으로써 갈등이 발생한다고 보며, **국가의 개입을 적극 찬성**한다. 그러나 **복지국가나 사회복지정책에 대해서는 적극 반대**한다. 복지국가나 사회복지정책은 자본주의 영속화를 도모하기 위한, 자본주의의 산물이며 사회주의로의 이행을 가로막을 뿐이라고 보기 때문이다.

13 ①이 답인 이유
해결중심 가족치료와 이야기치료는 사회구성주의 관점에 기초해 등장한 가족개입모델이지만, **경험적 가족치료는 그렇지 않다**. 경험적 가족치료, 구조적 가족치료, 다세대 가족치료, 전략적 가족치료는 사회구성주의 관점이 아니라 가족을 하나의 체계로 바라보는 체계관점(체계이론)에 영향을 받았다.

14 ①이 답인 이유
측정수준에는 명목, 서열, 등간, 비율수준이 있으며 비율수준이 가장 높은 수준의 측정이다. 비율수준은 절대적 0이 성립하고, 가장 많은 정보를 제공할 수 있으며, 사칙연산이 가능해 모든 통계기법의 적용이 가능하다.

오답 체크
② 온도(°C)는 **등간**변수이다.
③ 가장 많은 정보를 제공할 수 있고, 사칙연산이 가능한 측정수준은 **비율수준**이다.
④ 높은 수준의 측정은 낮은 수준의 측정으로 전환 가능하지만, 그 역은 성립하지 않는다. 따라서 더 높은 수준인 **비율측정은 더 낮은 수준인 서열측정으로 전환할 수 있지만**,

그 역은 성립하지 않는다.

15 ④가 답인 이유
오답 체크
①은 사회적 목표모델, ②는 치료모델, ③은 상호작용모델에 해당한다.

16 ③이 답인 이유
문제중심기록은 문제의 목록화, SOAP(주관적 정보, 객관적 정보, 사정, 개입계획) 방식 기록을 특징으로 하며 다음과 같은 장단점을 갖는다.

문제중심기록의 장단점

장점	단점
• 기록이 간결하다. • 다양한 분야의 전문가들이 함께 일하는 현장에서 의사소통을 수월하게 하며, 타 분야 간 협조를 원활하게 해 준다. • 문제중심기록을 통해 전문직 간 책무성이 증가된다.	• 클라이언트의 강점보다는 문제를 강조하고, 개인과 환경의 상호작용보다는 개인에게 초점을 두기 때문에 생태체계관점이나 강점관점과는 잘 맞지 않는다. • 문제의 사정이 부분적으로 이루어지고, 지나치게 단순화되며, 클라이언트의 능력과 자원을 덜 중요시하는 경향이 있다. • 심리사회적 관심보다는 생의학적인 관심에 초점을 둔다.

오답 체크
① 요약기록 – 시간 및 비용 면에서 효율적이다.
② 과정기록 – 사회복지 실습이나 교육수단으로 유용하다.
④ 문제중심기록 – SOAP방식에 따라 문제에 대한 주관적 정보, 객관적 정보, 사정, 개입계획을 기록하여 기록이 간결하고 통일성이 있다.

17 ②가 답인 이유
시·도지사는 지역사회보장계획을 시·도사회보장위원회의 심의와 해당 시·도 의회의 보고를 거쳐 보건복지부장관에게 제출하여야 한다. 이 경우 보건복지부장관은 제출된 계획을 사회보장위원회에 보고하여야 한다.

18 ②가 답인 이유
노후소득 보장을 위한 공적연금제도인 기초연금은 일반예산을 재원으로 하는 공공부조로 비기여-자산조사 프로그램에 해당한다.

오답 체크
① 기초연금은 사회수당이 아니라 공공부조에 해당한다. 기초연금은 65세 이상 모든 고령자가 아니라 소득인정액 상위 30%는 제외하고 하위 70% 정도에게만 선별적으로 지급된다. 즉, 기초연금의 수급여부는 소득을 고려하여 결정된다. 기초연금액 산정시에는 가구유형과 소득을 고려한 감액이 적용될 수 있는데, 부부감액은 가구 유형을 고려한 것으로, 단독가구와 부부가구 간 생활비 차이를 감안하여 부부가 모두 기초연금을 받게 되면 각각에 대해 산정된 기초연금액의 20%를 감액하는 것이다. 소득역전 방지 감액은 소득인정액 수준을 고려한 것으로, 기초연금 수급자와 비수급자 간 기초연금 수급으로 인해 발생 가능한 소득역전을 최소화하고자, 소득인정액과 기초연금액의 합산액과 선정기준액의 차이만큼을 감액하는 것이다. 결론적으로, 기초연금액은 가구유형, 소득에 따라 달라질 수 있다.
③ 기초연금액은 국민연금 급여액을 고려하여 산정한다. 국민연금 급여액에 따라 기초연금액이 감액될 수 있다.
④ 기초급여와 부가급여로 구성되는 것은 장애인연금이다.

19 ③이 답인 이유
지역사회보장협의체에서는 시·군·구의 지역사회보장계획 수립·시행 및 평가에 관한 사항, 시·군·구의 지역사회보장조사 및 지역사회보장지표에 관한 사항, 시·군·구의 사회보장급여 제공에 관한 사항, 시·군·구의 사회보장 추진에 관한 사항, 읍·면·동 단위 지역사회보장협의체의 구성 및 운영에 관한 사항을 심의·자문한다.

오답 체크
① 지역사회보장협의체의 주된 목적은 지역의 사회보장을 증진하고, 사회보장과 관련된 서비스를 제공하는 관계 기관·법인·단체·시설과 연계·협력을 강화하는 데 있다. 이때 관계 기관·법인·단체·시설은 민간에 한정되지 않고 공공도 함께 포함된다(민관협력 기구임). 아울러 지역사회보장협의체가 처음 설치된 것은 2005년부터로(당시의 명칭은 지역사회복지협의체), 2003년에 개정된 「사회복지사업법」을 근거로 하였다.
② 시·도에는 지역사회보장협의체가 아니라 시·도사회보장위원회를 설치·운영한다. 지역사회보장협의체는 시·군·구와 읍·면·동에 설치·운영한다.
④ 지역사회보장협의체의 위원은 시장·군수·구청장이 임명 또는 위촉한다.

20 ①이 답인 이유
법인의 회계는 법인회계, 해당 법인이 설치·운영하는 시설의 시설회계 및 수익사업회계로 구분하여야 한다.

제6조(회계의 구분)
① 이 규칙에서의 회계는 법인의 업무전반에 관한 회계(이하 "법인회계"라 한다), 시설의 운영에 관한 회계(이하 "시설회계"라 한다) 및 법인이 수행하는 수익사업에 관한 회계(이하 "수익사업회계"라 한다)로 구분한다.
② **법인의 회계는 법인회계, 해당 법인이 설치·운영하는 시설의 시설회계 및 수익사업회계로 구분**하여야 하며, 시설의 회계는 해당 시설의 시설회계로 한다.

옳은 지문 보충설명

② 제3조(회계연도) : 법인 및 시설의 회계연도는 정부의 회계연도에 따른다. 다만, 「영유아보육법」 제2조에 따른 어린이집의 회계연도는 매년 3월 1일에 시작하여 다음 연도 2월 말일에 종료한다.

③ 제7조(세입·세출의 정의) : 1회계연도의 모든 수입을 세입으로 하고, 모든 지출을 세출로 한다.

④ 제8조(예산총계주의원칙) : 세입과 세출은 모두 예산에 계상하여야 한다.

제4회 모의고사 2022년 국가직 동형 모의고사

1	2	3	4	5	6	7	8	9	10
②	④	③	①	③	④	②	④	①	③
11	12	13	14	15	16	17	18	19	20
①	③	④	②	①	④	①	②	①	②

01 ②가 답인 이유
②는 제도적 모형에, 나머지는 잔여적 모형에 해당하는 설명이다.

02 ④가 답인 이유
- 신 사회적 위험, 지구경제화 등 사회환경 및 복지욕구가 변화하면서 이에 대응한 새로운 복지국가의 재편이 이루어졌다.
- 1992년 미국 민주당 클린턴 행정부, 1990년대 중후반 영국 노동당 블레어 행정부 등의 소위 중도좌파 정부들은 제3의 길 이념에 따라 기존의 사회민주주의와 신자유주의 이념 사이에 새로운 중도 개혁의 길을 제시하고자 했다.
- 소극적 복지로부터 적극적 복지로의 변화를 강조하면서 **과거 노동시장 제외자들에 대한 현금급여를 축소**하고 사회에 대한 투자(인적자본 개발)로서의 복지, 생산적 복지를 강조하였다.

03 ③이 답인 이유
①, ②, ④는 초기단계의 과업이지만, ③은 준비단계의 과업에 해당한다.

04 ①이 답인 이유
ㄱ. 대도시 저소득층 밀집지역을 중심으로 사회복지사 자격증을 소지한 사회복지전문요원을 배치하기 시작한 시기는 **1987년**이다.
ㄴ. 시·군·구 지역사회복지협의체 설치가 의무화된 것은 **2003년** 「사회복지사업법」이 개정되면서이다.
ㄷ. 동 주민센터의 명칭을 행정복지센터로 변경하고 읍·면·동의 복지 기능을 강화한 시기는 **2016년**이다.
ㄹ. 민관협력을 통한 지역단위 통합적 서비스제공 체계를 구축·운영하고자 시·군·구 단위에 희망복지지원단을 설치한 시기는 **2012년**이다.

05 ③이 답인 이유
델파이기법은 **익명**의 패널(전문가들)이 **직접적 대면 없이**(한곳에 모이지 않음) 반복적 설문 조사를 통해 합의적 의견을 수렴하는 방법이다.

06 ④가 답인 이유
「아동복지법」상 아동학대란 보호자를 **포함한** 성인이 아동의 건강 또는 복지를 해치거나 정상적 발달을 저해할 수 있는 신체적·정신적·성적 폭력이나 가혹행위를 하는 것과 아동의 보호자가 아동을 유기하거나 방임하는 것을 말한다. **경제적 착취는 「노인복지법」상 노인학대의 정의와 「장애인복지법」상 장애인학대의 정의에는 포함되나 「아동복지법」상 아동학대의 정의에는 포함되지 않는다.**

07 ②가 답인 이유
오답 체크
ㄱ. 사회투자국가에서 복지지출은 **수익을 창출하는 선에서 허용**된다.
ㄴ. 사회투자는 인적자본, **특히 아동에 대한 투자**를 핵심으로 한다.

사회투자국가의 특징
① 사회투자국가에서 복지지출은 수익을 창출하는 선에서 허용된다.
② 경제정책과 사회정책의 통합성을 강조하지만 경제정책이 사회정책보다 우선한다.
③ 사회투자는 인적자본, 특히 아동에 대한 투자를 핵심으로 한다.
④ 사회지출을 소비적 지출과 투자적 지출로 나눠 소비적 지출은 가능한 한 억제한다.
⑤ 시민의 권리는 의무와 균형을 이루어야 한다. 따라서 국가는 경제적 기회와 복지 제공의 의무를 지는 반면, 시민은 노동을 통해 스스로를 부양해야 한다.
⑥ 결과의 평등보다는 기회의 평등을 중시한다.

08 ④가 답인 이유

구조기능주의 관점
- 사회를 상호 연결된 부분들로 구성되며 균형을 추구하고 조화를 지향하는 하나의 체계로 본다.
- **갈등이나 불안 등을 사회체계의 균형을 깨뜨리는 사회악으로 간주하므로 그러한 사회의 분열적인 요소들을 제거하고 이를 사회에 적응시켜 다시 균형을 회복하는 것을 목표로 한다.**
- 사회문제의 발생은 사회 전체의 기능적 결함 때문이 아니라 사회체계 일부 기능의 결함 때문에 발생한다고 보기 때문에 개별적이고 사후치료적인 접근을 강조한다.

오답 체크
ㄱ. 제한된 자원을 둘러싼 경쟁은 필연적으로 갈등을 낳게 된다. → **갈등주의 관점**에 해당
ㄴ. 사회문제는 사회가 어떤 현상과 상황에 의미를 부여하고 정의하는 방식에 영향을 받으며, 대표적으로 낙인이론이 관점에 해당한다. → **상징적 상호작용주의 관점**에 해당
ㄷ. 사회문제의 해결을 위해서는 자원의 불평등을 영속화시키는 사회체제를 바꿔야 한다. → **갈등주의 관점**에 해당

09 ①이 답인 이유
전문가를 육성하는 교육체계는 전문체계가 맞다. 그러나 전문체계는 핀커스(Pincus)와 미나한(Minahan)이 제시한 사회복지실천의 주요 체계에 해당하지 않는다. **전문체계와 의뢰-응답체계는 콤튼과 갤러웨이의 6체계 모델에서 추가한 체계**이다.

10 ③이 답인 이유
- 해결중심모델의 질문기법 : 면담 전 변화 질문, 예외질문, 척도질문, 기적질문, 대처(극복)질문, 관계성질문
- 순환질문은 전략적 가족치료모델에서, 과정질문은 다세대 가족치료모델에서 주로 사용되는 질문기법이다.

11 ①이 답인 이유
베버리지 보고서(1942년)에서 제시한 사회보험제도의 원칙은 ① 정액기여, ② 정액급여, ③ 행정책임의 통합, ④ 급여의 충분성, ⑤ 포괄성, ⑥ 피보험자에 대한 분류(여섯 집단으로 유형화)의 여섯 가지이다. **사회보험**은 자발적 가입을 특징으로 하는 민간보험과 달리 **강제 가입**을 특징으로 한다.

12 ③이 답인 이유
오답 체크
ㄱ. 사회복지실천 면접은 **목적(목표)지향적** 활동이다.
ㄹ. 사회복지실천 면접은 **시간제한적** 활동이다. 주어진 시간 내에 면접의 목적을 달성할 수 있도록 초점을 맞추어 진행해야 한다.

13 ④가 답인 이유
ㄱ. 길버트법(1782년)
ㄴ. 스핀햄랜드법(1795년)
ㄷ. 거주지제한법(정주법, 1662년)
ㄹ. 엘리자베스 구빈법(1601년)

14 ②가 답인 이유
메타평가(meta-evaluation)는 '**평가에 대한 평가**'를 말한다. 프로그램 평가보고서를 검토하여 평가상의 문제점을 확인하는 것은 '평가에 대한 평가'에 해당하므로 메타평가이다.

오답 체크
①은 형성평가, ③은 효과성평가, ④는 효율성평가에 해당하는 설명이다.

15 ①이 답인 이유
정신건강사회복지는 원조를 필요로 하는 정신장애인뿐만 아니라 예방과 증진을 필요로 하는 **일반시민도 대상**으로 한다.

16 ④가 답인 이유
- 인지재구조화는 인지행동모델의 기법이고, 외현화는 이야기치료의 기법이다.
- 해결중심 가족치료의 주요 기법에는 면담 전 변화질문, 예외질문, 기적질문, 척도질문, 관계성질문, 대처/극복질문 등이 있다.

17 ①이 답인 이유
「국민기초생활 보장법」은 **1999년**에, 「긴급복지지원법」은 2005년에 제정되었다.

18 ②가 답인 이유
오답 체크
① **소극적 자유**는 사람들 간 상호관계에서 다른 사람의 간섭 없이 자신의 의지대로 행할 수 있는 상태를 의미한다. 반면 적극적 자유는 자신이 원하는 것을 할 수 있는 상태를 의미한다.
③ **기회의 평등**은 결과와는 관계없이 과정상의 기회만 똑같이 제공해주는 평등 개념이다.
④ 신우파 이념은 **소극적 자유**를 추구하고, 사회민주주의 이념은 **적극적 자유**를 추구한다.

19 ①이 답인 이유
사회복지실천의 기록에 대해서는 클라이언트의 동의를 구해야 하며, 기록 내용에 대해서는 비밀보장을 할 수 있어야 한다.

20 ②가 답인 이유
통제집단 사전사후검사설계는 실험설계(순수실험설계)에 속하고, 시계열설계는 유사실험설계에 속한다. 순수실험설계는 유사실험설계보다 내적 타당도가 높으므로, 통제집단 사전사후검사설계가 시계열설계보다 내적 타당도가 **높다**.

제5회 모의고사 2021년 지방직 동형 모의고사

1	2	3	4	5	6	7	8	9	10
③	④	①	②	③	①	①	③	②	④
11	12	13	14	15	16	17	18	19	20
①	④	④	②	③	④	③	②	④	①

01 ③이 답인 이유
보편주의에서는 사회복지정책의 사회적 효과성을, **선별주의**에서는 비용 효과성을 보다 중요시한다.

02 ④가 답인 이유
클라이언트의 변화를 유도하는 것이 면접의 주된 목적인 단계는 **개입단계**이다.

03 ①이 답인 이유
엘리자베스 구빈법(1601년)은 **노동능력이 없는 빈민에 대해서는 원외구호도 허용**하였다.

04 ②가 답인 이유
로웬버그와 돌고프가 제시한 윤리원칙 심사표의 윤리원칙 우선순위는 ① 생명보호의 원칙, ② 평등과 불평등의 원칙, ③ 자율과 자유의 원칙, ④ 최소해악(손실)의 원칙, ⑤ 삶의 질의 원칙, ⑥ 사생활 보호와 비밀보장의 원칙, ⑦ 진실성과 정보 공개의 원칙(성실의 원칙)이다.

05 ③이 답인 이유
정부조직의 내부성은 정부실패 요인이다. 정부실패 요인에는 파생적 외부성, X-비효율성, 정부조직의 내부성, 권력의 편재, 비용와 편익의 절연 등이 포함된다.

06 ①이 답인 이유
수렴이론(산업화이론)에서는 산업화로 인해 가능해진 자원을 이용해 산업화로 인해 파생된 사회문제에 대응하면서 사회복지제도와 정책이 확대(발달)되었다고 본다.
오답 체크
② **신마르크스주의이론(독점자본이론)**의 주장에 해당한다.
③ 마샬의 시민권론에서는 18세기에서 20세기까지 시민권이 확대되는 과정에서 복지국가가 발달했으며, 시민권이 확대되는 그 기간 동안 **평등주의적 시민권과 불평등한 계

급구조가 양립하는 특징을 보였다고 보았다.
④ 음모이론(사회통제이론)의 주장에 해당한다.

07 ①이 답인 이유
- 클라이언트가 서비스를 쉽게 이용할 수 있어야 한다는 것은 **접근성의 원칙**에 해당한다.
- 지속성의 원칙은 클라이언트가 연속적으로 필요한 서비스를 중단 없이 이용할 수 있어야 한다는 것이다.

08 ③이 답인 이유
ㄱ. 최적모형은 합리모형의 비현실성과 점증모형의 보수 성향을 비판하면서 드로어(Dror)가 제시한 모형으로 정책결정을 체계론적 시각에서 파악하고 정책성과를 최적화하는 데 주안점을 둔 모형이다. 정책성과를 최적화한다는 말은 정책결정과정에서 투입보다 산출이 커야 한다는 의미를 갖는다. 이전에 경험해보지 못한 불확실한 상황에서 선례 없는 복잡한 문제를 해결하기 위한 정책을 결정하는 과정에서는 합리성뿐만 아니라 직관이나 상상력과 같은 초합리성 또한 중요한 역할을 한다고 본다. 합리적 요인과 초합리적 요인을 동시에 다루므로 양적인 동시에 질적인 모형이라고 볼 수 있지만, 질적 모형에 더 가깝다.
ㄷ. 합리모형에서는 인간의 이성과 합리성을 전제하며 주어진 상황 속에서 주어진 문제를 해결하기 위한 최선의 정책대안을 찾을 수 있다고 가정한다.
ㄹ. 점증모형은 과거의 정책을 약간 수정한 정책결정이 이루어지고, 여론의 반응에 따라 정책 수정을 반복한다고 본다.

오답 체크
ㄴ. 합리적 요소와 초합리적 요소를 바탕으로 한 질적 모형은 **최적모형**이다. 혼합모형은 합리모형과 점증모형을 혼합한 모형이다.

09 ②가 답인 이유
- 국민건강보험제도(보건복지부 소관)만 사회보험이고, 나머지는 공공부조이다(기초연금과 의료급여제도는 보건복지부 소관이고, 국민취업지원제도는 고용노동부 소관).
- 사회보험은 주된 재원이 보험료이고, 공공부조는 주된 재원이 일반조세(일반예산)이다.

10 ④가 답인 이유
강점관점에서는 클라이언트 개인의 의지, 동기, 대처능력, 장점, 재능 등과 같은 개인적인 강점뿐만 아니라 **사회적이고 환경적인 강점도 강조**한다. 즉, 둘 다에 초점을 둔다.

11 ①이 답인 이유
잔여적 개념에서는 개인의 욕구와 사회문제 해결의 일차적인 책임이 가족과 시장경제에 있다고 본다.

12 ④가 답인 이유
복지국가 위기에 대한 대응으로 기든스는 복지다원주의, 사회투자국가, 생산적 복지, 기회의 평등, 개인 책임 강조 등을 특징으로 하는 제3의 길 전략을 제시했다.

오답 체크
① **스웨덴, 노르웨이 등의 북유럽 스칸디나비아 반도 국가들**은 이미 성공적으로 달성한 소득유지 프로그램을 밑바탕으로 하여 적극적 노동시장정책, 사회서비스의 확대, 남녀평등을 중심을 하는 사회투자 전략들로 대응하였다.
② **미국과 영국**은 시장원칙을 강조하고 기업규제 완화 등을 활성화하면서 공공부문의 역할을 축소하는 전략으로 대응하였다.
③ **독일, 프랑스 등 유럽대륙 국가들**은 사회보장 수준을 유지하면서 노동공급 감축을 유도하는 전략으로 대응하였다.

13 ④가 답인 이유
- 빈곤층 자녀의 대학입학정원 할당, 장애인 의무고용제 등은 사회복지정책의 급여형태 중 **기회**에 해당된다.
- 권력은 의사결정이 이루어지는 자리에 서비스 대상자나 급여 수급자가 참여할 수 있도록 보장하여 재화나 자원을 통제하는 영향력을 재분배하는 급여 형태이다.

14 ②가 답인 이유
허시와 블랜차드는 직원의 성숙도(지표 : 능력, 의지)에 따라 상황별로 적합한 리더십 유형을 다음과 같이 제시하였다.
- **직원들이 능력과 의지 둘 다 부족할 때 : 지시형 리더십**
- 직원들이 능력과 의지 둘 다 있을 때 : 위임형 리더십
- 직원들이 능력은 있으나 의지가 부족할 때 : 참여형 리더십
- 직원들이 의지는 있으나 능력이 부족할 때 : 제시형 리더십

오답 체크
① 피들러 이론에 의하면 상황이 리더에게 중간 정도 호의적일 때에는 **관계중심 리더십**이 더 효과적이다. 과업중심 리더십은 상황이 매우 호의적이거나 매우 호의적이지 않을 때 효과적이다.
③ **하우스의 경로-목표이론**에서는 부하직원의 특성과 업무

환경의 특성에 따라 상황에 맞는 리더십을 발휘해야 한다고 본다.
④ 리더 자체가 어떤 사람인가에 초점을 두는 이론은 **특성이론**이다. 행동이론은 리더 자체의 특성보다는 리더가 어떤 행동을 하는가에 초점을 둔다.

15 ③이 답인 이유
- 개별화된 서비스는 공공부문보다는 민간부문에서 제공하는 것이 더 바람직하다.
- 이 문제는 시장실패 요인(시장에만 재화나 서비스 공급을 맡길 경우 문제가 발생하는 시장실패와 그렇지 않은 경우를 구분)에 대한 문제이기도 하고, 사회복지서비스 전달체계 중 공공 전달체계와 민간 전달체계의 상대적인 장단점을 비교하는 문제이기도 하다.

16 ④가 답인 이유
- 아동위원은 「아동학대범죄의 처벌 등에 관한 특례법」에서 규정하고 있는 아동학대범죄의 신고의무자에 포함되지 않는다. 「아동복지법」에 근거하여 시·군·구에 두는 아동위원은 관할 구역의 아동에 대하여 생활상태 및 가정환경을 상세히 파악하고 아동복지에 필요한 원조와 지도를 수행한다.
- 아동학대 신고의무자는 직무의 특성상 아동학대를 발견하기 용이한 직업에 종사하는 사람들로 정하는데, 아동위원은 그런 성격의 '직업'에 해당되지 않기 때문에 아동학대 신고의무자에 들지 않는다.

17 ③이 답인 이유
- 클라이언트의 능력이 제한되어 결정과 선택을 사회복지사에게 의존할 수밖에 없는 지적장애인이나 아동 등을 위한 실천에서 발생하기 쉬운 윤리적 딜레마(윤리적 갈등)는 **힘과 권력의 불균형** 문제이다.
- 충성심과 역할 상충의 문제는 의무 상충에서 오는 윤리적 갈등을 말하며, 이러한 윤리적 딜레마에 해당하는 가장 대표적인 사례는 기관에 대한 의무와 클라이언트에 대한 의무가 부딪히는 경우이다.

18 ②가 답인 이유
수급권자와 그 배우자가 모두 기초급여를 받는 경우에는 **각각의 기초급여액에서** 기초급여액의 100분의 20에 해당하는 금액을 감액한다.

19 ④가 답인 이유
우리나라의 노후소득보장제도는 다층적 구조를 띠고 있다. 국민연금이나 특수직역연금과 같은 공적인 사회보험제도뿐만 아니라 기초연금과 같은 공적인 공공부조도 포함된다. 아울러 퇴직연금이나 개인연금 등과 같은 사적인 소득보장제도도 포함된다.

20 ①이 답인 이유
- 2세 미만의 아동에 대해서는 어린이집을 이용하든 이용하지 않든 부모급여가 지급된다.
- 아동수당은 부모급여와 별개로 지급되기 때문에 8세 미만이면 누구나(즉, 부모급여를 받고 안 받고와 관계없이) 지원 대상이 된다.
- 따라서 어린이집을 이용하지 않는 2세 미만의 아동은 **부모급여와 아동수당의 지원 대상이 되며, 양육수당 지원 대상에는 해당하지 않는다.**

옳은 지문 보충설명

② 24개월(2세) 이상 86개월 미만에 해당하는 아동은 부모급여 지원 대상이 아니므로 어린이집을 이용하면 무상보육, 유치원을 이용하면 유아학비, 가정에서 양육하면 양육수당 지원 대상이 된다. 아동수당은 이와 별개로 만 8세 미만이면 누구에게나 지급되므로, 어린이집이나 유치원을 이용하지 않는 이 연령 범위 해당 아동은 양육수당과 아동수당 **둘 다 지원받을 수 있다.**

③과 ④는 다음 법 규정을 참고하여 이해하자.

「남녀고용평등과 일·가정 양립 지원에 관한 법률」

제18조의2(배우자 출산휴가)
① 사업주는 근로자가 배우자의 출산을 이유로 휴가(배우자 출산휴가)를 청구하는 경우에 10일의 휴가를 주어야 한다. 이 경우 사용한 휴가기간은 유급으로 한다.
③ 배우자 출산휴가는 근로자의 배우자가 출산한 날부터 90일이 지나면 청구할 수 없다.

제19조(육아휴직)
① 사업주는 임신 중인 여성 근로자가 모성을 보호하거나 근로자가 만 8세 이하 또는 초등학교 2학년 이하의 자녀를 양육하기 위하여 휴직(육아휴직)을 신청하는 경우에 이를 허용하여야 한다. 다만, 대통령령으로 정하는 경우에는 그러하지 아니하다.
② 육아휴직의 기간은 1년 이내로 한다.

주의사항
육아휴직 대상 자녀연령 및 기간은 2024년 하반기에 관련 법 개정을 거쳐 각각 8세 이하에서 12세 이하(6학년 이하 자녀) 자녀까지로, 1년에서 1년 6개월(단, 부모 모두 3개월 이상 육아휴직을 사용하는 경우로 한정)까지로 변경한다고 정부에서 발표한 바 있으므로 본 모의고사 문제집으로 2025년 시험을 대비하는 분들은 추후 개정된 법에 따라 변경되는 내용으로 학습하여야 한다. (2024년 응시자는 기존 규정대로 알아두면 됨)

제6회 모의고사 2021년 국가직 동형 모의고사

1	2	3	4	5	6	7	8	9	10
③	②	③	②	④	②	①	①	①	①
11	12	13	14	15	16	17	18	19	20
③	④	④	②	①	③	③	④	②	④

01 ③이 답인 이유
- 사회행동모델에서 실천가는 옹호자, 중개자, 중재자, 선동가, 행동가, 협상가, 조직가, 게릴라요원 등의 역할을 수행한다.
- 이와 달리 지역사회개발모델에서는 안내자, 조력자, 조정자, 문제해결기술 교육자, 촉매자, 역량강화자 역할을, 사회계획모델에서는 계획(기획)가, 조사/자료수집/분석가, 프로그램 추진자 등의 역할을 수행한다.

오답 체크
① **사회계획모델** – 지역사회 구성원의 이해관계에는 크게 개의치 않는다.
지역사회개발모델 – 지역사회 구성원의 이해관계는 조정 가능하다고 본다.
② **사회행동모델** – 지역사회 내의 권력과 자원의 불평등한 분배와 제도의 변화를 목표로 한다.
사회계획모델 – 지역사회의 문제를 합리적이고 효율적으로 해결하는 것을 목표로 한다.
④ 모델과 설명은 옳지만, 정치적 역량강화모델은 로스만의 모델이 아니라 테일러와 로버츠의 모델이기 때문에 답이 될 수 없다.

02 ②가 답인 이유
- **부과방식은 적립방식보다 세대 간 형평성 문제를 유발**한다. 세대 간 형평성 문제란, 초기 가입세대가 기여에 비해 많은 연금급여를 받는 것과 달리 **후세대는 초기세대에 비해 적게 연금을 받게 되어** 국민연금제도가 **세대 간의 형평성을 저해**하는 문제를 말한다.

한걸음 더
- 부과방식으로 운영되는 공적연금에서는 현재의 근로연령 세대가 자신의 노후가 아닌 현재의 퇴직세대를 지원하기 위해 보험료를 낸다. 따라서 연금제도가 시작될 당시 이미 퇴직해 있는 세대들은 보험료를 전혀 내지 않아도 연금보험의 혜택을 받을 수 있고, 이는 다음 근로세대가 똑같이 현재의 근로세대에게 지원할 보험료를 낸다는 묵시적 계약이 존재하기 때문에 성립된다.
- 이러한 부과방식은 적립방식에 비해 인구구조 변화에 취약하고, 이로 인해 세대 간 형평성 문제를 유발할 수 있다. **저출산 및 고령화로 인한 인구구조 변동은 뒤에 오는 세대일수록 부담이 가중되는 세대 간 형평성 문제를 유발**한다.

인구구조 변동	보험료 변동	세대 간 형평성
인구성장률이 감소하는 경우	노령인구 비율증가 → 보험료 인상	뒤에 오는 세대일수록 부담 가중
인구 성장률이 증가하는 경우	노령인구 비율감소 → 보험료 인하	뒤에 오는 세대일수록 부담 경감

03 ③이 답인 이유
현금급여는 현물급여보다 **규모의 경제 효과에 취약**하다. 현물급여는 현금급여보다 대량생산과 대량소비로 인한 규모의 경제 효과가 커 프로그램 비용을 줄일 수 있다.

04 ②가 답인 이유
ㄱ. 「사회복지사업법」 제정 – 1970년
ㄴ. 「노인장기요양보험법」 – 2007년
ㄷ. 「구직자 취업촉진 및 생활안정지원에 관한 법률」 – 2020년
ㄹ. 「장애인복지법」 – 1989년

05 ④가 답인 이유
오답 체크
- 베버리지는 사회보장(social security)을 소득보장의 의미로 보았고, 포괄적 의료서비스나 아동수당은 그 자체가 사회보장에 포함된다기보다는 성공적인 사회보장을 위해 필요한 전제조건이라고 보았다.
- 이와 달리 **국제노동기구(ILO)**에서는 사회보장을 소득보장, 의료보장, 아동수당 등을 포괄하는 일련의 공적인 조치로 보아 베버리지에 비해 더 넓은 의미로 보았다. 따라서 ④는 주어를 국제노동기구(ILO)라고 바꾸어야 옳은 선지가 된다.

06 ②가 답인 이유
빈민의 노동을 이용해 이익을 얻는다는 생각이 법 제정으로 이어진 대표적인 것으로, 1722년 에드워드 나치블(Sir Edward Knatchbull) 정부가 제정한 작업장법에 대한 내용이다. 작업장법은 작업장테스트법, 작업장조사법, 작업장심사법, 나치블법 등으로도 불린다.

07 ①이 답인 이유

①만 옳게 제시되었고, 나머지는 반대로 표현되어 있다.

리머의 윤리적 의사결정 지침

1. 인간행위의 필수적 전제조건(생명, 건강, 음식, 주거, 정신적 균형)에 대한 **기본적인 위해**를 막는 규칙은 거짓말을 하거나 비밀정보를 누설하거나 **오락, 교육, 재산과 같은 부가재**를 위협하는 것과 같은 위해를 막는 규칙에 우선한다.
2. **개인의 기본적 복지권**(인간행위의 필수적인 조건 포함)은 **타인의 자기결정권**에 우선한다.
3. **개인의 자기결정권**은 그 자신의 **기본적 복지권**에 우선한다.
4. 자발적이고 자유롭게 동의한 법률, 규칙, 규정을 준수해야 하는 의무는 이들 법률, 규칙, 규정과 갈등을 일으키는 방식으로 행동하는 개인의 권리에 통상적으로 우선한다.
5. 개인의 복지권은 그와 갈등을 일으키는 법률, 규칙, 규정 및 자원단체들의 협정에 우선한다.
6. 기아와 같은 기본적 위해를 예방하고 **주택, 교육, 공공부조와 같은 공공재**를 **증진시킬 의무**는 개인의 완전한 재산관리권에 우선한다.

08 ①이 답인 이유

중도파(중도노선 혹은 중도우파 혹은 소극적 집합주의)에서 선호하는 사회적 가치는 '자유(소극적 자유), 개인주의, 경쟁적 사기업'으로 자본주의의 효율적 운영을 위해 **빈곤과 불평등을 완화하는 정부 역할이 어느 정도 필요하다고 인정하는 것이지 평등 자체의 실현을 추구하는 것은 아니다.**

09 ①이 답인 이유

확률표집은 무작위 표본추출을 기본으로 하는데, 확률표집 중에서도 단순무작위표집은 모집단에서 직접 무작위로 표본을 추출한다.

오답 체크

② **의도적(유의) 표집**은 모집단을 잘 대표할 것이라고 판단되는 사람들을 조사자가 의도적으로 추출한다.
③ **집락(군집)표집**은 모집단에서 다수의 하위집단을 먼저 무작위로 추출한 후, 추출된 하위집단에서 조사를 수행한다.
④ **층화표집**은 모집단을 몇 개의 집단으로 나눈 후 각 집단별로 표본을 무작위로 추출한다.

10 ①이 답인 이유

- 측정과정에서 범할 수 있는 오류는 측정오류이다. 측정오류에는 체계적 오류와 무작위적(비체계적) 오류가 있다.
- 오류에 체계(혹은 일관성)가 있는 것은 체계적 오류이고 일관성이 없이 무작위적으로 나타나는 오류는 무작위적 오류이다.
- 그리고 제시된 보기들 중 측정상의 오류를 서술하고 있는 것은 ①번밖에 없으므로 체계적 오류와 무작위적 오류를 구분할 수 없더라도 이 문제는 답이 ①번임을 눈치 채야 한다.

오답 체크

②는 생태학적 오류, ③은 환원주의 오류로 이 두 오류는 분석단위와 관련한 오류이다. ④는 과도한 일반화의 오류로 지식탐구 과정에서 일반적으로 범하기 쉬운 오류들 중 하나이다.

11 ③이 답인 이유

③에서 설명하는 것은 성과(outcome)가 아니라 '**산출(output)**'이다. 성과는 프로그램을 통해 프로그램 참여자들에게 나타나는 변화(예 능력의 향상, 관계의 개선, 이해의 증진, 기능 강화, 심리적 문제의 완화 등)를 말한다.

12 ④가 답인 이유

대상이 되는 사람이 많은 기초적인 대규모 서비스는 **정부가 제공**하는 것이 바람직하다.

옳은 지문 보충설명

① 의료나 교육과 같은 서비스는 공공재적 성격이 강한 서비스로 중앙정부에서 담당하는 것이 유리하다.

13 ④가 답인 이유

- 치료와 재활 관련 **전문가의 역할을 강조하는 모델**은 장애인 개개인의 개별적 사회적응을 목적으로 하는 **개별적 모델**이다.
- 사회적 모델에서는 장애인의 욕구에 적합한 서비스 제공에 대한 사회적 실패는 무작위적으로 개인에게 주어지는 것이 아니라 사회에서 체계화되고 제도화된 차별로 장애인집단에게 전달된다고 본다. 따라서 사회행동을 통한 사회변화를 이루기 위해 장애인이 집합적 주체가 될 것을 강조한다.

14 ②가 답인 이유

노인요양시설은 노인의료복지시설에 해당한다.

노인복지시설의 종류

생활시설	이용시설
① 노인주거복지시설 • 양로시설 • 노인공동생활가정 • 노인복지주택 ② 노인의료복지시설 • 노인요양시설 • 노인요양공동생활가정 ③ 학대피해노인전용쉼터	① 재가노인복지시설 • 방문요양 • 주·야간보호 • 단기보호 • 방문목욕 • 재가노인지원 • 방문간호 • 복지용구지원 ② 노인여가복지시설 • 노인복지관 • 경로당 • 노인교실 ③ 노인보호전문기관 ④ 노인일자리지원기관

15 ①이 답인 이유

「장애인차별금지 및 권리구제 등에 관한 법률」 제4조(차별행위)

① 이 법에서 금지하는 차별이라 함은 다음 각 호의 어느 하나에 해당하는 경우를 말한다.
  1. 장애인을 장애를 사유로 정당한 사유 없이 제한·배제·분리·거부 등에 의하여 불리하게 대하는 경우
  2. 장애인에 대하여 형식상으로는 제한·배제·분리·거부 등에 의하여 불리하게 대하지 아니하지만 정당한 사유 없이 장애를 고려하지 아니하는 기준을 적용함으로써 장애인에게 불리한 결과를 초래하는 경우
  3. 정당한 사유 없이 장애인에 대하여 정당한 편의 제공을 거부하는 경우
  4. 정당한 사유 없이 장애인에 대한 제한·배제·분리·거부 등 불리한 대우를 표시·조장하는 광고를 직접 행하거나 그러한 광고를 허용·조장하는 경우. 이 경우 광고는 통상적으로 불리한 대우를 조장하는 광고효과가 있는 것으로 인정되는 행위를 포함한다.
  5. 장애인을 돕기 위한 목적에서 장애인을 대리·동행하는 자(이하 "장애인 관련자"라 한다)에 대하여 제1호부터 제4호까지의 행위를 하는 경우. 이 경우 장애인 관련자의 장애인에 대한 행위 또한 이 법에서 금지하는 차별행위 여부의 판단대상이 된다.
  6. 보조견 또는 장애인보조기구 등의 정당한 사용을 방해하거나 보조견 및 장애인보조기구 등을 대상으로 제4호에 따라 금지된 행위를 하는 경우

② 제1항제3호의 "정당한 편의"라 함은 장애인이 장애가 없는 사람과 동등하게 같은 활동에 참여할 수 있도록 장애인의 성별, 장애의 유형 및 정도, 특성 등을 고려한 편의시설·설비·도구·서비스 등 인적·물적 제반 수단과 조치를 말한다.

③ 제1항에도 불구하고 다음 각 호의 어느 하나에 해당하는 정당한 사유가 있는 경우에는 이를 차별로 보지 아니한다.
  1. 제1항에 따라 금지된 차별행위를 하지 않음에 있어서 과도한 부담이나 현저히 곤란한 사정 등이 있는 경우
  2. 제1항에 따라 금지된 차별행위가 특정 직무나 사업 수행의 성질상 불가피한 경우. 이 경우 특정 직무나 사업 수행의 성질은 교육 등의 서비스에도 적용되는 것으로 본다.

④ 장애인의 실질적 평등권을 실현하고 장애인에 대한 차별을 시정하기 위하여 이 법 또는 다른 법령 등에서 취하는 적극적 조치는 이 법에 따른 차별로 보지 아니한다.

16 ③이 답인 이유

ㄱ에서 제시하고 있는 시·군·구의 생활보장사업 기본방향 및 시행계획의 수립에 관한 사항은 시·군·구 생활보장위원회에서 심의·의결한다.

1. 시·군·구 지역사회보장협의체에서 심의·자문하는 사항(「사회보장급여의 이용·제공 및 수급권자 발굴에 관한 법률」에서 규정)
  ① 시·군·구의 지역사회보장계획 수립·시행 및 평가에 관한 사항
  ② 시·군·구의 지역사회보장조사 및 지역사회보장지표에 관한 사항
  ③ 시·군·구의 사회보장급여 제공에 관한 사항
  ④ 시·군·구의 사회보장 추진에 관한 사항
  ⑤ 읍·면·동 단위 지역사회보장협의체의 구성 및 운영에 관한 사항
  ⑥ 그 밖에 위원장이 필요하다고 인정하는 사항

2. 시·군·구 생활보장위원회에서 심의·의결하는 사항(「국민기초생활 보장법」에서 규정)
  ① 시·군·구의 생활보장사업 기본방향 및 시행계획의 수립에 관한 사항
  ② 「국민기초생활 보장법」의 급여를 받을 자격이 있는 수급권자에 해당하지 아니하여도 생활이 어려운 사람의 보호를 위하여 보건복지부장관 또는 소관 중앙행정기관의 장이 정하는 급여의 결정에 관한 사항
  ③ 수급자 및 수급자에 대한 급여의 적정성을 확인하기 위하여 매년 실시하는 연간조사계획에 관한 사항
  ④ 지방자치단체의 조례에 따라 「국민기초생활 보장법」에 따른 급여 범위 및 수준을 초과하여 시·군·구가 실시하는 급여에 관한 사항
  ⑤ 자활기금의 설치·운용에 관한 사항
  ⑥ 자활지원계획에 관한 사항
  ⑦ 보장비용 징수 제외 및 결정, 금품의 반환·징수·감면 관련 사항 및 결손처분 관련 사항
  ⑧ 그 밖에 시장·군수·구청장이 회의에 부치는 사항

17 ③이 답인 이유

사법경찰관리나 시·도 또는 시·군·구의 아동학대전담공무원은 아동학대 신고의무자가 아니다. 이들은 아동학대신고를 접수받아 현장조사와 조치를 취하는 역할을 담당한다.

옳은 지문 보충설명

④ 시·도지사 또는 시장·군수·구청장은 다음과 같은 업무의 수행을 위해 아동학대전담공무원을 두어야 한다.

아동학대전담공무원의 업무
1. 아동학대 신고접수, 현장조사 및 응급보호
2. 피해아동, 피해아동의 가족 및 아동학대행위자에 대한 상담·조사
3. 그 밖에 대통령령으로 정하는 아동학대 관련 업무

18 ④가 답인 이유

- 「정신건강증진 및 정신질환자 복지서비스 지원에 관한 법률」상 정신건강증진시설은 정신의료기관, 정신재활시설, 정신요양시설이다.
- 재활훈련시설과 중독자재활시설은 정신재활시설에 해당한다.

정신재활시설에는 생활시설, 재활훈련시설(주간재활시설, 공동생활가정, 지역사회전환시설, 직업재활시설, 아동·청소년정신건강지원시설이 포함됨), 중독자재활시설, 생산품판매시설, 종합시설 등이 포함된다.

- 정신병원은 정신의료기관에 해당한다. "정신의료기관"이란 「의료법」에 따른 정신병원, 「의료법」에 따른 의료기관 중 정신의료기관 기준에 적합하게 설치된 의원, 「의료법」에 따른 병원급 의료기관에 설치된 정신건강의학과로서 정신의료기관 기준에 적합한 기관이 포함된다.

19 ②가 답인 이유

- 클라이언트의 가치관이나 특성을 비난하지 않는다. → 비심판적 태도
- 사회복지서비스의 대상자와 문제가 갖는 고유성과 독특성에 적합한 접근방법을 사용한다. → 개별화
- 클라이언트의 감정에 민감성과 이해로 적절하게 반응한다. → 통제된 정서적 관여

20 ④가 답인 이유
- 소시오그램으로 파악할 수 있는 정보는 소집단 내 집단성원들 사이의 관계 역동(수용과 거부, 집단 내의 하위집단 형성 등)이다.
- 주변 사람들과의 접촉빈도와 사회적 지지의 유형과 정도는 **사회관계망도표**를 통해 파악할 수 있다.

제7회 모의고사 2020년 지방직 동형 모의고사

1	2	3	4	5	6	7	8	9	10
③	①	③	③	①	②	④	④	①	③
11	12	13	14	15	16	17	18	19	20
④	①	②	②	②	④	①	②	④	③

01 ③이 답인 이유
①은 제도적 개념의 사회복지, ②는 잔여적 개념의 사회복지, ④는 잔여적 개념의 사회복지에 해당한다.

02 ①이 답인 이유
직접실천은 사회복지사가 개인이나 가족, 집단 등 실천대상과 접촉하면서 사회복지서비스를 직접 전달하는 상담, 교육, 훈련, 치료, 방문 등의 실천을 말하고, 간접실천은 사회복지사가 클라이언트를 직접 대면하지 않으면서 클라이언트의 문제해결을 간접적으로 원조하는 실천을 말한다.

직접실천과 간접실천 예시

구분	예
직접실천	개인상담, 정보제공, 교육, 가족치료, 사회기술훈련 제공, 위탁가정 아동 방문, **정신장애인 재활상담** 등
간접실천	**사회복지정책 분석 및 평가**, 모금활동, 정책 대안 발굴, 제안된 법안 분석, **지역사회 자원 개발**, 취약계층 옹호, 직업재활 대상자를 위한 자원 개발, **후원자 개발 및 관리**, 공청회 개최, 지역사회 인식 개선 캠페인 활동 등

03 ③이 답인 이유
- 「사회보장기본법」에서는 **공공부조**를 '국가와 지방자치단체의 책임 하에 생활 유지 능력이 없거나 생활이 어려운 국민의 최저생활을 보장하고 자립을 지원하는 제도'라고 정의하고 있다.
- 국민기초생활보장, 희망저축계좌(저소득층의 자산형성을 지원하는 제도), 장애인연금은 모두 공공부조제도에 해당하지만, **국민건강보험은 사회보험제도**에 해당한다.

04 ③이 답인 이유
③은 자선조직협회에 해당한다.

05 ①이 답인 이유
일반예산을 주된 재원으로 하는 **공공부조**가 조세지출을 통한 감면과 공제보다 **수직적 소득재분배 효과가 높다**.

옳은 지문 보충설명

④ 장기요양보험에는 위험 미발생 집단으로부터 위험(고령이나 노인성 질병) 발생 집단으로 소득이 이전되는 수평적 소득재분배 효과도 있지만, 65세 미만 집단으로부터 고령(65세 이상) 집단으로 소득이 이전되는 세대 간 재분배 효과도 있다고 볼 수 있다.

06 ②가 답인 이유

건강가정지원센터는 「건강가정기본법」에서 규정하고 있다. 다음 기관들의 법적 근거를 잘 구분해두도록 하자.

- 자원봉사센터 – 「자원봉사활동 기본법」
- 건강가정지원센터 – 「건강가정기본법」
- 정신건강복지센터 – 「정신건강증진 및 정신질환자 복지서비스 지원에 관한 법률」
- 지역자활센터 – 「국민기초생활 보장법」
- 지역아동센터, 가정위탁지원센터 등 – 「아동복지법」

07 ④가 답인 이유

- 기존의 여성주의 관점이 여성의 차별과 불평등에 초점을 두는 것과 달리, 성인지 관점은 **여성뿐만 아니라** 남성 역시 남성이라는 이유로 겪게 되는 차별과 불평등의 문제도 같이 다룬다는 점에서 차이가 있다.
- 따라서 성인지 관점은 성에 기인하여 **남녀가 겪는 차별과 불평등에 초점**을 두고 각종 제도, 정책, 실천이 남녀에게 미치는 영향과 문제에 주목하고 개선하고자 하는 관점이라고 서술해야 옳은 서술이다.

08 ④가 답인 이유

- 목표효율성이 높은 순서는 현물급여 > 바우처 > 현금급여 순이다.
- 바우처는 수요자 직접 지원 방식으로, 다수의 서비스 공급자들 중 수요자가 판단을 통해 적절한 공급자를 선택해 서비스를 이용하고 바우처로 결제(일부 본인부담)하는 방식을 취한다. 따라서 서비스 공급자를 선택하는 과정에서 수요자의 합리적 판단은 정책목표의 실현에 큰 영향을 미치게 된다.

09 ①이 답인 이유

사례관리자는 직접적 개입과 간접적 개입을 종합적으로 수행한다. 핵심적인 역할이 중개자, 옹호자, 조정자이긴 하지만 그 외에도 클라이언트의 욕구에 따라 **다양한 역할을 수행할 수 있다.**

10 ②가 답인 이유

고용노동부장관은 관계 중앙행정기관의 장과 협의하여 장애인의 고용촉진 및 직업재활을 위한 기본계획을 5년마다 수립하여야 한다. 「장애인고용촉진 및 직업재활법」의 소관 부처는 보건복지부가 아니라 고용노동부이다.

11 ④가 답인 이유

④에 해당하는 역할은 **조력자(조성자, enabler)**이다.

12 ①이 답인 이유

병리적 관점에서는 개인을 증상을 가진 자로 규정하지만, 강점관점에서는 고유한 특성, 재능, 자원과 강점을 가진 독특한 존재로 본다.

오답 체크

② **병리적 관점**에서는 어린 시절의 상처가 성인기 병리를 예측할 수 있게 해주는 단초가 된다고 보지만, 강점관점에서는 어린 시절의 상처가 성인기 병리의 전조가 아니며, 이것은 개인을 약하게도 할 수 있지만 강하게도 할 수도 있다고 본다.

③ **병리적 관점**에서 변화를 위한 자원은 전문가의 지식과 기술이지만, 강점관점에서는 클라이언트 체계(개인, 집단, 지역사회 등)의 장점, 능력, 적응기술이다.

④ 인지행동모델이나 과제중심모델은 클라이언트의 문제(인지나 행동상의 문제 혹은 표적문제)를 경감하거나 제거하는 접근을 한다는 점에서 강점관점에 기반을 둔다고 볼 수 없다. 강점관점에 기반을 둔 대표적인 실천모델에는 **권한부여(임파워먼트 혹은 역량강화)모델과 해결중심모델**이 있다.

13 ②가 답인 이유

사회복지제도가 주로(일차적으로) 담당하는 기능은 **상부상조 기능**이지만, 그 외 다른 기능들도 일부 수행할 수 있다. 따라서 사회복지제도는 상부상조 기능 이외에도 **사회화, 사회통합, 사회통제, 생산·분배·소비 기능**을 수행할 수 있다.

- 사회복지제도가 생산·분배·소비 기능을 수행하는 경우의 예 : 자활기업, 마을기업, 사회적 기업, 사회적 협동조합 등 사회적 경제를 통해 일자리 창출과 사회서비스 제공이라는 사회적 목적을 구현하는 것
- 사회복지제도가 사회통제 기능을 수행하는 경우의 예 : 자활사업 참여를 조건으로 생계급여를 지급하는 조건부수급의 경우 자활사업 참여는 해도 되고 안 해도 되는 것이 아니라 꼭 해야 하며 그렇지 않을 시 급여를 정지 혹은 중지하는 것

14 ②가 답인 이유
- 절대적 빈곤 개념에서는 최저생계비 이하인 사람을 빈곤하다고 정의하지만, 상대적 빈곤 개념에서는 평균소득 또는 중위소득을 기준으로 기준 소득의 일정 비율 이하인 사람을 빈곤하다고 정의한다.
- 우리나라는 「국민기초생활 보장법」이 처음 시행되었던 2000년 당시에는 최저생계비를 기준으로 급여 수급대상을 선정하였고, 맞춤형 급여체제가 시행된 2015년 7월부터 급여 유형별로 기준 중위소득의 일정 비율을 기준으로 수급대상을 선정하기 시작했다. 따라서 **2000년 도입 당시에는 절대적 빈곤 개념을 적용**했으나, **2015년 7월부터는 상대적 빈곤 개념을 적용**하기 시작했다고 볼 수 있다.

15 ②가 답인 이유
- 사회통제이론(음모이론)에서는 사회복지정책을 사회안정과 질서 유지를 위한 하나의 (통제)수단이라고 본다. 지배계층이 사회질서가 위협받고 있다고 느낄 때 그러한 위기를 해결하려는 목적으로 사회복지정책을 확대했다고 설명한다.
- 독일에서 사회보험을 도입할 즈음 노동자들 사이에서 빠른 속도로 확산되고 있던 사회주의는 사회의 지배계층 입장에서 사회질서와 안정을 해치는 위협이었다. 따라서 당시 재상이었던 비스마르크는 이를 통제할 의도로 사회보험을 도입했는데, 사회통제이론(음모이론)은 이를 설명하기에 가장 적합한 복지국가발달이론이다. 결국 노동자들을 위해서가 아니라 지배계층의 기득권 유지와 안전을 위해 사회복지정책이 도입되었다는 것이다.

16 ④가 답인 이유
- 노인복지관, 경로당, 노인교실은 노인여가복지시설이다.
- 재가노인에게 주간보호, 야간보호, 단기보호, 방문목욕, 방문간호 등의 서비스를 제공하는 시설은 재가노인복지시설이다.

오답 체크
① 누구든지 노인학대를 알게 된 때에는 **노인보호전문기관** 또는 수사기관에 **신고할 수 있다**.
② 노인의 날(10월 2일), 어버이날(5월 8일), 노인학대예방의 날(6월 15일)은 「노인복지법」에서 규정하고 있지만, **치매극복의 날(9월 21일)은 「치매관리법」**(2011년 제정, 2012년 시행)에서 규정하고 있다.
③ 2020년부터 시행되고 있는 노인맞춤돌봄서비스는 만 65세 이상 ① 국민기초생활수급자, ② 차상위계층 또는 ③ 기초연금 수급자로서 유사 중복사업 자격에 해당되지 않는 자(다만, 시장·군수·구청장이 서비스가 필요하다고 인정하는 경우 예외적으로 제공 가능)로서, **독거·조손·고령부부 가구 노인 등 돌봄이 필요한 노인**, 신체적 기능 저하, 정신적 어려움(인지저하, 우울감 등) 등으로 돌봄이 필요한 노인, 고독사 및 자살 위험이 높은 노인 등을 대상으로 한다.

17 ①이 답인 이유
클라이언트가 확신하지 못하고, 자신감이 없어 할 때 잘 할 수 있을 거라고, 잘 될 거라고 자신감을 북돋아주는 기법을 **재보증**기법이라 한다.

오답 체크
② 초점화(focusing): 초점에서 벗어나는 이야기로 흐를 경우 본래의 초점으로 되돌리거나, 클라이언트가 두서없이 말을 장황하게 하거나 어떤 주제를 회피하려고 할 때 사회복지사가 간단한 질문이나 언급을 통해 초점을 맞추는 기법
③ 재명명(reframing): 문제상황에 대한 클라이언트의 관점을 변화시키기 위해 클라이언트가 부여하는 의미를 수정하는 기법
④ 환기(ventilation): 문제나 상황과 관련해 클라이언트가 표현 못하고 억압한 감정, 특히 부정적인 감정(분노, 슬픔, 죄의식 등)을 표출할 수 있도록 하여 감정의 강도를 약화시키거나 해소시키는 기법

18 ②가 답인 이유
브래드쇼가 제시한 욕구 유형 중 전문가가 정한 기준과 비교하여 규정되는 욕구는 **규범적 욕구**(normative need)이다.

19 ④가 답인 이유
사회복지사의 개인적 신념과 사회복지사로서 직업적 의무 사이에 이해 충돌이 발생할 때 **동료, 슈퍼바이저와 논의하고, 부득이한 경우 클라이언트가 적절한 지원을 받을 수 있도록 클라이언트를 다른 사회복지사에게 의뢰하거나 다른 사회복지서비스로 연결**한다(기본적 윤리기준 > 전문가로서의 실천 > 이해충돌에 대한 대처).

20 ③이 답인 이유
자휼전칙은 **조선 후기 정조 때** 반포된 아동복지 관련 법령이다.

제8회 모의고사 2020년 국가직 동형 모의고사

1	2	3	4	5	6	7	8	9	10
③	③	②	④	②	③	④	①	①	②
11	12	13	14	15	16	17	18	19	20
①	④	④	②	③	④	②	③	①	①

01 ③이 답인 이유
사회복지는 인간을 '환경 속의 인간'으로 이해하여 인간과 환경 어느 한쪽에 초점을 두는 것이 아니라 **양자 모두에 초점**을 두면서 개인과 환경 간 적합성을 증대하고자 한다.

02 ③이 답인 이유
공공부조는 사회보험에 비해 **약한** 권리성을 갖는다.

03 ②가 답인 이유
산업재해보상보험의 경우 고용주가 가입자이며, 적용되는 보험료율은 산업업종별로 차등 적용되고 같은 산업업종 내에서도 개별사업장의 산업재해실적에 따라 **차등 적용**된다.

04 ④가 답인 이유
- 근로연계복지(workfare) 정책은 복지수급과 노동을 어떠한 방식으로든 연계시키는 것에 그 핵심이 있다.
- 영국의 **1980년대 신우파 정권**(보수당 대처 정부)에서도, **1990년대 중도좌파 정권**(노동당 토니 블레어 정부)에서도 둘 다 **근로연계복지를 강조**했다. 다만 두 정권에서 복지와 노동(근로)을 **연계하는 방식에는 차이**가 있었다.

1980년대 신우파 정권	복지급여를 받기 위한 조건으로 근로를 의무화하는 방식
1990년대 중도좌파 정권	직접적 소득보장보다 인적자원에 대한 투자(교육 및 훈련 등)를 통해 개인의 노동능력과 근로기회를 증대하는 사회투자 방식(생산적 복지, 적극적 복지)

05 ②가 답인 이유
엘리자베스 구빈법(1601년)은 빈민 구호에 대한 국가 책임을 처음으로 천명했다는 점에서 국가에 의한 복지의 효시로 불린다.

오답 체크
① 자선조직협회와 인보관 운동은 민간 차원의 구빈활동에 해당하며, 이 중 빈민 구제가 민간 주도하에 진행되어야 한다고 주장했던 것은 **자선조직협회에만 해당**한다. 인보관 운동에서는 사회개혁과 국가 책임을 강조했다.
③ 스핀햄랜드법(1795년)은 최저생계비에 부족한 빈민의 임금을 보조해주는 제도를 규정한 법으로, **구빈세 부담을 증가**시키고 **독립심과 노동능률을 저하**시키는 부작용을 초래했다.
④ 빈민구제를 위한 조세인 구빈세를 처음으로 징수하여 구빈 재정을 마련하기 시작한 것은 **엘리자베스 구빈법(1601년)**에서였다.

06 ③이 답인 이유
윤리기준은 기본적 윤리기준, 클라이언트에 대한 윤리기준, 동료에 대한 윤리기준, 기관에 대한 윤리기준, **사회에 대한 윤리기준**의 다섯 부분으로 구성되어 있다.

07 ④가 답인 이유
어떤 대상에 대해 자신의 본심과는 반대로 행동하는 것을 반동형성 방어기제라 한다.

오답 체크
- ①은 취소, ②는 억압, ③은 보상 방어기제 사례에 해당한다.
- 퇴행은 실패 가능성이 있거나 심한 좌절, 불안감을 느낄 때 초기의 발달단계나 행동양식으로 후퇴하는 방어기제이다. 입원 중 간호사에게 아기 같은 행동을 하며 불안을 감소시키는 노인, 동생이 태어나 엄마의 사랑을 빼앗겼다고 느끼며 불안한 아이가 잘 가리던 대소변을 가리지 못하고 자꾸 실수하게 되는 경우가 퇴행 방어기제에 해당한다.

08 ①이 답인 이유
오답 체크
ㄷ. 개입목표의 우선순위 설정 – 계획단계의 과업에 해당
ㄹ. 클라이언트의 자원과 능력에 대한 평가 – 사정단계의 과업에 해당

접수단계의 과제
- 클라이언트의 드러난 문제 확인
- 클라이언트의 문제가 기관의 서비스 및 정책에 부합하는지 판단
- 필요시 의뢰
- 서비스에 대한 클라이언트의 동의 확인
- 관계 형성
- 양가감정 수용과 저항감 해소
- 동기화

09 ①이 답인 이유
사회조사의 과정은 (조사주제 선정) – 조사문제 설정 – (문헌고찰) – 가설 설정 – 조사설계 – 자료수집과 분석 – (분석결과

의 해석) – 보고서 작성 순으로 이루어진다.

10 ②가 답인 이유
특수직역연금 수급권자(공무원, 군인, 사립학교교직원 및 별정우체국 직원)는 기초연금 수급 대상에서 제외되지만, 국민연금 수급권자는 제외되지 않는다. 다만 **국민연금액과 연동**하여 그 금액이 높으면 **기초연금액에 일부 감액**이 적용된다.

11 ①이 답인 이유
①만 사회민주주의 복지국가 유형에 해당하고, ②, ③, ④는 자유주의 복지국가 유형에 해당한다.

12 ④가 답인 이유
- 사례관리는 장기적/복합적/복잡한/다양한 욕구를 가진 클라이언트를 지역사회의 다양한 공식적·비공식적 자원을 활용하여 비용-효율적으로 관리하는 실천전략이다.
- 클라이언트의 개별화된 욕구에 대한 맞춤형 서비스 제공 및 연결을 강조한다.

13 ④가 답인 이유
- 행동에 뒤따르는 결과가 행위자에게 좋은 결과이면 '강화'이고 나쁜 결과이면 '처벌'이다. 따라서 제시된 사례 중 강화에 해당하는 것은 ①과 ④만 해당되며, ②와 ③은 처벌에 해당된다는 것을 구별해야 한다.
- 강화 중에서도 ①은 좋은 것이 제공되어 좋은 강화이고, ④는 나쁜 것이 제거되어서 좋은 강화이므로, ①은 정적 강화, ④는 부적 강화에 해당한다.
- ①은 정적 강화, ②정적 처벌, ③은 부적 처벌(자신의 돈이 마이너스 되는 처벌이므로 부적 처벌임), ④는 부적 강화에 해당한다.

14 ②가 답인 이유
「**국민기초생활 보장법**」에 의한 **의료급여 수급자**는 본인부담금을 적용하지 않는다. 즉, **본인부담금이 없다**. 그 외의 법률에 의한 의료급여 수급자는 본인부담금의 일부를 감경한다.

15 ③이 답인 이유
양육수당은 어린이집·유치원·종일제 아이돌봄 서비스 등을 이용하지 않고 가정에서 양육하는 **24개월 이상 86개월 미만의 취학 전 영유아를 대상**으로 지원되는 현금급여이다.

16 ④가 답인 이유
정신건강전문요원에는 정신건강**임**상심리사, 정신건강**간**호사, 정신건강**사**회복지사, 정신건강**작업**치료사가 해당된다.

암기 임간사 작업

17 ②가 답인 이유
- 주거급여는 별도의 법률인 「주거급여법」에서 급여 운영에 필요한 사항을 규정하고 있지만, 교육급여는 별도의 법률로 따로 규정하지 않는다.
- 국민기초생활 보장제도의 급여들 중 별도의 법률로 급여 운영에 필요한 사항을 규정하는 급여는 주거급여(「주거급여법」)와 의료급여(「의료급여법」)이다.

18 ③이 답인 이유
「정신건강증진 및 정신질환자 복지서비스 지원에 관한 법률」 제2조 제5항 : 정신질환자에 대해서는 입원 또는 입소가 최소화되도록 지역사회 중심의 치료가 우선적으로 고려되어야 하며, 정신건강증진시설에 **자신의 의지에 따른 입원 또는 입소(자의입원 등)**가 권장되어야 한다.

옳은 지문 보충설명
④ 「발달장애인 권리보장 및 지원에 관한 법률」에서 규정하고 있는 발달장애인의 자기결정권 내용은 다음과 같다.

> 「발달장애인 권리보장 및 지원에 관한 법률」 제8조(자기결정권의 보장)
> ① 발달장애인은 자신의 주거지의 결정, 의료행위에 대한 동의나 거부, 타인과의 교류, 복지서비스의 이용 여부와 서비스 종류의 선택 등을 스스로 결정한다.
> ② 누구든지 발달장애인에게 의사결정이 필요한 사항과 관련하여 충분한 정보와 의사결정에 필요한 도움을 제공하지 아니하고 그의 의사결정능력을 판단하여서는 아니 된다.
> ③ 제1항 및 제2항에도 불구하고 스스로 의사를 결정할 능력이 충분하지 아니하다고 판단할 만한 상당한 이유가 있는 경우에는 보호자가 발달장애인의 의사결정을 지원할 수 있다. 이 경우 보호자는 발달장애인 당사자에게 최선의 이익이 되도록 하여야 한다.

19 ①이 답인 이유
100점 만점을 기준으로 채점된 사회복지학개론 점수, 섭씨온도, 지능지수는 모두 등간수준에 해당하고, **월평균 소득은 비율수준**에 해당한다.

20 ①이 답인 이유
- 공공재는 비경합성(비경쟁성)과 비배제성(비배타성)으로 인해 시장에 맡길 경우 무임승차 문제를 유발하기 쉽다. 따라서 국가가 개입할 필요가 있다.
- 도덕적 해이는 시장실패 요인들 중 **정보비대칭 문제로 인해 유발**되는 문제점에 해당한다.

제9회 모의고사 2019년 지방직 동형 모의고사

1	2	3	4	5	6	7	8	9	10
④	①	④	③	④	③	①	①	②	③
11	12	13	14	15	16	17	18	19	20
④	②	①	②	③	④	③	③	①	②

01 ④가 답인 이유
①은 정보 비대칭성, ②는 시장분배의 불평등(국가에 의한 재분배를 필요로 하게 됨), ③은 위험발생의 상호의존성, ④는 **정부조직의 내부성**에 해당한다. 이 중 ④는 **정부실패**에 해당하고, 나머지는 국가 개입을 필요로 하게 되는 시장실패 요인에 해당한다.

02 ①이 답인 이유
국민기초생활보장제도에서의 "보장기관"은 「국민기초생활보장법」에 따른 급여를 실시하는 **국가 또는 지방자치단체**를 말한다.

03 ④가 답인 이유
사례관리는 표준화된 방법의 고안이 아니라 클라이언트의 개별적인 욕구와 상황에 따른 맞춤형 서비스의 연결과 관리를 강조한다.

04 ③이 답인 이유
복지다원주의(welfare pluralism)는 복지제공의 네 주체(국가, 시장, 자원봉사부문, 비공식부문) 중 국가 역할을 **줄이고** 그 대신 다른 세 주체의 비중을 **늘리자**는 주장이다.

05 ④가 답인 이유
공공 전달체계 중에서도 중앙정부가 상대적으로 유리한 점은 다음과 같다.
- 공공재나 외부효과가 큰 재화에 대한 공급
- 대상 범위가 넓은 재화에 대한 공급
- 개별 소비자가 재화의 정보를 파악하기 어려운 성격의 재화(대표적인 예 : 의료서비스)에 대한 공급
- **규모의 경제**를 통한 비용 절감
- 서비스의 **안정성**과 **지속성**
- 프로그램에 대한 **통합·조정**

오답 체크
ㄱ과 ㄴ은 지방정부가 중앙정부보다 더 유리한 점에 해당한다.

06 ③이 답인 이유
- 탈상품화 정도와 여성의 경제활동 참가율이 가장 높은 복지국가 유형은 **사회민주주의 복지국가**이며, 이 유형에 속하는 대표적인 국가에는 **스웨덴, 덴마크, 핀란드, 노르웨이** 등이 있다.
- 독일과 프랑스는 조합주의(보수주의) 복지국가 유형에 해당한다.

07 ①이 답인 이유
국가 및 지방자치단체는 긴급지원 업무를 수행하기 위하여 필요한 **비용을 분담**하여야 한다.

08 ①이 답인 이유

에릭슨의 8단계 심리사회적 위기와 강화되는 자아특질

단계	심리사회적 위기(발달과업)	강화되는 자아특질
1. 유(乳)아기	기본적 신뢰감 대 불신감	희망
2. 초기아동기	자율성 대 수치심과 의심	의지
3. 유희기(학령전기)	주도성(솔선성) 대 죄의식	목적의식
4. 학령기	근면성 대 열등감	능력
5. 청소년기	자아정체감 대 자아정체감 혼란	성실
6. 성인초기	친밀감 대 고립	사랑
7. 중년기	생산성 대 침체	배려
8. 노년기	자아완성(자아통합) 대 절망	지혜

09 ②가 답인 이유
ㄱ. 어둡고 강한 녹색주의 : 복지국가가 제공하는 서비스가 사회문제의 근본적 원인보다 증상만을 다룰 뿐만 아니라 복지국가가 경제성장을 부추겨 환경을 위협한다고 비판하면서 복지국가를 반대한다.

ㄷ. 마르크스주의 : 복지국가는 자본가계급의 이익을 대변하는 도구일 뿐이라고 본다.

ㄹ. 제3의 길 : 기든스는 복지국가를 강조했던 사회민주주의에서는 복지에 대한 국가 역할이 비대해지면서 지나친 비효율성을 초래했고, 시장경제를 강조했던 신자유주의는 심각한 양극화 등 비인간화를 초래했다고 비판하면서, 제3의 길을 통해 양자를 통합(절충)하여 복지국가의 비효율성을 극복하고 인간의 얼굴을 한 시장경제(자본주의)를 향하고자 했다.

오답 체크

ㄴ. 사회민주주의가 소득에서의 불평등을 인정하지 않는 것은 아니다. 자본주의의 속성상 시장에서의 **소득불평등은 불가피하지만, 복지국가를 통해 이러한 불평등을 완화**할 수 있다고 본다.

10 ③이 답인 이유

사회보험은 국가의 책임, 공공부조와 사회서비스는 국가와 지방자치단체의 책임으로 시행한다.

오답 체크

① 국가는 사회보장제도의 안정적인 운영을 위하여 중장기 사회보장 재정추계를 **격년으로** 실시하고 이를 공표하여야 한다.
② 국가와 지방자치단체는 **최저보장수준**과 최저임금 등을 고려하여 사회보장급여의 수준을 결정하여야 한다.
④ "**평생사회안전망**"이란 생애주기에 걸쳐 보편적으로 충족되어야 하는 기본욕구와 특정한 사회위험에 의하여 발생하는 특수욕구를 동시에 고려하여 소득·서비스를 보장하는 맞춤형 사회보장제도를 말한다.

11 ④가 답인 이유

클라이언트가 필요한 서비스를 받을 수 있도록 돕는 것이 접근성 원칙의 핵심이다. 사각지대에 놓여 필요한 서비스를 받지 못하고 있는 클라이언트를 발굴해 서비스를 받을 수 있도록 돕기 위한 아웃리치 활동은 접근성을 증진하기 위한 목적을 갖는다.

오답 체크

①은 통합성, ②는 책임성, ③은 지속성(연속성)의 원칙과 관련되는 활동이다.

12 ②가 답인 이유

비율척도는 측정수준이 가장 높은 척도로, 명목, 서열, 등간 측정의 특성을 모두 가지며, 절대 영점(속성이 전혀 존재하지 않는 상태인 0점)을 가지고 있다. 사칙연산이 가능하고, 근무연수, 무게, 길이, 연령 등이 비율척도에 해당한다.

13 ①이 답인 이유

통합사례관리는 **공공기관과 민간기관의 복지자원**을 활용하여 대상자에게 맞는 서비스를 연계·제공하는 활동이다.

14 ②가 답인 이유

- 「노인복지법」상 노인의료복지시설(노인요양시설, 노인요양공동생활가정)과 재가노인복지시설(방문요양, 주·야간보호, 단기보호, 방문목욕, 방문간호, 복지용구지원 서비스 등을 제공)이 시·군·구를 통해 장기요양기관으로 지정될 수 있다.
- 노인요양병원은 「의료법」상 의료기관이며, 장기요양기관 지정 대상이 아니다.

15 ③이 답인 이유

- 슘페터의 경제사상(기업의 혁신을 강조)이 아니라 케인즈의 경제사상(유효수요 창출을 강조)이 복지국가 발달에 영향을 미쳤다.
- 슘페터의 경제사상은 복지국가 위기가 닥친 1970년대 말부터 영향을 미쳤다.
- 밥 제솝(B. Jessop)은 복지국가 재편의 방향으로 케인즈주의에 입각한 복지국가에서 슘페터주의에 입각한 근로연계 복지국가로 전환할 것을 제안하였다.

16 ④가 답인 이유

해산한 법인의 남은 재산은 정관으로 정하는 바에 따라 **국가 또는 지방자치단체에 귀속**된다. 국가 또는 지방자치단체에 귀속된 재산은 사회복지사업에 사용하거나 유사한 목적을 가진 법인에 무상으로 대여하거나 무상으로 사용·수익하게 할 수 있다.

옳은 지문 보충설명

③ 「사회복지사업법」 제1조의2(기본이념) 제2항 : 사회복지법인 및 사회복지시설은 공공성을 가지며 사회복지사업을 시행하는 데 있어서 공공성을 확보하여야 한다.

17 ③이 답인 이유

보건복지부장관은 관계 행정기관의 장과 협의하여 5년마다 정신건강증진 및 정신질환자 복지서비스 지원에 관한 국가의 기본계획을 수립하여야 하고, **5년마다** 정신건강에 관한 실태조사를 하여야 한다.

18 ③이 답인 이유

- 공공부조는 모두 이의신청이지만, 「**국민기초생활 보장법**」과 「**긴급복지지원법**」은 시·도지사에게, 나머지는 시장·군수·구청장에게 **이의신청**을 한다.
- 대부분 시효가 90일이지만, 「긴급복지지원법」은 30일이다.
- 사회보험에서는 **국민건강보험만 이의신청**이고, 나머지는

심사청구이다.

오답 체크
① 「노인장기요양보험법」 – 처분이 있음을 안 날부터 90일 이내에 건강보험공단에 **심사청구**
② 「국민건강보험법」 – 처분이 있음을 안 날부터 90일 이내에 건강보험공단에 **이의신청**
④ 「긴급복지지원법」 – 처분을 고지받은 날부터 30일 이내에 **시·도지사**에게 이의신청

19 ①이 답인 이유

- 보장기관은 대통령령으로 정하는 바에 따라 근로능력이 있는 수급자에게 자활에 필요한 사업에 참가할 것을 조건으로 하여 생계급여를 실시할 수 있으므로(「국민기초생활 보장법」 제9조 제5항) 자활급여 수급자도 생계급여 대상이 될 수 있다.

옳은 지문 보충설명
② 시장·군수·구청장은 근로능력평가를 국민연금공단에 의뢰할 수 있다(「국민기초생활 보장법 시행령」 제7조 제2항).
③ 자활급여란 자활급여는 기초생활보장수급자의 자활을 돕기 위하여 실시되는 급여로, 자활에 필요한 금품의 지급 또는 대여, 자활에 필요한 근로능력의 향상 및 기능습득의 지원, 취업알선 등 정보의 제공, 자활을 위한 근로기회의 제공, 자활에 필요한 시설 및 장비의 대여, 창업교육, 기능훈련 및 기술·경영 지도 등 창업지원, **자활에 필요한 자산형성 지원**, 그 밖에 자활을 위한 각종 지원 등을 포함한다.
④ 보장기관은 수급권자·수급자·차상위계층에 대한 조사와 수급자 결정 및 급여의 실시 등 이 법에 따른 보장업무를 수행하게 하기 위하여 사회복지전담공무원을 배치하여야 한다. 이 경우 **자활급여 업무를 수행하는 사회복지전담공무원은 따로 배치하여야** 한다(「국민기초생활 보장법」 제19조 제4항).

20 ②가 답인 이유

시장·군수·구청장은 **9세 이상 18세 이하**의 청소년에게 청소년증을 발급할 수 있다.

옳은 지문 보충설명
① 청소년안전망은 「청소년복지 지원법」 제9조에서 규정하고 있는 '지역사회 청소년통합지원체계'를 말하는 것으로 기존 명칭 CYS-Net을 2019년 청소년안전망으로 변경하고 2020년부터는 이 용어를 사용하고 있다. 제9조 제1항에서 지방자치단체의 장은 관할구역의 위기청소년을 조기에 발견하여 보호하고, 청소년복지 및 청소년보호를 효율적으로 수행하기 위하여 지방자치단체, 공공기관, 청소년단체 등이 협력하여 업무를 수행하는 지역사회 청소년통합지원체계를 구축·운영하여야 한다고 규정하고 있다. 지역사회 내 청소년 관련 자원을 연계하여 학업중단, 가출, 인터넷중독 등 위기청소년에 대한 상담·보호·교육·자립 등 맞춤형 서비스를 제공하는 사업으로 전국 청소년상담복지센터를 기반으로 운영되고 있다.
③ 국가 및 지방자치단체는 학교 밖 청소년지원을 위해 "학교 밖 청소년 지원센터"를 설치하거나 청소년상담복지센터나 청소년단체를 학교 밖 청소년 지원센터로 지정할 수 있다(「학교 밖 청소년 지원에 관한 법률」 제12조).
④ 「청소년복지 지원법」 제14조와 제15조에서는 위기청소년 특별지원에 대해 다음과 같이 규정한다.

제14조(위기청소년 특별지원)
① 국가 및 지방자치단체는 대통령령으로 정하는 바에 따라 위기청소년에게 필요한 사회적·경제적 지원(특별지원)을 할 수 있다.
② 특별지원은 생활지원, 학업지원, 의료지원, 직업훈련지원, 청소년활동지원 등 대통령령으로 정하는 내용에 따라 물품 또는 서비스의 형태로 제공한다. 다만, 위기청소년의 지원에 반드시 필요하다고 인정되는 경우에는 금전의 형태로 제공할 수 있다.

제15조(특별지원의 신청 및 선정)
① 다음 각 호의 어느 하나에 해당하는 사람은 위기청소년을 특별지원 대상 청소년으로 선정하여 줄 것을 특별자치시장·특별자치도지사 또는 시장·군수·구청장에게 신청할 수 있다. 이 경우 제1호 중 보호자 및 제2호부터 제5호까지의 사람은 해당 청소년의 동의를 받아야 한다.
 1. 청소년 본인 또는 그 보호자
 2. 「청소년기본법」에 따른 **청소년지도자**
 3. 「초·중등교육법」에 따른 교원
 4. 「사회복지사업법」에 따른 **사회복지사**
 5. 지방자치단체에서 청소년 업무를 담당하는 공무원

제10회 모의고사 2019년 국가직 동형 모의고사

1	2	3	4	5	6	7	8	9	10
④	②	①	③	②	③	②	②	④	①
11	12	13	14	15	16	17	18	19	20
④	④	②	③	①	③	④	④	①	①

01 ④가 답인 이유
- 자원봉사활동에는 누구나 쉽게 혹은 간단한 교육훈련을 통해 할 수 있는 활동도 있고 대상과 영역에 따라 전문성을 요하는 활동도 있다. 따라서 전문적 지식과 기술을 가진 사람만 자원봉사활동에 참여할 수 있는 것은 아니다.
- 「자원봉사활동 기본법」 제2조(기본방향) 제3호 : 모든 국민은 나이, 성별, 장애, 지역, 학력 등 사회적 배경에 관계없이 누구든지 자원봉사활동에 참여할 수 있도록 하여야 한다.

02 ②가 답인 이유
접수(intake)단계의 과업으로는 기관과 서비스에 대한 안내, 클라이언트의 문제 확인, 기관 서비스에 부합하는지에 대한 판단, 필요한 경우 보다 적절한 기관으로 의뢰, 양가감정 수용과 저항감 해소, 라포(친화관계) 형성, 동기화 등이 있다.

오답 체크
ㄴ. 접수단계에서는 클라이언트의 양가감정을 수용하고 저항을 해소한다. **심리적 의존의 경감은 종결단계**의 과업에 해당한다.
ㄷ. **개입목표를 설정하는 단계는 계획단계**이다.

03 ①이 답인 이유
「정신건강증진 및 정신질환자 복지서비스 지원에 관한 법률」에서 규정하는 정신건강전문요원은 정신건강**임상심리사**, 정신건강간호사, 정신건강사회복지사 및 정신건강**작업치료사**이다.

04 ③이 답인 이유
- 보험, 의료서비스, 중고차 등은 시장에서의 거래 시 구매자와 판매자 간 정보 비대칭으로 인해 역 선택과 도덕적 해이 문제가 발생할 가능성이 특히 높은 재화이다. 보험 중에서도 특히 실업보험과 건강보험이 그러한 문제가 발생하기 쉽다. **ㄱ은 역 선택** 문제에, **ㄴ은 도덕적 해이**에 해당한다.
- 민간 시장의 보험사가 수익을 내려면 어떤 피보험자의 위험 발생 가능성이 다른 피보험자의 위험 발생 가능성과 독립적인 관계에 있어야 한다. 그래야만 가입자 간 위험분산이 이루어질 수 있어 보험사도 재정안정을 유지할 수 있다. 그러나 실업은 사회적 성격이 강하게 있어서 경제가 어려우면 실업 발생이 상호의존적으로 나타나고 이렇게 되면 보험가입자(피보험자) 개개인에 대한 보험료율을 계산하기가 어렵게 된다.

오답 체크
ㄹ. 무임승차는 공공재의 비경쟁성과 비배타성으로 인해 시장에서 발생하게 되는 시장실패 문제에 해당한다. 무임승차 역시 시장실패 요인에 해당하기는 하지만, 실업보험이 비경쟁성과 비배타성을 특징으로 하는 공공재인 것은 아니므로 이 문제에서는 답에 포함되지 않는다.

05 ②가 답인 이유
비용편익분석과 비용효과분석은 효율성을 평가하는 방법이다. **비용편익분석은 프로그램의 투입비용과 성과(편익)를 둘 다 금전적 가치로 계량화**하며 비교하지만, 비용효과분석은 프로그램의 성과를 금전적 가치로 계량화하지 않고 원래의 성과 단위(110명의 자활)를 그대로 사용하면서 해당 성과를 달성하는 데 얼마의 투입비용이 들었는지를 평가한다.

오답 체크
① **총괄평가**는 프로그램의 목표달성 정도를 평가한다.
③ **효과성이 높다고 해서 효율성이 꼭 높은 것은 아니다**. 효과성은 높지만 효율성이 떨어지는 프로그램도 있고, 효율성은 높지만 효과성은 떨어지는 프로그램도 있다.
④ 서비스 제공자의 자격요건이나 서비스 제공방법이 전문적 기준에 적합한가를 중심으로 프로그램을 평가한다면, 이는 프로그램 평가기준 중 **서비스 질(quality of service)**에 해당한다. 서비스의 질은 프로그램 제공자의 전문성에 초점을 둔 평가기준이고, 노력성(effort)은 프로그램에 무엇을 얼마나 투입했는가에 초점을 둔 평가기준이다. 노력성을 평가할 수 있는 요소에는 단위활동의 수, 투입된 인력(직원, 자원봉사자)의 수, 프로그램 예산 및 자원, 프로그램을 실시한 기간 등이 있다.

06 ③이 답인 이유
- **에스핑-안데르센의 복지국가 유형화 기준은 탈상품화 정도, 계층화 정도, 복지에 대한 국가와 시장(혹은 국가-시장-가족)의 역할 분담**이다.

- 참고로, 완전고용에 대한 국가의 의지는 테르본(G. Therborn)이라는 학자가 복지국가를 유형화한 기준에 해당한다. 그는 사회복지정책의 확대와 완전고용에 대한 국가의 의지를 기준으로 ① 강성 개입주의적 복지국가, ② 연성 보상적 복지국가, ③ 완전고용지향 소형 복지국가, ④ 시장지향적 복지국가의 네 유형을 구분하였다.

07 ②가 답인 이유
위기개입의 개입원칙에는 신속한 개입, 제한된 목표, 초점적인 문제해결, 희망과 기대, 행동지향, 지지, 건강한 자아상, 자립 등이 있다.

오답 체크

① 신속한 개입을 요하는 위기개입에서는 과거의 탐색이 아니라 현재 위기로 인해 유발된 구체적인 문제와 증상의 해결에 초점을 둔다.
③ 위기개입의 1차적 목표는 **위기로 인한 증상의 제거**와 **위기 이전 기능수준의 회복**에 있다.
④ 위기 반응 순서는 위험한 사건 → 취약단계 → **위기촉진(위기촉발)요인** → 위기단계 → 재통합(회복) 단계이다.

08 ②가 답인 이유
- 권위에 따른 명령과 순응, 규정의 준수, 업무의 분업화와 전문화를 강조하는 이론은 **관료제 이론**이다.
- 관료제 이론은 대표적인 폐쇄이론에 속하지만, 제도이론은 개방이론에 속하는 조직이론이며 사회복지조직에 영향을 미치는 제도적인 환경에 초점을 둔다.

09 ④가 답인 이유
- 국민기초생활 보장제도의 급여 유형 : **해**산급여, **주**거급여, **교**육급여, **생**계급여, **의**료급여, **장**제급여, **자**활급여

  암기 해주 교생의 장자

- 요양급여는 국민건강보험과 산업재해보상보험의 급여 유형이다.

10 ①이 답인 이유
체계적 둔감화(systematic desensitization)는 불안감을 야기하는 자극에 대해서 단계적이며 점진적으로 안정감을 강화(자극과 불안 사이의 관계를 단계적으로 끊어냄)하는 행동수정모델의 개입기법이다.

오답 체크

② 토큰경제 : 여러 가지 바람직한 행동과 습관을 구체적으로 미리 정해 놓고 그 행동을 했을 때 그의 상응하는 토큰(예 포인트 점수, 쿠폰, 스탬프 등)을 줌으로써 체계적으로 강화하는 것
③ 타임아웃 : 부적절한 행동을 감소시키기 위한 방법으로서, 그릇된 행동을 한 다음에 오는 정적 강화의 기회를 차단(일정 시간 동안 어떤 특정한 강화를 받을 수 없도록 하는 것)하는 기법. 예 친구의 물건을 뺏는 행동을 한 아동에게 10분 동안 장난감이 없는 방에서 기다리게 하는 것
④ 조작적 조건화 : 행동에 뒤따르는 결과(보상이나 처벌)를 통해 특정 행동의 발생 비율을 증가시키거나 감소시키는 것

11 ④가 답인 이유
자녀수 감소 및 초혼연령의 증가 등으로 인해 자녀출산 완료 이후 자녀결혼이 시작될 때까지의 기간을 의미하는 확대완료기가 **길어지고** 있다.

12 ④가 답인 이유
- **신뢰도가 높아도 타당도는 낮을 수 있다.** 예를 들어 규칙적으로 10분 늦는 시계의 경우 신뢰도(측정값의 일관성)는 높지만 타당도(측정값의 정확도)는 낮다.
- 신뢰도가 높아도 타당도는 낮을 수 있지만, 신뢰도 없이는 타당도가 성립되지 않는다. 따라서 어떤 척도가 타당도가 높다면 이 척도는 이미 신뢰도도 높다고 할 수 있다.

13 ②가 답인 이유
소득세는 누진세라는 특징을 가지고 있어 **강한 소득재분배 효과**를 갖는다. 오히려 소득이나 재산이 없어도 소비를 하면 세금을 내야 하는 소비세의 경우, 가난한 사람의 소득 대비 생필품 지출 비율이 높기 때문에 부자보다 소득 대비 더 높은 세율을 부담하게 되는 역진적인 성격이 있다.

14 ③이 답인 이유

> 「장애인복지법」 제3조(기본이념)
> 장애인복지의 기본이념은 장애인의 완전한 **사회참여**와 **평등**을 통하여 **사회통합**을 이루는 데에 있다.

15 ①이 답인 이유

오답 체크

ㄷ. 사례관리는 서비스전달에 대한 **지방분권화** 과정에서 등장했다.
ㄹ. 우리나라의 경우 **공공과 민간 실천현장 모두 사례관리를**

활용하고 있다. 민간에서는 2003년 서울지역 사회복지관 평가에 사례관리가 포함되면서 확산되기 시작했고, 공공에서도 2012년 희망복지지원단 출범, 2016년 읍·면·동 복지 허브화를 통해 민관 협력에 기반을 둔 통합사례관리가 가속화되었다.

16 ③이 답인 이유
- '제3의 길'은 결과의 평등보다 **기회의 평등을 강조**하며, 자원의 재분배보다 기회의 재분배가 더 중요하다고 보았다.
- 신자유주의의 폐해가 드러나면서 과거의 사회민주주의로 회귀하는 대신 **사회민주주의와 신자유주의의 장점을 결합하고 단점을 시정**하는 방식으로 새롭게 대두된 이념이 제3의 길이다. 신자유주의처럼 복지국가를 청산하자는 입장이 아니라 복지국가의 비효율성을 개선하자는 입장이다. 이를 위해 복지다원주의나 발상의 전환 등을 강조한다.

17 ④가 답인 이유
행정안전부의 「마을기업 육성사업 시행지침」에서는 "마을기업"을 지역주민이 각종 지역자원을 활용한 수익사업을 통해 공동의 지역문제를 해결하고, 소득 및 일자리를 창출하여 지역공동체 이익을 효과적으로 실현하기 위해 설립·운영하는 마을 단위의 기업을 말한다고 정의하고 있다.

오답 체크
① 「협동조합 기본법」에 의하면, "**협동조합**"이란 재화 또는 용역의 구매·생산·판매·제공 등을 협동으로 영위함으로써 조합원의 권익을 향상하고 지역사회에 공헌하고자 하는 사업조직을 말한다.
② 「협동조합 기본법」에 의하면, "사회적 협동조합"이란 지역주민들의 권익·복리 증진과 관련된 사업을 수행하거나 취약계층에게 사회서비스 또는 일자리를 제공하는 등 **영리를 목적으로 하지 아니하는** 협동조합을 말한다.
③ 「사회적기업 육성법」에 의하면, "**사회적 기업**"이란 취약계층에게 사회서비스 또는 일자리를 제공하여 지역주민의 삶의 질을 높이는 등의 사회적 목적을 추구하면서 재화 및 서비스의 생산·판매 등 영업활동을 하는 기업으로서 고용노동부 장관의 인증을 받은 기관을 말한다.

18 ④가 답인 이유
통제된 정서적 관여는 문제에 대한 공감적 반응을 얻고자 하는 클라이언트의 욕구에 부응하여, 사회복지사가 클라이언트 감정에 대해 **민감성, 공감적 이해**로 의도적이고 **적절한** 반응을 하는 것을 말한다.

오답 체크
① 의도적 감정표현이란 **클라이언트**가 자신의 감정, 특히 자신이 비난받게 될지 모르는 부정적인 감정을 자유롭게 표현하도록 돕는 것이다.
② **개별화**란 클라이언트 및 문제의 독특성에 맞는 개입방법과 원리를 적용하는 것이다.
③ **수용**이란 클라이언트를 있는 그대로 인정하고 받아들이는 것이다.

19 ①이 답인 이유
- 귀속적 욕구에 따른 집단지향적 할당은 가장 보편적인 대상할당의 원리에 해당한다. 따라서 선별적 프로그램과는 거리가 멀다.
- 취약계층 아동을 지원하는 드림스타트 사업은 소득수준에 대한 **자산조사**에 따라 대상을 선별하고, 우울증 환자를 위한 인지행동집단 프로그램은 **진단**에 따라 대상을 선별한다.
- 선별적 복지는 예외주의와 개인주의 이념을, 보편적 복지는 보편주의와 집합주의 이념을 따른다.

20 ①이 답인 이유
「노인장기요양보험법」상 급여의 종류는 ① **재가급여**, ② 시설급여, ③ 특별현금급여(**가족요양비**, 특례요양비, 요양병원간병비)가 있다.

오답 체크
ㄴ. 반환일시금은 **국민연금**의 급여 종류(노령연금, 장애연금, 유족연금, 반환일시금)에 해당한다.
ㄹ. 부가급여는 **장애인연금**의 급여 종류(기초급여, 부가급여)에 해당한다.

제11회 모의고사 2018년 지방직 동형 모의고사

1	2	3	4	5	6	7	8	9	10
②	④	①	③	③	②	③	②	②	②
11	12	13	14	15	16	17	18	19	20
①	①	④	④	③	④	④	①	①	③

01 ②가 답인 이유

- 서비스 제공 기능에는 가족기능 강화 사업, 지역사회보호 사업, 교육문화 사업, 자활지원 등 기타 사업이 포함된다.
- 자원개발 및 관리 사업은 **지역조직화** 기능에 해당한다.

사회복지관의 기능

사례관리		사례발굴, 사례개입, 서비스 연계
서비스 제공	가족기능 강화	가족관계증진사업, 가족기능보완사업, 가정문제해결, 부양가족지원사업, 다문화가정이나 북한이탈주민 등 지역 내 이용자 특성을 반영한 사업
	지역사회보호	보건의료서비스, 경제적 지원, 재가복지봉사서비스, 일상생활 지원, 급식서비스, 일시보호서비스, 정서서비스 ★암기 보경이의 재일 급한 일정
	교육문화	아동·청소년 사회교육, 성인기능교실, 노인여가·문화, 문화복지사업
	자활지원 등 기타	직업기능훈련, 취업알선, 직업능력개발, 그 밖의 특화사업
지역 조직화	복지네트워크 구축	지역사회연계사업, 지역욕구조사, 실습지도
	주민조직화	주민복지증진사업, 주민조직화사업, 주민교육
	자원개발 및 관리	자원봉사자 개발·관리, 후원자 개발·관리

02 ④가 답인 이유

질적 조사에서는 조사자와 조사대상자 간 상호작용을 통해 자료수집이 이루어지며, 조사자의 조사 및 관찰 행위 자체가 조사하고자 하는 대상에게 영향을 미친다고 본다. 이런 점에서 질적 조사에서 조사자는 매우 중요한 자료수집의 도구이며, 조사자의 주관성은 배제되기보다 활용된다. 따라서 질적 조사에서 조사도구로서 조사자의 자질은 매우 중요한 이슈이다.

오답 체크

① 질적 조사의 신뢰도나 타당도는 보통 '조사의 엄격성'으로 표현되며 **양적 조사와 그 성격이 다를 뿐 질적 조사에서도 중요**하다. 이를 위해 다원화(삼각측정, triangulation), 장기간의 관계 형성, 감사자료 남기기, 동료의 조언과 점검, 조사 결과에 반대되는 예외적 사례에 대한 분석, 조사 참여자에게 결과의 타당성 확인 등 다양한 전략을 사용한다.

② 구체적인 수치(측정값)를 산출하기 위해 필요한 조작화와 측정은 질적 조사가 아니라 **양적 조사**에 필요한 과정이다.

③ 질적 조사를 통해 서비스나 프로그램 효과성 평가에서 **정성적 차원을 분석**할 수 있다.

03 ①이 답인 이유

국민건강보험 가입자와 노인장기요양보험의 가입자는 같다. 아울러 보험자도 국민건강보험공단으로 같다.

> **「노인장기요양보험법」 제7조(장기요양보험)**
> ① 장기요양사업은 보건복지부장관이 관장한다.
> ② 장기요양사업의 보험자는 국민건강보험공단으로 한다.
> ③ 장기요양보험의 가입자는 국민건강보험 가입자로 한다.
> ④ 국민건강보험공단은 제3항에도 불구하고 외국인근로자 등 대통령령으로 정하는 외국인이 신청하는 경우 보건복지부령으로 정하는 바에 따라 장기요양보험가입자에서 제외할 수 있다.

오답 체크

② 국민연금은 노령(→ 노령연금), 장애(→ 장애연금), **사망**(→ 유족연금)의 세 가지 사회적 위험에 대한 급여를 지급한다.

③ 「노인장기요양보험법 시행규칙」 제17조에 따르면, 수급자는 재가급여, 시설급여 및 특별현금급여를 중복하여 받을 수 없다.

④ 국민기초생활 보장제도의 생계급여는 2021년 10월부터 부양의무자 기준을 적용하지 않지만(일부 예외 있음), 2024년 현재 의료급여에는 여전히 부양의무자 기준이 적용되고 있다.

04 ③이 답인 이유

주요 사회관계망과 상호작용 유형은 사회관계망도표나 생태도 등을 통해 파악할 수 있다.

05 ③이 답인 이유

- ③은 병리적 관점에 해당한다.
- 강점관점에서는 문제보다는 클라이언트의 강점, 잠재력, 성장과 변화의 가능성을 신뢰하며, 미래지향적인 관점에 기초해 증상 완화나 제거가 아닌 '가능성'에 개입 초점을 둔다.

06 ②가 답인 이유

ㄱ과 ㄷ은 인보관 운동의 특징에 해당한다.

07 ③이 답인 이유
오답 체크
나머지를 옳게 수정하면 다음과 같다.
① 귀속적 욕구 : **욕구**에 대한 **규범적** 기준에 근거한 집단지향적 할당
② 보상(기여) : **형평**에 대한 규범적 기준에 근거한 **집단지향적** 할당
④ 자산조사 : 욕구에 대한 경제적 기준에 근거한 **개인별** 할당

08 ②가 답인 이유
지역사회개발모델은 과정중심 목표를 강조하며, 지리적 측면에서의 지역사회 전체를 대상집단(클라이언트)으로 한다.
오답 체크
① 사회계획모델은 **과업중심**의 목표를 강조하고, 지역사회개발모델이 과정중심의 목표를 강조한다.
③ **사회계획모델**에서는 지역사회 구성원 간 이해관계에 크게 개의치 않는다. 사회행동모델에서는 지역사회 구성원 간 이해관계를 쉽게 조정되기 힘든 갈등상황으로 본다.
④ 사회계획모델에서는 전문가가 문제해결의 주체이며, **클라이언트는 서비스의 수혜자**로 여겨진다.

09 ②가 답인 이유
오답 체크
ㄱ. 가족치료와 아동상담은 지지적 서비스에 해당하지만, **가정봉사원이나 아이돌보미 파견은 보충적 서비스**에 해당한다.
ㄷ. 드림스타트 사업은 아동의 공평한 출발기회 보장을 강조하는 **선별적**인 아동복지서비스이다. 일반 아동 전체를 대상으로 하는 것이 아니라 취약계층 아동을 대상으로 하기 때문이다.

10 ②가 답인 이유
①은 사회민주주의 복지국가, ③과 ④는 자유주의 복지국가에 해당한다.

11 ①이 답인 이유
선별적인 사회복지급여는 대상을 선정하는 과정에서 많은 행정비용이 발생한다. 즉, 운영효율성이 보편적인 급여에 비해 떨어진다.

12 ①이 답인 이유
• 부과방식(pay-as-you-go) 연금은 같은 시점에서 근로세대가 낸 보험료로 은퇴세대의 연금 급여를 지급하는 방식이다.
• 고령화와 저출산은 다음과 같은 영향을 미친다.
  ¤ 고령화 → 노인인구 증가(노년부양비, 노령화지수 증가) → 연금 수급자 계속 증가
  ¤ 저출산 → 생산인구 감소 → 연금 기여자 계속 감소
• 부과방식 연금은 이러한 인구구조의 변화에 취약하다. → 고령화와 저출산이 가속화되고 있는 현재의 추세에서 이러한 재정운영방식은 장기적으로 불안정할 수밖에 없다. → 따라서 지속가능성(sustainability) 측면에서 한계 있다.

오답 체크
② 노후소득보장을 위해 시행되고 있는 공적연금은 정부가 법령에 입각해 시행하는 법정 공적제도로 연금보험료를 주된 재원으로 하는 **사회보험식** 공적연금(우리나라의 국민연금, 특수직역연금)도 있지만, 일반세금을 주된 재원으로 하는 **사회부조(공공부조)식** 공적연금(우리나라의 기초연금)도 있다. 보험료를 기반으로 하는 사회보험식 공적연금의 경우 자산조사를 요하지 않지만, **사회부조식 공적연금은 자산조사를 필요로 한다.** → 이 문제는 주어가 '국민연금'이 아니라 '공적연금'임을 주의해야 하는 게 포인트다!
③ 공무원연금, 군인연금, 사학연금 등 특수직역연금 수급권자와 그 배우자는 기초연금 수급대상에서 제외되지만, 국민연금은 그렇지 않다. 다만 국민연금의 연금액이 어느 정도인가에 따라 기초연금의 연금액에 감액이 적용될 수 있다.
④ 소득대체율이란 추후 받게 되는 연금액이 생애 평균소득과 비례하여 얼마나 되는지를 보여주는 비율을 말하며, 국민연금의 소득대체율은 **감소**하고 있다(70% → 60% → 2028년 40%).

13 ④가 답인 이유
• 문제가 되는 증상을 더 하라고 지시하는 기법은 전략적 가족치료모델에서 사용하는 역설적 개입기법(증상처방, 제지기법, 시련기법) 중 하나인 증상처방에 해당한다.
• 경계 만들기는 구조적 가족치료, 외재화는 이야기치료, 탈삼각화는 다세대 가족치료모델의 개입 기법이다.

14 ④가 답인 이유
사회보장정보시스템 구축·운영은 「**사회보장기본법**」에서 규정하고 있다.

15 ③이 답인 이유
노인복지주택, 양로시설, 노인공동생활가정은 모두 노인주거복지시설이다.

오답 체크
① 주·야간보호시설은 재가노인복지시설이고, 경로당은 노인여가복지시설이다.
② 노인복지관은 재가노인복지시설이 아니라 노인여가복지시설이다.
④ 노인요양시설은 노인의료복지시설이고, 단기보호시설은 재가노인복지시설이다.

16 ④가 답인 이유
- 비에스텍의 관계 원칙 중 하나인 '의도적 감정표현'은 **클라이언트가** 자신의 감정을 편안하게 표출할 수 있도록 원조하는 것을 말한다.
- ①은 비심판적인 태도, ②는 개별화, ③은 통제된 정서적 관여에 해당되는 내용이다.

17 ④가 답인 이유
학교-지역사회-학생관계모델은 유사한 상황에 처한 학생들의 독특한 특성이 학교 및 지역사회와 맞물려 역기능적 학생집단을 형성한다고 보고, 팀 접근을 통해 지역의 다양한 기관 및 전문가와 연계하여 문제를 해결하는 기획을 학교사회복지사가 담당한다고 본다.

18 ①이 답인 이유

> **합리모형(순수합리모형 혹은 합리주의모형)**
> - 합리모형의 전제: "인간이 의사결정에 필요한 모든 정보를 완전하고 종합적으로 얻을 수 있고, 그런 정보를 완벽하게 처리할 수 있는 능력이 있으며, 의사결정에 참여하는 사람들의 고도의 합의가 가능하다."
> - 합리모형에서 의사결정자는 현실적인 제약을 고려하지 않고 문제와 욕구를 규정하며, 관련 정보를 완전하게 수집·분석하고 모든 대안을 개발하여 목표 달성을 극대화할 수 있는 최선의 대안을 선택하게 된다.

19 ①이 답인 이유
- 임계경로는 프로젝트를 완료하기까지 걸리는 여러 가지 경로 중에서 가장 긴 시간이 걸리는 경로를 의미한다.
- ①의 경로가 가장 긴 시간인 7주를 요하므로 임계경로에 해당한다.

   ① (ㄱ)-(ㄴ)-(ㄹ)-(ㅁ) : 2+3+2=7
   ② (ㄱ)-(ㄴ)-(ㄷ)-(ㅁ) : 2+1+3=6
   ③ (ㄱ)-(ㄴ)-(ㅁ) : 2+2=4
   ④ (ㄱ)-(ㄷ)-(ㅁ) : 1+3=4

20 ③이 답인 이유
클라이언트가 필요한 서비스를 이용하지 못하는 것은 비접근성의 문제에 해당한다.

제12회 모의고사 2018년 국가직 동형 모의고사

1	2	3	4	5	6	7	8	9	10
③	①	②	①	④	②	③	④	①	②
11	12	13	14	15	16	17	18	19	20
③	④	②	④	②	①	③	②	③	④

01 ③이 답인 이유

- ③은 지지집단(support group)이 아니라 **성장집단(growth group)**에 해당한다.
- 성장집단은 집단을 통해 자신과 타인에 대해서 자신의 생각, 감정, 행동을 인식하고 바꿀 수 있는 기회를 가지게 되고, 그래서 자신의 잠재력을 최대한 발휘하는 데 목적을 두는 집단 유형으로 병리적인 부분을 치료하기보다 심리사회적인 건강에 초점을 둔다. 가치관명료화 집단, 자기탐색 및 자기개발 집단, 예비부부를 위한 참만남 집단, 은퇴 후 삶을 준비하는 퇴직준비집단, 생애설계집단 등이 해당한다.
- 지지집단은 성원들이 생활에서 스트레스를 받는 사건들에 잘 대처하고 효과적으로 적응할 수 있도록 원조하는 데 목적을 두는 집단으로 이혼한 부부의 자녀 집단, 장애아동 양육에 어려움을 겪고 있는 부모 집단 등을 예로 들 수 있다.

옳은 지문 보충설명

④와 관련해서는 다음 내용을 참고하자.

구성원의 가입과 탈퇴의 자율성 여부에 따른 구분

개방 집단	• 구성원의 가입과 탈퇴가 자유로움 • 장점 : 새로운 생각과 신념, 가치관의 유입 • 단점 : 일정 수준 이상의 목적 달성이나 구성원에 대한 개별화에 한계가 있음
폐쇄 집단	• 집단이 운영되는 기간 동안 새로운 구성원의 유입 없이 처음부터 끝까지 일정하게 운영되는 집단 • 장점 : 집단구성원이 동일하므로 집단응집력이 높고, 집단의 공동목표와 개별목표를 모두 효과적으로 달성할 수 있는 가능성이 높음. 집단발달단계의 구분과 예측이 용이함 • 단점 : 집단구성원 선정, 목표설정이 잘못된 경우 수정할 수 있는 여지가 적고, 집단구성원이 중도탈락 하는 경우 인원이 적어 집단역동이 약해지거나 경우에 따라 집단운영 자체가 어려워질 수 있음

02 ①이 답인 이유

- 아동양육시설은 「아동복지법」상 아동복지시설이고, 노인요양시설은 「노인복지법」상 노인복지시설이다. 둘 다 아동과 노인에 대한 사회복지서비스 제공을 1차적인 목적으로 하는 1차 현장이다.
- 아동복지시설에서 시설명이 '~시설'로 끝나는 것 중 '아동전용시설'만 이용시설이고 나머지는 생활시설이다. 시설명에 '요양'이 들어가는 시설은 모두 생활시설이다. 따라서 아동양육시설과 노인요양시설은 둘 다 생활시설이다.

오답 체크

② 노인복지관은 「노인복지법」에, 장애인복지관은 「장애인복지법」에, 사회복지관은 「사회복지사업법」에 법적 근거를 둔 1차 현장이자 이용시설이다.
③ 노인주간보호센터는 재가노인복지시설에 속하는 **이용시설**이다.
④ 보호관찰소, 노인요양병원, 학교는 **2차 현장**이다.

03 ②가 답인 이유

사회보장수급권의 포기는 구두가 아닌 **서면으로** 통지해야 한다.

> **「사회보장기본법」 제14조(사회보장수급권의 포기)**
> ① 사회보장수급권은 정당한 권한이 있는 기관에 **서면으로** 통지하여 포기할 수 있다.
> ② 사회보장수급권의 포기는 취소할 수 있다.
> ③ 제1항에도 불구하고 사회보장수급권을 포기하는 것이 다른 사람에게 피해를 주거나 사회보장에 관한 관계 법령에 위반되는 경우에는 사회보장수급권을 포기할 수 없다.

04 ①이 답인 이유

건강보험제도의 임신·출산 진료비는 국민행복카드를 이용한 바우처 방식으로 지원된다.

오답 체크

나머지를 옳게 연결하면 다음과 같다.
② 장애인활동지원 – 바우처(국민행복카드)
③ 국민취업지원제도의 구직촉진수당 – 현금급여
④ 사회복지시설 거주자 대표의 운영위원회 참여 – 권력

05 ④가 답인 이유

부과방식의 연금은 **세대 간** 재분배 효과가 있다.

06 ②가 답인 이유

- 인지행동모델에서는 **인지(생각, 사고, 신념 등)**의 문제가 역기능적인 정서와 행동을 유발한다고 가정한다.
- **발달적 고찰은 심리사회모델의 개입기법**이다.

07 ③이 답인 이유
PERT(프로그램평가검토기법)는 목표달성을 위하여 설정된 주요 세부목표 및 활동(과업)의 상호관계와 시간계획을 연결시켜 도표화한 것이다.

오답 체크
① 프로그램을 구성하는 투입, 활동, 산출, 성과 등의 요소들 간 인과관계를 체계화하여 논리적으로 연결한 도표는 **논리모델(logic model)** 이다.
② 도표의 세로축은 작업 구분이 표시되고 가로축은 작업 시간이 표시되는 것은 **간트 도표(Gantt Chart)** 이다.
④ 프로그램평가검토기법에서 임계경로(critical path)는 프로그램의 시작에서 종료까지의 경로들 중 가장 시간이 **오래** 걸리는 경로를 말한다.

08 ④가 답인 이유
테일러-구비(Taylor-Gooby)가 주장하는 신 사회적 위험의 핵심은 ① 여성의 경제활동 참여 증가, ② 인구 고령화, ③ 저학력(저숙련) 노동자의 고용불안정 증가, ④ 민영화 과정에서 유발되는 문제의 네 가지이다. 제시된 네 가지는 모두 테일러-구비(Taylor-Gooby)가 주장하는 신 사회적 위험에 해당한다.

09 ①이 답인 이유
- 상황에 따라 요구되는 리더의 행위가 다르다고 보는 이론은 상황이론이다. **블레이크와 머튼(Blake & Murton)의 리더십이론(관리격자이론)** 은 상황이론이 아니라 **행동이론(행위이론)** 에 속한다.
- 그들은 인간에 대한 관심, 생산에 대한 관심을 기준으로 횡축과 종축 9×9 관리격자를 제시하고 이 격자망에서 기본적인 5개의 리더십 유형(무기력형, 컨트리클럽형, 과업형, 중도형, 팀형)을 도출했다. 이들의 연구에서 이 중 가장 높은 성과를 올릴 수 있는 최적의 리더십 스타일은 인간에 대한 관심과 생산에 대한 관심 둘 다 가장 높은 팀형(9, 9)으로 나타났다.

10 ②가 답인 이유
실패와 좌절에 대해 남을 탓하는 방어기제는 투사, 특정 시기에 발달이 멈추어 나이에 맞는 정상적 발달이 진행되지 못하는 것은 고착 방어기제이다.

오답 체크
ㄱ. **억압** : 죄의식을 느끼게 하는 일들을 무의식적으로 밀어내는 것
ㄷ. **반동형성** : 허용할 수 없는 충동을 정반대로 표현하는 것
ㅁ. **분리(격리)** : 고통스러운 생각이나 기억을 그에 수반된 감정 상태와 분리시키는 것

11 ③이 답인 이유
- 가족확대완료기(마지막 자녀 출산~첫 자녀 결혼)와 가족축소완료기(마지막 자녀 결혼~배우자 사망)는 **길어지고** 있다.
- 이와 달리 출산 자녀수의 감소로 가족확대기(첫 자녀 출산~마지막 자녀 출산)와 가족축소기(첫 자녀 결혼~마지막 자녀 결혼)가 짧아지고 있다.

12 ④가 답인 이유
- 명목집단기법은 집단구성원들이 한 자리에 모이기는 하지만, **토론이나 상호작용 등이 이루어지지 않고 각자의 의견만 개진**하는 특징을 갖는다.
- 명목집단기법은 욕구의 배경이나 결정과정보다 **욕구내용 결정에 초점**을 둔다. 따라서 욕구 순위에 대한 합의의 과정이 **반복시행**을 거쳐 이루어질 수도 있다.

오답 체크
① 델파이기법 : 반복된 우편설문을 통해 전문가들의 합의된 의견을 도출하는 방법으로 전문가들은 한 자리에 모이지 않으며, 서로 누가 참여하는지 모른다.
② 의사결정나무분석기법 : 문제해결을 위해 선택 가능한 대안들을 놓고 각 대안별로 선택할 경우와 선택하지 않을 경우에 나타날 결과를 분석하여, 각 대안들이 갖게 될 장·단점에 대해 균형된 시각을 갖도록 돕는 의사결정 기법이다.
③ 브레인스토밍 : 아이디어의 양이 많을수록 그 안에서 좋은 아이디어가 나올 수 있다고 보고, 집단구성원들이 한 자리에 모여 격의 없는 상호작용으로 가능한 한 많은 아이디어를 생성하는 방법이다.

13 ②가 답인 이유
시민권론에서는 20세기 **사회권**이 시민의 권리로 확장되면서 사회복지정책이 확대되었다고 본다.

14 ④가 답인 이유
④를 옳게 정정하면 다음과 같다. '사회복지사는 평가나 연구조사를 할 때, 연구 참여자의 권리를 보장하기 위해, 연구 관련 사항을 **충분히 안내하고 자발적인 동의를 얻어야** 한다.'

15 ②가 답인 이유
지니계수는 0에서 1 사이 값을 가지며, 값이 클수록 소득불평등이 심함을 의미한다. 따라서 **지니계수 값이 작은 사회가 더 평등한 사회**이다.

오답 체크
① 로렌츠곡선에서 **가장 평등**한 사회는 45도의 대각선으로 표시된다.
③ 가장 평등한 사회의 5분위 배율은 **1이다**.
④ 소득불평등이 심할수록 10분위 분배율이 **작다**.

16 ①이 답인 이유
ㄱ. 사회복지사에게 도움을 요청한 사람이 어머니이므로 어머니는 클라이언트체계이다.
ㄴ. 어머니의 양육방식이 변화의 표적이므로 어머니는 표적체계이기도 하다.
ㄷ. 아들의 행동변화를 모니터링하고 사회복지사와 함께 검토하는 협력자 또한 어머니이므로 어머니는 행동체계에도 해당한다.

17 ③이 답인 이유
- A는 산재보험의 **휴업급여**를 통해 치료 기간 동안 상실되는 소득을 현금으로 보전받을 수 있다.
- 상병보상연금은 요양급여를 받는 근로자가 요양을 시작한 지 2년이 지난 날 이후에 ① 그 부상이나 질병이 치유되지 않은 상태이고, ② 그 부상이나 질병에 따른 중증요양상태등급이 제1급부터 제3급까지에 해당하며, ③ 요양으로 인해 취업하지 못하지 못하는 상태가 계속될 때 휴업급여 대신 근로자에게 지급하는 보험급여를 말한다. 제시된 사례에서 A의 부상은 두 달 정도의 치료를 요하는 수준이므로 상병보상연금이 아니라 휴업급여 지급대상에 해당한다.

요양급여	건강보험 및 산재보험 급여 유형 중 하나. 건강보험에서의 요양급여는 건강보험 가입자 및 피부양자의 질병·부상·출산 등에 대하여 진찰·검사, 약제·치료 재료의 지급, 처치·수술 기타의 치료, 예방·재활, 입원, 간호, 이송 등의 의료서비스를 제공하는 급여. 산재보험에서의 요양급여는 근로자가 업무상의 사유에 의하여 부상을 당하거나 질병에 걸린 경우 당해 근로자에게 지급하는 급여로 건강보험과는 달리 본인부담금이 없이 요양비의 전액을 급여로 지급하되, 근로복지공단이 설치 또는 지정한 의료기관에서 요양을 하게 함
상병수당	건강보험 급여 유형 중 하나. 건강보험 가입자가 일반적인 부상 또는 질병으로 인해 소득이 중단 또는 상실될 경우 이를 보상하기 위해 지급하는 현금급여. 「국민건강보험법」 제50조(부가급여)에서 임의규정으로 규정하고는 있지만 시행되지 못하다가 2022년 7월 시범사업이 처음 도입되어 진행 중임(2025년 12월까지 예정)
휴업급여	산재보험 급여 유형 중 하나. 업무상 사유로 부상을 당하거나 질병에 걸린 근로자에게 요양으로 취업하지 못한 기간에 대하여 지급(1일당 지급액은 평균임금의 100분의 70에 상당)

18 ②가 답인 이유
ㄴ. 기초선이 아닌 개입부터 시작하는 BAB설계는 신속한 개입을 요하는 사례에 적합하다.
ㄷ. 단일사례설계는 개입 전후 최소 3회 이상 종속변수인 표적행동 상태를 반복측정한다. 개입 이후의 변화를 개입 전 반복 측정해 확인한 경향과 비교하여 개입 효과를 판단하는데, 이때 개입 전 반복측정을 통해 확인한 경향은 통제집단의 기능을 수행한다.

오답 체크
ㄱ. 복수의 기초선을 설정하는 다중기초선설계(혹은 복수시초선설계)의 가장 큰 특징은 기초선 기간(달리 말하면 개입 도입 시점)이 **서로 상이하다**는 데 있다. 이를 통해 해당 시점에서 표적행동 변화에 영향을 미칠 수 있는 우연한 사건의 영향을 통제하고자 한다.
ㄹ. 단일사례설계는 한 사례를 대상으로 하기 때문에, 소수의 사례에서 얻은 결론을 다른 많은 상황과 대상에게 일반화하여 적용하기 어렵다. 즉 **외적 타당도가 매우 취약하다**는 단점을 갖는다. 개입과 표적행동 변화 사이의 인과관계에 대한 내적 타당도는 크게 문제되지 않는다.

19 ③이 답인 이유
관료제 이론은 고도로 분화된 대규모 조직 내에서 마치 기계처럼 작동하는 존재로 인간을 바라본다. 정해진 규정대로만 업무를 수행하는 경향이 강해 융통성이 떨어지며 개별 클라이언트의 특수한 상황을 고려한 유연한 접근을 하기 어렵다. 따라서 **재량행위는 최소화**되고 **지나치게 표준화**되는 경향이 있다.

20 ④가 답인 이유
ㄱ. 「장애인연금법」: 2010년
ㄴ. 「노인장기요양보험법」: 2007년
ㄷ. 「아동수당법」: 2018년
ㄹ. 「사회보장급여의 이용·제공 및 수급권자 발굴에 관한 법률」: 2014년

제13회 모의고사 2017년 지방직 추가시험(12월) 동형 모의고사

1	2	3	4	5	6	7	8	9	10
③	③	①	②	②	③	④	②	②	①
11	12	13	14	15	16	17	18	19	20
①	①	②	③	④	④	④	①	④	③

01 ③이 답인 이유
- 병리적 관점에서는 문제에 초점을 두지만, 강점관점에서는 문제가 아닌 클라이언트의 강점, 역량, 자원의 발견과 활용, 그리고 그것을 통한 해결에 초점을 둔다.
- ③은 병리적 관점(문제 중심)에 해당하는 질문이다.

02 ③이 답인 이유
공동작업장을 설치하여 임금지불과 직업보도 등을 실시한 것은 **작업장법(1722년)**에 해당하는 내용이다.

03 ①이 답인 이유
①은 자선조직협회에 해당한다. 인보관 운동에 참여한 지식인들은 사회조사를 통해 빈곤에 대한 체계적인 자료를 모으고 이를 국가의 공공정책에 반영하고자 사회입법을 촉구하는 활동을 했다.

04 ②가 답인 이유
사회계획모델에서는 지역사회의 문제해결을 위해 자료를 수집해 진상을 파악한 후 이를 토대로 합리적인 계획을 수립해 집행하는 것을 강조한다.

오답 체크
①은 사회행동모델의 기본 전략이고, ③은 지역사회개발모델의 기본 전략이며, ④의 '사회적 합의'는 지역사회개발모델의 기본 전술이다.

05 ②가 답인 이유
핀커스와 미나한은 사회복지실천을 구성하는 네 가지 체계로 클라이언트체계, **변화매개체계**, 표적체계, 행동체계를 제시했다. 전문가체계는 콤튼과 갤러웨이가 6체계모델로 확대하면서 추가한 체계(전문가체계 혹은 전문체계, 의뢰-응답체계) 중 하나이다.

06 ③이 답인 이유
진실을 말해주는 것이 클라이언트에게 해가 된다고 판단되는 경우 다음과 같은 윤리적 갈등을 경험할 수 있다.
- 클라이언트를 보호하기 위해 알리지 않는 것이 좋을까?
- 그렇지만 클라이언트의 삶에 영향을 미치는 중대한 사실에 대한 클라이언트의 알 권리를 보장해야 하지 않을까?
⇨ 이러한 갈등은 **진실성 고수와 알 권리**에 해당한다.

07 ④가 답인 이유
암기 생·평·자·최·삶·사·진

생명보호 > **평**등과 불평등 > **자**율성과 자유 > **최**소손실 > **삶**의 질 > **사**생활보호와 비밀보장 > **진**실과 완전정보(성실)

08 ②가 답인 이유
ㄱ. 노인요양병원은 노인복지시설이 아니라 「의료법」에 법적 근거를 둔 의료기관이다.
ㄷ. 치매안심센터는 「치매관리법」에 법적 근거를 둔 기관이다.

노인복지시설의 종류
① 노인주거복지시설 - 양로시설, 노인공동생활가정, 노인복지주택
② 노인의료복지시설 - 노인요양시설, 노인요양공동생활가정
③ 학대피해노인 전용쉼터
④ 재가노인복지시설 - 방문요양, 방문목욕, 방문간호, 주·야간보호, 단기보호, 재가노인지원, 복지용구지원 서비스 제공시설
⑤ 노인여가복지시설 - 경로당, 노인교실, 노인복지관
⑥ 노인일자리지원기관 - 노인인력개발기관, 노인일자리지원기관, 노인취업알선기관
⑦ 노인보호전문기관 - 중앙노인보호전문기관, 지역노인보호전문기관

09 ②가 답인 이유

에릭슨의 8단계 심리사회적 위기

단계		심리사회적 위기
1	유아(乳兒)기	기본적 신뢰감 대 불신감
2	초기아동기	자율성 대 수치심과 의심
3	유희기(학령전기)	주도성(솔선성) 대 죄의식
4	학령기	근면성 대 열등감
5	청소년기	자아정체감 대 자아정체감 혼란
6	성인초기(청년기)	친밀감 대 고립
7	성인기(중장년기)	생산성 대 침체
8	노년기	자아완성(자아통합) 대 절망

10 ①이 답인 이유
- 우리나라에서 1988년부터 시행된 국민연금제도의 재정운영 방식은 **수정적립방식**이다.
- 수정적립방식이란 보험료 등으로 사전에 적립금을 마련하

되 보험료율을 제도시행 초기에는 낮게 하고 이후 경제적 여건, 연금재정 상황 등을 고려해 단계적으로 높여 가는 방식이다.

옳은 지문 보충설명
② 시행연도 : 공무원연금은 1960년 1월 1일에, 산업재해보상보험은 1964년 1월 1일에 시행되었다.

11 ①이 답인 이유

- 시련기법은 전략적 가족치료모델의 핵심기법인 역설적인 지시 기법(증상처방, 제지기법, 시련기법) 중 하나로, '고된 체험 기법'이라고도 부른다.
- 심리사회모델의 개입기법은 크게 직접적인 개입기법과 간접적인 개입기법으로 나뉘며, 이 중 직접적인 개입기법에는 발달적 고찰, 유형-역동 고찰, 인간-상황 고찰, 직접적인 영향주기(사회복지사의 의견, 조언, 제안 등을 직접적으로 제시하는 기법), 탐색-기술(묘사)-환기, 지지하기 등이 포함된다.

12 ①이 답인 이유

자립생활 이념은 무엇보다 장애인이 자신의 삶에 대한 자기결정권과 주도권을 갖는 것을 강조한다.

오답 체크
② 사회통합 : 장애인이 가지고 있는 불리를 경감하고 해소하여 의미 있는 사회참여를 할 수 있도록 하는 것
③ 평등 : 장애를 가진 사람도 비장애인과 동일한 의무와 권리가 인정되고 평등한 기회를 보장받는 것
④ 정상화 : 장애를 가진 사람도 지역사회 속에서 다른 사람들과 마찬가지로 정상적인(normal) 생활방식과 리듬으로 살아갈 수 있도록 하는 것

13 ②가 답인 이유

오답 체크
① 제도적 개념의 사회복지라고 해서 그 기능이 다른 사회제도와 완전히 독립적인 것은 아니다. 아래 그림에서 보듯 사회적 기능에서 다른 사회제도와 중첩되는 영역이 있지만, 그럼에도 불구하고 사회유지에 필수적이면서도 독자적인 사회적 기능 영역을 갖는다.

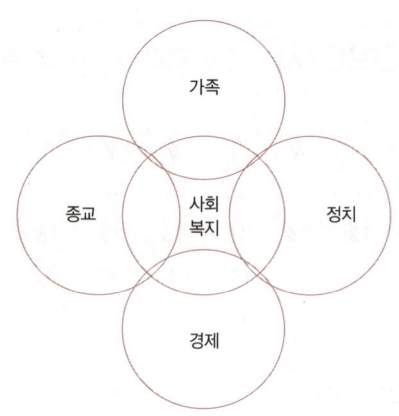

③과 ④는 잔여적 개념의 사회복지에 해당한다.

14 ③이 답인 이유

「국민기초생활 보장법」에 따른 급여는 수급자가 자신의 생활의 유지·향상을 위하여 그의 소득, 재산, 근로능력 등을 활용하여 최대한 노력하는 것을 전제로 이를 보충·발전시키는 것을 기본원칙으로 한다(보충성 혹은 보충급여의 원리).

오답 체크
① 보장기관은 「국민기초생활 보장법」에 따른 급여를 **개별 가구 단위로 실시**하되, 특히 필요하다고 인정하는 경우에는 개인 단위로 실시할 수 있다.
② 부양의무자의 부양과 다른 법령에 따른 보호는 「국민기초생활 보장법」에 따른 급여에 우선하여 행하여지는 것으로 한다.
④ 지방자치단체인 보장기관은 해당 지방자치단체의 조례로 정하는 바에 따라 **「국민기초생활 보장법」에 따른 급여의 범위 및 수준을 초과하여 급여를 실시할 수 있다.**

15 ④가 답인 이유

사회적 할당의 원리(길버트 & 테렐)

	보편주의		선별주의	
	귀속적 욕구	보상	진단적 구분	자산조사
욕구판단기준	욕구에 대한 규범적 기준	형평에 대한 규범적 기준	욕구에 대한 기술적·진단적 기준	욕구에 대한 경제적 기준
할당	집단지향적(범주적) 할당		개인별 할당	
예	기본소득, 사회수당	사회보험, 적극적 차별	장애아동 지원	공공부조

오답 체크
① 사회보험의 가입 대상자로서 보험료를 납부한 실적을 가진 사람들 혹은 인종차별이나 성차별 같은 사회적 부당행위에 의해 고통 당하는 사람들을 급여 대상으로 선정하는 것은 **보상에 따른 사회적 할당**에 해당한다.

② 지하철 노인 무임승차 혜택은 **보편적 복지**에 해당한다.
③ 귀속적 욕구에 따른 할당(보편적 복지)은 사회통합에 유리하고 수급자의 **근로동기를 약화시키지 않는다**는 장점이 있다. 이와 달리 자산조사에 따른 선별적 복지는 사회통합을 저해하고 수급자의 근로동기를 약화시킨다는 단점이 있다.

귀속적 욕구

- 인구학적 요건(연령, 성별 등)이나 국적과 같이 가장 기본적인 요건만으로 급여 제공
- 가장 보편적 제도에서 주로 사용되는 사회적 할당 원리
- **예**: 아동수당, 부모급여, 노인 무임승차, 무상교육, 무상보육, 누리과정 지원 등

귀속적 욕구에 따른 할당의 장단점

장점	• 사회통합에 유리 • 수급자의 근로동기를 약화시키지 않는다. • 불필요한 가족구조의 변화를 발생시키지 않는다. • 정책에서 운영 효율성이 크다.
단점	• 필요 없는 사람에게까지 급여가 제공되는 사회적 자원의 낭비가 있고 대상효율성이 낮다. • 수직적 재분배를 이루기가 어렵다. • 수급자 수가 크기 때문에 급여의 적절성을 달성하기 어려운 경우가 있다.

16 ④가 답인 이유

- 통제집단 사전사후검사설계는 순수실험설계이고, 비동일 통제집단설계는 유사실험설계이다.
- 순수실험설계는 유사실험설계보다 내적 타당도가 높지만, 오히려 엄격한 실험 자체가 일반적인 상황을 대표하지 못하여 외적 타당도는 더 낮을 수 있다.
- 따라서 통제집단 사전사후검사설계는 비동일 통제집단설계보다 내적 타당도가 높고 외적 타당도는 떨어진다.

조사설계의 내적 타당도와 외적 타당도

내적 타당도	• 독립변수와 종속변수 간 인과관계를 추론할 수 있는 정도(인과관계 검증력) • 대안적 설명 가능성(외생/외부/외적 변수)을 통제해야 내적 타당도가 높다. • 저해요인 : 외부사건, 성숙, 검사, 도구, 통계적 회귀, 조사대상의 중도 탈락, 개입효과의 확산과 모방, 편향된 선별 등
외적 타당도	• 조사결과를 다양한 시점, 대상, 상황에 일반화할 수 있는 정도(일반화 가능성) • 표본의 대표성, 조사자의 반응성, 호손효과와 플라시보효과, 반복적 재현을 통한 일관된 결과의 축적 등이 외적 타당도에 영향을 미침

17 ④가 답인 이유

오답 체크

ㄱ은 **점증모형**에 해당하는 설명이다.

정책결정모형

- **합리모형** : 고도의 합리성. 경제적 합리성. 모든 정책대안의 비용편익을 따져 가장 편익이 큰 최선의 정책을 결정
- **만족모형** : 제한된 합리성. 경제적 합리성. 모든 대안이 아닌 일부 대안을 검토해 만족할 만한 수준에서 결정
- **점증모형** : 정치적 합리성. 기존 정책에서 약간만 수정. 여론의 지지가 중요
- **최적모형** : 합리성+초합리성. 최적(투입비용 대비 산출의 극대화)의 정책결정. 질적 모형. 체계론적 관점에 기반
- **혼합모형** : 합리모형+점증모형
- **쓰레기통모형** : 문제, 대안(해결책), 참여자, 기회가 우연히 만나며 정책 결정

18 ①이 답인 이유

- 윌렌스키와 르보(Wilensky & Lebeaux)는 현대 산업사회의 사회복지활동 기준으로 ① 공식적 조직, ② 사회적 승인과 사회적 책임, ③ 이윤추구 배제(주된 목적이 이윤추구에 있지 않아야 함), ④ 인간의 욕구에 대한 통합적 관심, ⑤ 인간의 소비욕구에 대한 직접적 관심 등을 제시하였다.
- **공식적 조직을 통한 활동**이 아닌 개인적으로 취약계층을 돕는 자선활동은 이 기준에 의하면 사회복지활동에 해당하지 않는다.

19 ④가 답인 이유

우리나라 「사회보장기본법」에서 규정하고 있는 사회적 위험은 [노양이 빈 사장실에서 출산하다 병났어]로 외우자. **노령, 양육, 빈곤, 사망, 장애, 실업, 출산, 질병**이다.

암기 노양 빈 사장실 출산 병

20 ③이 답인 이유

집단역동을 구성하는 요인들(긴장과 갈등, 역할과 지위, 집단목표, 집단규범, 집단문화, 하위집단 등) 모두는 집단에 긍정적인 영향을 미칠 수도 있고 부정적인 영향을 미칠 수도 있다.

오답 체크

① **상호작용모델**의 주된 초점은 성원 간 상호원조체계 구축에 있다. 사회적 목표모델은 민주주의와 지역사회 정의의 유지, 집단구성원의 사회의식과 사회적 책임의 증진 등에 초점을 둔다.
② **지지집단**(support group)은 교육집단(educational group)에 비해 집단성원 간의 **유대감 형성이 쉽고 자기 개방성이 높다.**
④ 집단응집력은 집단에 긍정적인 영향을 주기도 하고 부정적인 영향을 주기도 한다. 집단을 구성할 때 너무 동질적이거나 너무 이질적인 것보다는 적절히 동질적이면서도 적절히 이질적인 것이 좋다. 즉, **동질성과 이질성 모두를 고려**해 집단을 구성해야 한다.

제14회 모의고사 2017년 지방직+국가직 동형 모의고사

1	2	3	4	5	6	7	8	9	10
④	②	①	③	④	④	②	①	①	③
11	12	13	14	15	16	17	18	19	20
③	④	④	③	①	②	③	②	③	②

01 ④가 답인 이유
선별주의는 개인주의(individualism) 가치를 따르고, 보편주의가 집합주의(collectivism) 가치를 따른다.

02 ②가 답인 이유
이 사례에서는 개입의 초점을 가족관계의 변화에 두었으므로(즉, 개입을 통한 변화의 대상이 A군 개인이 아니라 가족관계였으므로) **표적체계는 '가족'**이라고 보는 것이 타당하다. 사회복지사에게 도움을 요청한 어머니는 클라이언트체계, **사회복지사는 변화매개체계**이다.

03 ①이 답인 이유
「청년기본법」에 의한 청년 연령은 19세 이상 34세 이하이고, 「청소년기본법」에 의한 청소년 연령은 9세 이상 24세 이하이다. 각각 10을 더하거나 빼면 된다고 기억하자.

04 ③이 답인 이유
중재자(mediator)는 중립적인 입장에서 갈등, 의견 차이, 불화, 분쟁 등을 조정하는 역할을 말한다.

오답 체크
① 중개자(broker) : 도움이 필요한 개인이나 집단을 지역사회 서비스와 연결해주는 역할
② 조정자(coordinator) : 다양한 기관에서 산발적으로 주어지는 서비스를 조직적인 형태로 정리하는 역할
④ 조성자(조력자, enabler) : 클라이언트가 자기 스스로 문제를 해결할 수 있는 능력을 기르고 필요한 자원을 찾아낼 수 있도록 돕는 역할

05 ④가 답인 이유
• 「아동복지법」 제37조(취약계층 아동에 대한 통합서비스지원)에서 규정하고 있는 취약계층 아동에 대한 맞춤형 통합서비스지원사업을 드림스타트라 한다. 2007년에 희망스타트라는 이름으로 시작되어 2008년부터는 드림스타트라는 사업명을 사용하고 있으며, 시·군·구 아동통합서비스지원기관에서 통합서비스를 총괄·조정한다.
• 「청소년복지 지원법」 제9조(지역사회 청소년통합지원체계의 구축·운영)에서 규정하고 있는 지역사회 청소년통합지원체계는 기존 명칭(CYS-Net)을 2019년부터 청소년안전망으로 변경해 사용하고 있다.

06 ④가 답인 이유
• 확률표집방법 : 단순무작위표집, 체계(계통)표집, 층화표집, 군집(집락)표집
• 비확률표집방법 : 편의표집, **유의표집(의도적 표집)**, 할당표집, 눈덩이표집

07 ②가 답인 이유
조합주의(보수주의) 복지국가에서의 사회복지급여는 계급 및 사회적 지위와 밀접히 관련된다. 직업별, 계층별로 다른 종류의 복지급여가 제공되며, 사회적 지위에 따라 사회보험 혜택에 차이가 있다.

오답 체크
① 조합주의(보수주의) 복지국가에서는 **사회보험 프로그램을 강조**하며 탈상품화 효과는 제한적이다. 자산조사에 의한 공공부조 프로그램을 강조하는 유형은 **자유주의 복지국가** 유형이다.
③ 여성의 노동시장 참여를 강조하며 여성의 경제활동 참여 비율이 높은 유형은 **사회민주주의 복지국가** 유형이다.
④ 스웨덴, 덴마크, 노르웨이 등은 **사회민주주의 복지국가** 유형에 속한다. 조합주의(보수주의) 복지국가 유형에 속하는 대표적인 국가는 프랑스, 독일, 오스트리아 등이다.

08 ①이 답인 이유
①은 잔여적 개념이 아니라 제도적 개념에 해당한다.

09 ①이 답인 이유
이 사례는 생명보호와 클라이언트 자기결정이라는 두 가지 윤리원칙 혹은 가치가 상충하여 어떤 가치를 우선에 두고 결정을 해야 하는지로 갈등하게 되는 사례이다. 따라서 의무의 상충(예 사회복지사가 자신의 소속 기관에 충성할 의무와 클라이언트에 대한 의무 사이의 상충)이 아니라 **가치의 상충**에서 오는 윤리적 갈등이다.

옳은 지문 보충설명
리머(Reamer)가 제시한 윤리적 결정지침(윤리적 의사결정의

준거 틀)에 따르면 '개인의 자기결정권은 그 자신의 기본적 복지권에 우선한다.'

10 ③이 답인 이유
소비양식의 통제가 가장 어려운 것은 현금이고, 그 다음이 바우처, 현물 순이다.

11 ③이 답인 이유
결과지향적(Result-Oriented) 목표로 작성해야 한다.

> **에간(G. Egan)이 제시한 목표 작성의 SMART 원칙**
> - 구체적(Specific) 목표로 작성한다.
> - 측정 가능한(Measurable) 목표로 작성한다.
> - 실현 가능한(Attainable) 목표로 작성한다.
> - 현실적이고(Realistic), 결과지향적(Result-Oriented) 목표로 작성한다.
> - 시간 구조를 갖도록(Time Frame) 작성한다.

12 ④가 답인 이유
과제중심모델에서는 효과적이면서 효율적인 과제를 잘 개발하여 수행을 하는 것이 표적문제의 변화와 목표달성에 핵심이라고 본다. 이때 과제에는 사회복지사의 과제와 클라이언트의 과제 둘 다 포함한다.

오답 체크
① 시간제한적이고 **구조화**된 단기개입이다.
② 과제중심모델은 **클라이언트의 자기결정권을 강조**하며, 클라이언트가 인식하고 개입을 동의한 문제에 대해 클라이언트가 동의한 방법으로 개입할 것을 강조한다. **사회복지사의 주도적인 역할을 강조하는 모델은 위기개입모델**이다.
③ 단일 이론에 기초하지 않고 **다양한 이론과 개입방법을 절충**적으로 사용한다.

13 ④가 답인 이유
도박중독으로 가족들을 힘들게 하고 있는 클라이언트를 무책임한 가장이라고 비난하지 않는 것은 관계의 7대 원칙 중 '**비심판적 태도**'에 더 적합한 사례이다.

14 ③이 답인 이유
- 프로그램이나 서비스를 이용한 클라이언트에게 나타난 변화(이 사례에서는 발표력과 자신감 향상)를 의미하는 논리모델의 요소는 **성과(outcome)**이다.
- **영향(impact)은 프로그램의 직접적 참여자를 넘어 프로그램이 당초 의도했던 사회문제의 해결에 미친 영향의 정도와 지역사회 파급효과**를 말한다. 지역사회의 취업률 증가나 실업률 감소와 같은 사회지표를 통해 주로 표현되며 장기적이고 거시적인 프로그램 효과를 일컫는다.

15 ①이 답인 이유
사례관리를 위해서는 지역사회 내 다양한 자원과 서비스에 대한 연계, 조정, 협력 등의 노력이 필요하며 이를 통합(혹은 통합조정)이라 한다. 사례관리에서는 클라이언트의 다양한 욕구를 충족하기 위한 통합적인 서비스의 제공이 중요하고, 이를 위해서는 지역사회의 다양한 서비스와 공식·비공식적 자원 사이의 네트워크가 강조된다.

오답 체크
② 사례관리에서는 지역사회의 **공적인 보호체계와 다양한 비공식적 보호체계 모두를 활용**한다.
③ 사례관리는 전문가 중심의 전문주의(전문가주의) 실천이 아니라 다양하고 복합적인 욕구에 대한 **일반주의 실천을 지향**한다. 아울러 사례관리의 주요 원칙에는 클라이언트의 자기결정권 존중과 역량강화 등이 포함된다.
④ 사례관리는 단일 기관 내 서비스와 프로그램에 기초한 서비스 제공이 아니라 클라이언트의 욕구에 초점을 두고 **기관의 범위를 넘어 지역사회 차원**에서의 보다 적극적인 서비스를 제공하고 점검(모니터링)하는 것에 중점을 둔다. 클라이언트의 욕구에 따라 직접적 개입과 간접적 개입을 유연하게 활용할 수 있다.

16 ②가 답인 이유
- 사회개혁, 민주주의, 급진주의, 사회주의(혹은 기독교 사회주의) 등은 인보관 운동에 영향을 준 실천이념이다.
- 이와 달리 자선조직협회는 인도주의, 박애사상, 이타주의, 사회진화론 이념에 영향을 받았다.

17 ③이 답인 이유
역량강화모델은 강점관점에 기초한 대표적인 모델로 클라이언트를 문제중심으로 보지 않고 강점, 역량, 자원을 찾아 이를 활용하여 문제에 대처할 수 있도록 지지한다.

오답 체크
① 인지행동모델은 즉각적인 위기개입을 요하는 클라이언트에게 **적용하기 어렵다**. 이런 클라이언트에게는 당연히 위기개입을 적용해야 한다.
② 해결중심모델에서는 문제가 아닌 해결에 초점을 두는 강점관점의 실천모델이다. 따라서 문제의 원인에 대한 이해나 과거 탐색에 **초점을 두지 않는다**.

④ 전략적 가족치료모델에서 증상처방이나 고된 체험기법 등을 활용하는 것은 맞지만, 역기능적인 가족구조의 재구조화를 개입목표로 하는 실천모델은 **구조적 가족치료모델**이다.

18 ②가 답인 이유
ㄴ은 기본적 윤리기준('전문가로서의 실천' 중 '품위와 자질 유지'에 해당하는 규정), ㄹ은 클라이언트에 대한 윤리기준('정보에 입각한 동의'에 해당하는 규정)에 속한다.

오답 체크

ㄱ. '클라이언트의 요구를 제외하고'가 빠져야 옳다. 즉, 옳은 규정은 다음과 같다. '사회복지사는 전문적 가치와 판단에 따라 업무를 수행하는 과정에서, 기관 내외로부터 부당한 간섭이나 압력을 받아서는 안 된다.'(기본적 윤리기준 중 '전문가로서의 실천' 중 '이해 충돌에 대한 대처'에 해당하는 규정)

ㄷ. 옳게 정정하면 다음과 같다. '동료의 클라이언트를 의뢰받을 때는 기관 및 슈퍼바이저와 논의하는 과정을 거쳐야 하며, 클라이언트에게 설명하고 동의를 얻은 후 서비스를 제공한다.'(클라이언트에 대한 윤리기준 중 '직업적 경계 유지'에 해당하는 규정)

19 ③이 답인 이유
공공부조는 일반조세를 주된 재원으로 하는 선별적 복지이다. 사회보험은 보험료를 주된 재원으로 하는 보편적 복지이다.

오답 체크

① 공공부조는 사회보험보다 **권리성이 약하다**.
② 사회보험은 수입과 지출 총액의 예측이 비교적 용이하지만, 공공부조는 **재정을 예측하기가 쉽지 않다**.
④ 사회보험은 중앙정부 단독 책임으로 관리 운영되지만, 공공부조는 **중앙정부와 지방정부 공동 책임**으로 관리 운영된다.

20 ②가 답인 이유
에릭슨(E. Erikson)은 노년기에 '자아통합 대 절망'의 심리사회적 위기를 잘 극복하면, '지혜'라는 자아특질이 강화된다고 보았다.

오답 체크

① 매슬로우(A. Maslow)가 제시한 욕구위계에서 상위욕구는 자아실현 > 존경 > 소속과 사랑 > 안전 > 생리적 욕구 순이다. 따라서 소속과 사랑의 욕구보다 **존경의 욕구가 더 상위욕구**이다.
③ 반두라(A. Bandura)는 인간은 자신의 행동을 **스스로 규제할 수 있다**고 보았다.
④ 피아제(J. Piaget)가 제시한 인지발달단계 중 감각운동기는 프로이트가 제시한 **구강기**에 해당한다.

제15회 모의고사 2016년 지방직 동형 모의고사

1	2	3	4	5	6	7	8	9	10
②	③	①	②	①	②	④	②	③	④
11	12	13	14	15	16	17	18	19	20
④	③	③	①	④	④	④	②	①	①

01 ②가 답인 이유
- '국민에게 발생하는 사회적 위험을 보험의 방식으로 대처함으로써 국민의 건강과 소득을 보장하는 제도'는 「사회보장기본법」상 사회보험에 대한 정의이다.
- 국민연금, 공무원연금, 노인장기요양보험은 보험료를 주된 재원으로 하는 사회보험이지만, 기초연금은 일반조세를 주된 재원으로 하는 공공부조이다.

02 ③이 답인 이유
- 기든스의 사회투자국가 : 복지를 미래에 대한 투자로 보고 인적자원개발에 대한 투자와 **기회의 평등**을 지향하는 국가이다.
- 기든스의 제3의 길 혹은 사회투자국가는 복지의 투자적 성격, 인적자원개발에 대한 투자, 기회의 평등, 사회정책과 경제정책의 상호보완적 통합, 시민의 권리와 의무 간 균형, 적극적 복지 등을 강조한다.

03 ①이 답인 이유
- 선별주의 관점은 사회문제가 특정 범주에 속하는 사람들에게서 예측할 수 없게 발생한다는 예외주의 이념을 토대로 하기 때문에, 이러한 사회문제를 해결하기 위한 수단도 선별적이고 개별적인 접근을 취해야 한다고 본다.
- 이와 달리 보편주의 관점은 사회문제가 사회체제의 불완전성과 불공평성으로 인해 유발되며, 따라서 특정 계층의 사람에게 특수하게 발생하는 것이 아니라 모든 국민에게 보편적으로 발생하므로 사회복지 또한 국민 전체를 대상으로 해야 한다고 본다.

오답 체크
②, ③, ④는 모두 선별주의 관점에 해당한다.

04 ②가 답인 이유
- 빈민을 도울 가치가 있는 빈민과 그렇지 않은 빈민으로 구분해 원조를 제공한 것은 자선조직협회이다.
- 빈민과의 동등함(평등)을 강조하면서 산업화로 인해 생긴 빈부격차를 좁히고자 노력했던 활동은 인보관 운동이다.

05 ①이 답인 이유
엘리자베스 구빈법에서 **노동능력이 있는 성인 빈민은 교정원이나 작업장에 수용**하여 노동하게 하였고, 노동능력이 없는 성인 빈민은 구빈원이나 자선원에 수용하여 보호함을 원칙으로 하되, 거주할 집이 있으면 원외구제를 병행하였다. 따라서 ①에서 제시하는 내용은 노동능력이 '없는' 빈민에 대한 조치에 해당한다.

06 ②가 답인 이유
ㄱ. 「사회보장급여의 이용·제공 및 수급권자 발굴에 관한 법률」: 2014년 제정
ㄴ. 「정신보건법」: 1995년 제정
ㄷ. 「한부모가족지원법」: 2007년 제정
ㄹ. 「사회서비스 이용 및 이용권 관리에 관한 법률」: 2011년 제정

07 ④가 답인 이유
최저생계비는 말 그대로 최저생활에 필요한 생계비이다. 절대적 빈곤이란 최소한의 생활이 유지되기 어려운 상태를 말하는 것으로, 최저생활에 필요한 빈곤선(최저생계비)을 설정하고 가구 소득이 이에 미치지 못하는 상태를 빈곤으로 규정한다.

오답 체크
① 적절한 생활수준을 유지하는 데 어느 정도의 소득수준이 필요한지에 대한 개인들의 평가에 근거하여 결정되는 빈곤선은 **주관적 빈곤선**이다.
② 전물량 방식과 반물량 방식은 **절대적 빈곤**을 산정하는 방식이다.
③ **사회적 배제**(social exclusion)는 빈곤의 역동적이고 다차원적인 측면을 강조하는 개념이다.

08 ②가 답인 이유
- ②를 옳게 고치면 다음과 같다. '사회복지사는 개인, 가족, 집단, 지역사회의 **다양성을 존중하는 포용적 지역사회를 만들기 위해** 노력한다.'
- 윤리강령의 핵심 가치인 인간 존엄성과 사회정의에 대한 윤리원칙은 아래와 같은데, [인간 존엄성]은 사회복지사가 **클라이언트를**(다양성, 인권, 자율성, 자기결정, 역량 등등을) 존

중하는 것을 골자로 하고, [사회정의]는 **사회복지사가 사회를** 변화시키기 위해 사회의 다양한 구성원들과 함께 노력하는 것을 골자로 하고 있음을 알 수 있다.

> **윤리강령의 가치와 원칙**
>
> 사회복지사는 인간 존엄성과 사회정의라는 사회복지의 핵심 가치에 기반을 두고 사회복지 전문직의 사명을 다하기 위해 노력해야 한다. 이러한 핵심가치와 관련해 사회복지 전문직이 준수해야 할 윤리적 원칙을 제시한다.
>
> **핵심 가치 1. 인간 존엄성**
> 윤리적 원칙: 사회복지사는 인간의 존엄성과 가치를 인정하고 존중한다.
> - 사회복지사는 개인적·사회적·문화적·정치적·종교적 다양성을 고려하며 개인의 인권을 보호하고 존중한다.
> - 사회복지사는 클라이언트의 자율성을 존중하고, 자기 결정을 지원한다.
> - 사회복지사는 클라이언트가 역량을 강화하고, 자신과 환경을 변화시킬 수 있도록 지원한다.
> - 사회복지사는 사회복지 실천 과정에서 클라이언트의 개입과 참여를 보장한다.
>
> **핵심 가치 2. 사회정의**
> 윤리적 원칙: 사회복지사는 사회정의 실현을 위해 앞장선다.
> - 사회복지사는 개인적·집단적·사회적·문화적·정치적·종교적 차별에 도전하여 사회정의를 촉진한다.
> - 사회복지사는 개인, 가족, 집단, 지역사회의 다양성을 존중하는 포용적 지역사회를 만들기 위해 노력한다.
> - 사회복지사는 부적절하고 억압적이며 불공정한 사회제도와 관행을 변화시키기 위해 사회의 다양한 구성원들과 협력한다.
> - 사회복지사는 포용적이고 책임 있는 사회를 만들어 가기 위해 연대 활동을 한다.

- 따라서 ②처럼 사회복지사가 개인, 가족, 집단, 지역사회의 다양성을 존중하는 것으로 서술되어 있으면, 이 내용은 사회정의보다 인간존엄성 가치에 가깝다고 바로 알아차려야 한다.

09 ③이 답인 이유

> **긍정적 차별(적극적 조치) positive discrimination**
> - 시장의 경쟁에서 상대적으로 불리한 사회의 불이익 집단들(소수인종, 여성, 노인, 장애인 등)에게 **진학, 취업, 진급 등에서 유리한 조건을 제공함**으로써 시장에서의 경쟁이 보다 평등하게 이루어질 수 있도록 하는 조치
> - 예를 들어, 교육적으로 소외된 지역의 학생들은 경쟁에 참여할 수 있는 동등한 기회가 주어진다 해도 조건 자체가 불리할 수밖에 없다. 이런 경우 대학 입학정원의 일정한 인원을 해당 지역 학생들에게 배정하는 긍정적 차별 정책을 시행할 수 있다.
> - 이처럼 자유경쟁의 출발 조건에서의 차이를 조정하여 보다 실질적인 기회의 평등을 보장하고자 하는 것을 **조건의 평등**이라 한다.

오답 체크
① 사회보험의 보험수리 원칙은 **비례적 평등**을 반영한다.
② 국민기초생활 보장제도에서 보충성 원칙에 따라 생계급여를 지급하는 것은 **결과의 평등**을 반영한다.
④ 취약계층의 아동과 가족을 위해 통합사례관리를 제공하는 드림스타트 사업은 **가장 소극적인 평등 유형**인 기회의 평등을 반영한다.

10 ④가 답인 이유

- 사례관리는 사례개발과 접수 → 자료수집과 사정 → 계획 → 개입(계획의 실행) → 점검과 재사정 → 종결 및 평가의 순서로 진행된다.
- ㄱ은 점검과 재사정, ㄴ은 사정, ㄷ은 계획, ㄹ은 사례개발과 접수 단계에 해당한다. 따라서 옳은 순서는 ㄹ-ㄴ-ㄷ-ㄱ이다.

11 ④가 답인 이유

- **장애인연금**은 장애 정도가 심한 18세 이상의 중증장애인 중 **자산조사를 통한** 소득인정액이 선정기준액 이하인 자에게 지급하는 **선별적 공공부조제도**로, 기초급여와 부가급여로 구성된다.
- 장애인 등급제는 2019년 7월부터 폐지되었다.

12 ③이 답인 이유

조력자(조성자, enabler)는 클라이언트가 어려움에 스스로 대처하도록 문제해결능력을 향상시키고 필요한 자원을 찾아낼 수 있는 능력을 개발하는 사회복지사의 역할이다. 사회복지사가 이러한 변화를 일으키는 것이 아니라 **클라이언트가 자신의 노력으로 변화할 수 있도록** 돕기 위해 클라이언트 개인의 강점이나 자원을 찾아내도록 돕는 것이 중요하다.

13 ③이 답인 이유

문제 상황에 대한 클라이언트의 관점을 변화시키기 위해 클라이언트가 부여하는 의미를 수정하는 기법을 재명명(혹은 재구성)이라고 한다.

14 ①이 답인 이유

- 드림스타트 사업을 「아동복지법」에서는 취약계층 아동에 대한 통합서비스지원이라고 표현한다. 드림스타트 사업의 아동통합사례관리사는 아동학대 신고의무자에 해당한다.
- 「아동복지법」에서는 아동복지전담공무원과 아동학대전담공무원을 각각 규정하고 있는데, 이 중 아동복지전담공무원만 아동학대 신고의무자이다. 아동학대전담공무원은 아동학대 신고접수를 받는 역할을 수행한다.

오답 체크
ㄷ. 「노인복지법」과 「장애인복지법」에서는 최근 개정을 통

해 사회복지시설에서 복무하는 사회복무요원도 노인학대와 장애인학대 및 성범죄 신고의무자로 규정했지만, 아동학대 관련해서는 신고의무자에 포함되지 않는다.
ㄹ. 국민건강보험공단 소속 요양직 직원은 「노인복지법」에서 규정하는 노인학대 신고의무자에 해당하고, 아동학대 신고의무자에는 해당하지 않는다.

아동학대범죄 신고의무자

1. 아동권리보장원 및 가정위탁지원센터의 장과 그 종사자
2. 아동복지시설의 장과 그 종사자
3. **아동복지전담공무원**
4. 가정폭력 관련 상담소 및 가정폭력피해자 보호시설의 장과 그 종사자
5. 건강가정지원센터의 장과 그 종사자
6. 다문화가족지원센터의 장과 그 종사자
7. 사회복지전담공무원 및 사회복지시설의 장과 그 종사자
8. 성매매피해자 지원시설 및 성매매피해상담소의 장과 그 종사자
9. 성폭력피해상담소, 성폭력피해자보호시설의 장과 그 종사자 및 성폭력피해자통합지원센터의 장과 그 종사자
10. 119구급대의 대원
11. 응급의료기관등에 종사하는 응급구조사
12. 육아종합지원센터의 장과 그 종사자 및 어린이집의 원장 등 보육교직원
13. 유치원의 장과 그 종사자
14. 아동보호전문기관의 장과 그 종사자
15. 의료기관의 장과 그 의료기관에 종사하는 의료인 및 의료기사
16. 장애인복지시설의 장과 그 종사자로서 시설에서 장애아동에 대한 상담·치료·훈련 또는 요양 업무를 수행하는 사람
17. 정신건강복지센터, 정신의료기관, 정신요양시설 및 정신재활시설의 장과 그 종사자
18. 청소년시설 및 청소년단체의 장과 그 종사자
19. 청소년 보호·재활센터의 장과 그 종사자
20. 「초·중등교육법」 제2조에 따른 학교의 장과 그 종사자
21. 「한부모가족지원법」 제19조에 따른 한부모가족복지시설의 장과 그 종사자
22. 학원의 운영자·강사·직원 및 교습소의 교습자·직원
23. 아이돌보미
24. **취약계층 아동에 대한 통합서비스지원 수행인력**
25. 입양기관의 장과 그 종사자
26. 한국보육진흥원의 장과 그 종사자로서 어린이집 평가 업무를 수행하는 사람

15 ④가 답인 이유

시·군·구 지역사회보장계획은 다음 각 호의 사항을 포함하여야 한다.

1. 지역사회보장 수요의 측정, 목표 및 추진전략
2. 지역사회보장의 목표를 점검할 수 있는 지표(이하 "지역사회보장지표"라 한다)의 설정 및 목표
3. 지역사회보장의 **분야별 추진전략**, 중점 추진사업 및 연계 협력 방안
4. 지역사회보장 전달체계의 조직과 운영
5. 사회보장급여의 **사각지대 발굴 및 지원 방안**
6. 지역사회보장에 **필요한 재원의 규모와 조달 방안**
7. 지역사회보장에 **관련한 통계 수집 및 관리 방안**
8. 지역 내 부정수급 발생 현황 및 방지대책

16 ④가 답인 이유

오답 체크

ㄱ. 수급자나 급여 또는 급여 변경을 신청한 사람은 시장·군수·구청장의 처분에 대하여 이의가 있는 경우에는 그 결정의 통지를 받은 날부터 **90일 이내**에 해당 보장기관을 거쳐 **시·도지사에게 서면 또는 구두로** 이의를 신청할 수 있다. 이 경우 구두로 이의신청을 접수한 보장기관의 공무원은 이의신청서를 작성할 수 있도록 협조하여야 한다.
ㄴ. 보충급여의 원리에 따라 개별가구의 소득인정액에서 부족한 만큼을 급여로 보충하기 때문에 **개별가구의 소득인정에 따라 급여액은 차등화**된다.

17 ④가 답인 이유

오답 체크

ㄴ. 가족 등이 불가피하게 일정 기간 동안 집을 비워야 할 경우 단기보호시설에 입소시켜 요양서비스를 제공하는 것은 **재가급여에 해당**한다.

18 ②가 답인 이유

임파워먼트(역량강화, 권한부여) 모델에서는 개인적, 대인관계적, 정치적 차원의 임파워먼트, 클라이언트의 통제력과 자기결정권을 강조한다.

오답 체크

① 임파워먼트 모델은 사회복지사가 아니라 **클라이언트**의 강점, 역량, 주체적인 참여를 강조하는 강점관점을 따른다.
③ 임파워먼트 모델은 클라이언트의 문제가 아니라 **강점**에 초점을 둔다.
④ 임파워먼트 실천의 **발전단계**에서는 자원을 활성화하고 성과를 집대성하며 또 다른 기회를 확대하는 과업이 수행된다.

임파워먼트 모델

- 목표 : 사회적, 조직적 환경에 대한 클라이언트의 통제력(control) 증가
- 이를 위해 개인적, 대인관계적, 정치적(구조적) 차원에서의 임파워먼트가 이루어짐(개인적, 대인관계적, 구조적 차원 등 사회체계의 모든 수준에 적용 가능)
- 강점관점에 기초(클라이언트의 문제가 아니라 역량, 자원, 가능성에 초점. 과거가 아닌 현재 강조)
- 클라이언트와 사회복지사의 협력적 파트너십 강조
- 클라이언트의 주체적 참여, 자기결정권, 자기효능감 강조

임파워먼트 실천 단계

대화단계	클라이언트-사회복지사 동반자 관계 형성, 현재 상황을 명확히 하기, 방향(목표)설정
발견단계	강점 확인, 자원의 역량 사정(수집된 정보조직화), 해결방안 수립, 변화를 위한 계약
발전단계	자원 활성화, 다른 기회의 확대, 성공의 확인, 성과 집대성

19 ①이 답인 이유

ILO에서 1952년 제시한 9가지 사회보장 급여와 대응되는 사회적 위험(괄호 안)은 **유족급여(부양자/가장의 사망)**, 노령급여(노령), 의료급여 혹은 의료보호(의료), 가족급여(자녀양육), 출산급여 혹은 모성급여(임신과 분만), **질병급여(질병으로 인한 소득 중단)**, 업무상재해급여(산업재해), 실업급여(실업), **폐질급여(직업능력의 상실)**이다.

폐질과 폐질급여

- 폐질이란 업무상의 부상 또는 질병에 따른 정신적 또는 육체적 훼손으로 노동능력이 상실되거나 감소된 상태로서 그 부상 또는 질병이 치유되지 아니한 상태를 의미한다. 우리나라 「산업재해보상보험법」에서는 2018년 개정에서 기존 폐질이란 용어를 '중증요양상태'로 변경하였다.
- 폐질급여(invalidity benefit)를 교재에 따라서는 장해급여 혹은 장애급여로 번역하기도 한다. 2012년 우리나라 고용노동부에서 번역한 「ILO 주요협약」에서는 폐질급여를 '장해급여'로 번역하고 있다.
---

20 ①이 답인 이유

오답 체크

각 내용을 옳게 연결하면 다음과 같다.
② 측정의 타당도 : 조사도구가 측정하고자 의도하였던 개념을 정확히 측정하는 정도
③ 조사설계의 내적 타당도 : 독립변수와 종속변수 사이의 인과관계에 대한 확신 정도
④ 조사설계의 외적 타당도 : 조사결과의 일반화 가능성 정도

제16회 모의고사 2016년 국가직 동형 모의고사

1	2	3	4	5	6	7	8	9	10
②	①	②	②	①	④	④	②	②	④
11	12	13	14	15	16	17	18	19	20
①	①	③	④	①	③	③	④	④	③

01 ②가 답인 이유

탈상품화(decommodification)는 노동자가 **시장의 임금에 의존하지 않고도 사회적 급여를 통해 인간다운 생활을 유지할 수 있는 정도**를 의미한다. 이 개념은 원래 폴라니(Polanyi)와 오페(Offe)에 의해 개발되었으나 실제로 널리 알려지게 된 것은 **에스핑-앤더슨**(Esping-Andersen)이 「복지자본주의의 세 가지 세계(The Three Worlds of Welfare Capitalism), 1990」에서 복지국가 유형화를 위한 기준으로 보다 정교화하여 사용하면서부터이다.

02 ①이 답인 이유

①은 사회보험과 민영보험의 공통점에 해당한다.

03 ②가 답인 이유

「국민기초생활 보장법」상 "최저보장수준"이란 국민의 소득·지출 수준과 수급권자의 가구 유형 등 생활실태, 물가상승률 등을 고려하여 급여의 종류별로 공표하는 금액이나 보장수준을 말한다.

오답 체크

① 「사회보장기본법」상 "사회보장"이란 출산, 양육, 실업, 노령, 장애, 질병, 빈곤 및 사망 등의 사회적 위험으로부터 모든 국민을 보호하고 국민 삶의 질을 향상시키는 데 필요한 **소득·서비스**를 보장하는 사회보험, 공공부조, **사회서비스**를 말한다.
③ 「장애인복지법」상 "신체적 장애"란 **주요 외부 신체 기능의 장애, 내부기관의 장애** 등을 말한다. 발달장애는 정신적 장애에 속한다.
④ 「사회복지사업법」상 "**사회복지관**"이란 지역사회를 기반으로 일정한 시설과 전문인력을 갖추고 지역주민의 참여와 협력을 통하여 지역사회의 복지문제를 예방하고 해결하기 위하여 종합적인 복지서비스를 제공하는 시설을 말한다.

04 ②가 답인 이유
개정구빈법(1834년)에서는 작업장 수용의 원칙과 열등처우의 원칙을 천명했다.

05 ①이 답인 이유
수단 우선 가치(인간을 다루는 바람직한 도구)는 서비스를 수행하는 방법과 수단에 대한 가치로 자기결정권 존중, 수용, 비심판적 태도, 비밀보장 등이 포함된다.

오답 체크
② **사람** 우선 가치 - 개인의 천부적 가치와 존엄에 대한 존중
③ **사람** 우선 가치 - 개인의 독특성(개별성)에 대한 인정과 상호책임성
④ **수단** 우선 가치 - 비밀보장과 비심판적 태도

레비(Levy)의 사회복지전문직 가치

사람 우선 가치	클라이언트를 하나의 개별화된 인간으로 보고 능력과 권한을 인정 ① 개인의 천부적 가치와 존엄, 독특성(개별성)에 대한 존중 ② 개인의 건설적 변화에 대한 능력과 욕구(모든 사람은 타고난 재능이 있고, 삶을 보다 풍요롭게 만들 변화를 지향한다고 봄) ③ 상호책임성(각 개인에게는 자신과 사회에 대한 상호적 책임이 있음) ④ 소속의 욕구와 인간의 공통적 욕구
결과 우선 가치	서비스 제공이 초래하는 결과에 대한 가치 ① 사회구성원의 동등한 참여기회 보장에 대한 사회적 책임에 대한 믿음 ② 빈곤, 질병, 차별, 부적절한 주거환경, 불공평한 교육기회 등의 방지와 문제해결에 대한 사회적 책임에 대한 믿음 ③ 사람들의 욕구 충족에 필요한 자원을 제공해야 하는 사회적 책임에 대한 믿음
수단 우선 가치	서비스를 수행하는 방법과 수단에 대한 가치 ① 클라이언트의 자기결정권 보장, 비심판적 태도, 수용, 비밀보장 등 ② 사회변화에 참여하도록 격려

06 ④가 답인 이유
- 프로그램 개입 전과 후에 조사대상에게 각각 측정한 결과를 비교하는 설계이므로 이 사례에서 사용하고 있는 조사설계는 **단일집단 사전사후설계**이다. 단일집단 사전사후설계는 원시실험설계(일회사례설계, 단일집단 사전사후설계, 정태적 집단비교설계) 중 하나로, 이들 원시실험설계 유형의 공통점은 **내적 타당도 저해요인을 통제할 수 없다**는 것이다.
- 이 설계에서는 개입 전과 후의 점수 차이가 프로그램 개입 때문에 유발된 것인지 아니면 다른 외생변수 때문에 발생한 것인지를 알 수 없으므로 인과관계 성립의 3대 조건 중 '통제성'을 충족하지 못한다. 이를 달리 말하면, 내적 타당도 저해요인을 통제하지 못한다.

오답 체크
① 사전검사 점수와 사후검사 점수를 비교하므로 비교 기준은 성립한다.
② 동일한 척도를 사용하여 사전검사와 사후검사를 실시했기 때문에 사전검사가 사후검사 점수에 영향을 미칠 수 있다. 이를 검사효과(testing effect)라 한다.
③ 인과관계 성립요건 세 가지는 공변성, 시간적 우선성, 통제성이다. 단일집단 사전사후설계는 이 중 통제성 요건을 충족하지 못하며, 나머지 두 요건은 충족한다. 공변성 요건을 충족한다는 말은 '개입을 했더니 점수가 변했다'는 식으로 말할 수 있다는 의미이다.

07 ④가 답인 이유
모두 옳은 내용이다.

사회서비스 바우처(전자바우처)
- 일종의 교환권으로 사용처에 제한을 둔 상태에서 수급자에게 사회서비스를 선택해 이용할 수 있는 기회(구매력) 제공
- 현금급여와 현물급여의 특성을 혼합한 것으로 두 급여의 단점을 보완한 형태
- 정책목적이나 취지에 따라 구매하는 서비스의 종류, 양, 범위 등에 대한 제한이 가능
- 수요자 직접지원 방식이며, 이를 통해 사회서비스 공급기관의 허위·부당 청구 등 도덕적 해이를 최소화하고, 서비스 생산자들 간 경쟁을 통해 서비스의 질을 제고하고자 함
- 현재 우리나라의 장애인활동지원, 발달장애인지원, 아이돌봄지원, 지역자율형 사회서비스투자사업, 장애아동가족지원, 에너지 바우처, 임신·출산 진료비 지원 등 많은 분야에 적용되고 있음

08 ②가 답인 이유
- 「생활보호법」에서는 보호대상자 선정기준에 근로능력 기준이 적용됐지만, 2000년 10월부터 「국민기초생활 보장법」이 시행되면서 근로능력은 더 이상 수급권 여부를 판정하는 기준에 포함되지 않는다. 즉, 근로능력이 있어도 소득인정액과 부양의무자 기준을 충족하면 수급자로 선정될 수 있게 되었다.
- 단, 교육급여(2015년), 주거급여(2018년), 생계급여(2021년, 일부 예외 있음)는 부양의무자 기준이 폐지되었다. 따라서 2024년 현재 교육급여와 주거급여에 대해서는 소득인정액만 수급자 선정기준이 되고, 생계급여의 경우 부양의무자가 정한 기준 이상의 고소득인 경우를 제외하고 소득인정액만 수급자 선정기준이 된다.
- 그러나 의료급여의 경우 부양의무자 기준이 점차 완화되고 있기는 하지만 아직 폐지되지 않았으므로 **의료급여 수급자로 선정되기 위해서는 소득인정액 기준과 부양의무자 기준을 모두 충족시켜야 한다.**

09 ②가 답인 이유
근로장려세제는 근로연계형 소득지원 제도로 저소득층 중

에서도 **근로소득이 있는 경우에만** 지급된다. 다시 말해 근로소득이 없는 경우는 신청할 수 없다.

> **근로장려세제(근로장려금, EITC)**
> - 저소득 근로자의 일정 수준까지의 소득에 대해 세금을 징수하지 않고 반대로 환급해주는 제도(2009년 시행)
> - 부의 소득세 방식
> - 국세청에서 담당(법적 근거는 「조세특례제한법」)
>
> 근로장려세제의 구조
> (그래프: 점증구간 - 평탄구간(최대장려금) - 점감구간, 총급여액)

10 ④가 답인 이유

ㄱ. 「국민건강보험법」은 1999년, 「사회보장기본법」은 1995년에 제정되었다.

ㄴ. 국민기초생활 보장제도는 2000년 10월부터 시행되었으며, 최저생활의 보장뿐만 아니라 종합적 자활서비스의 제공을 통한 생산적 복지의 구현을 목적으로 한다.

ㄷ. 참여정부(노무현대통령, 2003.3~2008.2)는 전 국민의 복지의 질을 높이기 위해서는 저소득층 위주에서 모든 국민을 대상으로 복지 스펙트럼을 확장하는 '**보편적 복지**'와 소득보장 위주에서 의료·보육·주거·환경·문화 등 의식주 전반의 **생활권 보장을 중심**으로 하는 복지정책으로의 전환을 표방하였다.

ㄹ. 1997년 개정된 「사회복지사업법」에 근거하여 사회복지시설 평가가 1999년부터 실시되었다.

11 ①이 답인 이유

미성년 혹은 지적장애 등으로 인해 자기결정 능력에 제한이 있는 클라이언트를 위한 실천에서 경험할 가능성이 높은 윤리적 갈등은 **힘 또는 권력의 불균형**으로 인한 갈등이다.

12 ①이 답인 이유

- ①을 위반한 경우에는 5년 이하의 징역 또는 5천만원 이하의 벌금에 처하고, ②~④는 모두 위반 시 1년 이하의 징역 또는 1천만원 이하의 벌금에 처한다.
- 이 문제는 아동복지법상 금지행위에 대한 처벌 규정이 가장 강한 것(아동 매매 행위)을 고르도록 했던 2016년 국가직 문제와 비슷한 방식으로 출제될 수 있는 가장 유력한 영역이 「사회복지사업법」의 이 내용일 것 같아서 출제하였다. 「사회복지사업법」에서 벌칙이 가장 강한 것은 다음 두 가지를 위반했을 때이다.

> ① 법인은 기본재산에 관하여 매도·증여·교환·임대·담보제공 또는 용도변경을 하려는 경우나, 보건복지부령으로 정하는 금액 이상을 1년 이상 장기차입(長期借入)하려는 경우 시·도지사의 허가를 받아야 한다. 이를 위반하는 경우 5년 이하의 징역 또는 5천만원 이하의 벌금에 처한다.
> ② 국가나 지방자치단체로부터의 보조금을 그 목적 외의 용도에 사용해서는 안 된다. 이를 위반하는 경우 5년 이하의 징역 또는 5천만원 이하의 벌금에 처한다.

- 시험에 출제된다면 보조금의 용도 외 사용이 유력하므로, 「사회복지사업법」에서 벌칙이 가장 강한 것은 보조금으로 딴 짓하는 경우라고 정리해두자.

13 ③이 답인 이유

사회복지실천 면접의 유형은 정보수집(자료수집)을 위한 면접, 사정을 위한 면접, 치료를 위한 면접으로 구분된다. 이 중 **구체적인 서비스에 대한 전문적인 결정과 판단을 위해 실시하는 면접은 '사정을 위한 면접'**이다. 이 사례는 전문적인 알코올중독 치료를 요하는 상태인지를 판단하기 위한 면접에 해당하므로 사정을 위한 면접이라고 볼 수 있다.

14 ④가 답인 이유

클라이언트 집단은 표적집단의 하위집단으로서 프로그램의 대상자인 클라이언트가 되는 사람들을 말한다. 경우에 따라서는 표적집단에 속하는 대상 모두가 서비스를 받을 수도 있기 때문에, 표적집단 전체가 클라이언트 집단이 되는 경우도 있다.

15 ①이 답인 이유

- 사회복지서비스 전달체계로 국가(중앙정부)가 적합한 대표적인 경우는 ① 공공재적 성격(혹은 가치재적 성격)이 강한 서비스(교육, 의료 등)의 공급, ② 재화나 서비스의 대상이 되는 사람들이 많은, 보편적인 성격의 서비스 공급, ③ 소득재분배, 사회적 적절성, 평등 가치의 구현이 우선되는 경우, ④ 프로그램의 통합·조정을 필요로 하는 경우, ⑤ 서비스의 지속적이고 안정적인 운영이 필요한 경우를 들 수 있다.
- 제시된 내용은 모두 여기에 속하므로 국가(중앙정부)가 책임지고 공급하는 것이 좋다.

16 ③이 답인 이유
콤튼과 갤러웨이 6체계모델에서 법원, 경찰 등에 의해 강제로 의뢰가 이루어진 사람들은 응답체계에 해당하며, 그들을 의뢰한 법원이나 경찰 등은 의뢰체계에 해당한다.

오답 체크
① 사회복지실천에서 관계형성을 주도하는 것은 **사회복지사**이다.
② 개입의 초점을 클라이언트의 역기능과 증상의 영향을 감소시키는 것에 두는 것은 **병리적 관점**이다.
④ 통합적 방법에서는 **일반주의** 실천을 지향한다.

17 ③이 답인 이유
노인주거복지시설에 속하는 것은 양로시설, 노인공동생활가정, 노인복지주택이다. **노인요양시설은 노인의료복지시설**에 속한다.

노인복지시설

형태	노인복지시설 종류	
생활시설	노인주거복지시설	양로시설, 노인공동생활가정, 노인복지주택
	노인의료복지시설	노인요양시설, 노인요양공동생활가정
	학대피해노인전용쉼터	
이용시설	재가노인복지시설	재가노인복지시설(방문요양, 주·야간보호, 단기보호, 방문목욕, 재가노인지원, 방문간호)
	노인여가복지시설	노인복지관, 경로당, 노인교실
	노인보호전문기관	
	노인일자리지원기관	

18 ④가 답인 이유
ㄱ. 사회복지사가 클라이언트를 마치 자신의 과거 어떤 시점의 인물이나 관계로 느끼고 무의식적으로 마치 과거의 그 사람을 대하듯 반응하게 되는 현상을 **역전이**라 한다.
ㄴ. 사례관리에서 계획한 대로 서비스가 제공되고 있는지, 클라이언트에게 제공되고 있는 서비스가 적절한지 등을 지속적으로 확인하는 과정을 **점검(모니터링)**이라 한다.
ㄷ. 사회복지조직에서 업무에 대한 양적 성과지표를 달성하는 것에 업무 담당자들이 치중하면서 양적인 측정지표로 드러낼 수 있는 사안에만 집중하고 실질적인 서비스 효과를 등한시하게 되는 현상을 **기준행동(criterion behavior)**이라 한다.
ㄹ. 둘 사이의 관계에서 해결되지 못한 정서적인 문제를 제3자를 끌어들이는 방식으로 해소하려는 경향을 삼각관계라 하며, 둘 사이의 문제를 직접 해결하도록 함으로써 제3자를 이 삼각관계에서 분화되도록 돕는 기법을 **탈삼각화**라 하며, 다세대 가족치료모델에서 주로 활용된다.

19 ④가 답인 이유
차별의 원인이 **2가지 이상**이고, 그 주된 원인이 장애라고 인정되는 경우 그 행위는 이 법에 따른 차별로 본다.

20 ③이 답인 이유
문제를 유지하는 연쇄를 변화시키기 위해서 가족이 역설적이라고 생각하는 행동, 즉 문제행동을 유지하거나 강화하는 행동을 수행하도록 지시하는, 전략적 가족치료모델의 기법을 '역설적 지시'라 한다.

오답 체크
① 경계 만들기는 구조적 가족치료모델의 기법으로, 밀착 혹은 유리된 가족의 경계를 조정하는 기법이다.
② 실연은 구조적 가족치료모델의 기법으로, 가족 상호작용을 면담 중에 재현해보도록 하는 기법이다.
④ 역할연습은 행동수정모델이나 경험적 가족치료모델에서 많이 사용되는 기법으로, 일종의 모의상황을 통해 두 사람이 서로 역할을 바꿔서 상호작용을 해보게 하거나, 평소와는 다른 역할을 수행해볼 수 있도록 하는 기법이다.

제17회 모의고사 2015년 지방직 동형 모의고사

1	2	3	4	5	6	7	8	9	10
③	①	①	③	②	②	③	④	①	②
11	12	13	14	15	16	17	18	19	20
④	②	④	①	①	③	④	②	②	④

01 ③이 답인 이유
소시오그램은 집단성원들 사이의 관계 역동뿐만 아니라 집단 내 하위집단 형성 등에 대한 정보를 파악하기에도 용이한 사정도구이다.

02 ①이 답인 이유
- 초점집단조사(focus group interview)는 조사 참여자들 간 원활한 토의와 상호작용 속에서 조사를 진행한다.
- 명목집단조사(nominal group technique)는 소수의 그룹이 공동의 문제나 질문에 대해 우선 각자 나름대로 제안이나 해결책을 제시하고 나중에 그들의 제안을 공유하는 기법이며, 집단을 구성하는 성원들 간의 토의나 상호작용이 이루어지지 않는다.

03 ①이 답인 이유
①는 과정분석, ②와 ③은 성과분석, ④는 산물분석에 해당한다.

04 ③이 답인 이유
빈곤, 실업, 장애, 사망 등으로 인한 소득상실의 문제는 구 사회적 위험 혹은 구 빈곤에 해당한다.

05 ③이 답인 이유

> 「사회보장기본법」
> 제16조(사회보장 기본계획의 수립)
> ① 보건복지부장관은 관계 중앙행정기관의 장과 협의하여 사회보장 증진을 위하여 사회보장에 관한 기본계획(이하 "기본계획"이라 한다)을 5년마다 수립하여야 한다.
> ② 기본계획에는 다음 각 호의 사항이 포함되어야 한다.
>   1. 국내외 사회보장환경의 변화와 전망
>   2. 사회보장의 기본목표 및 중장기 추진방향
>   3. 주요 추진과제 및 추진방법
>   4. 필요한 재원의 규모와 조달방안
>   5. 사회보장 관련 기금 운용방안
>   6. 사회보장 전달체계
>   7. 그 밖에 사회보장정책의 추진에 필요한 사항

③ 기본계획은 사회보장위원회와 국무회의의 심의를 거쳐 확정한다. 기본계획 중 대통령령으로 정하는 중요한 사항을 변경하려는 경우에도 같다.

제17조(다른 계획과의 관계)
기본계획은 다른 법령에 따라 수립되는 사회보장에 관한 계획에 우선하며 그 계획의 기본이 된다.

오답 체크
① 사회보장수급권을 포기하는 것이 **다른 사람에게 피해를 주거나** 사회보장에 관한 **관계 법령에 위반**되는 경우에는 사회보장수급권을 **포기할 수 없다.**
② 국가는 관계 법령에서 정하는 바에 따라 **최저보장수준과 최저임금을** 매년 공표하여야 한다.
④ "**사회보험**"이란 국민에게 발생하는 사회적 위험을 보험의 방식으로 대처함으로써 국민의 건강과 소득을 보장하는 제도를 말한다.

06 ②가 답인 이유
프로그램평가검토기법(PERT : Program Evaluation and Review Technique)은 목표달성을 위해 설정된 주요 세부목표와 프로그램의 상호관계 및 시간계획을 연결해 도표화한 것으로 임계경로를 활용하여 최종 목표 달성에 필요한 최소한의 기간을 제시할 수 있다. 아울러 과업별 소요시간을 계산하여 추정한다.

오답 체크
ㄴ. 시작에서 종료에 이르기까지 **가장 긴 시간**을 요구하는 경로를 임계경로(critical path)라 한다.
ㄷ. 간트 차트(Gantt chart)에 비해 활동 간 **상관관계를 파악하기가 용이**하다.

07 ③이 답인 이유
ㄱ. 「영유아보육법」 제정 – 1991년
ㄴ. 「고용보험법」 제정 – 1993년
ㄷ. 「저출산·고령사회 기본법」 제정 – 2005년
ㄹ. 「최저임금법」 제정 – 1986년

08 ④가 답인 이유
「국민기초생활 보장법」이 기존 「생활보호법」과 가장 차이가 나는 점은 '근로능력 유무'가 더 이상 수급자 선정기준에 해당하지 않는다는 것이다. 즉, 기존 생활보호제도에서는 근로능력이 있는 자는 수급자(당시에는 '생활보호대상자')가 될 수 없었지만, 국민기초생활보장제도에서는 근로능력이 있어도 수급자가 될 수 있다. 다만, 근로능력이 있는 수급

자는 자활사업 참여를 조건으로 생계급여를 지원받는 조건부수급자가 된다.

> **주의사항**
> 다음 두 선지를 구별하자.
> ① 국민기초생활 보장제도의 수급자 선정기준에 근로능력의 유무는 포함되지 않는다.
> ② 국민기초생활 보장제도의 조건부수급자 선정기준에 근로능력의 유무는 포함되지 않는다.
>
> ①은 옳지만, ②는 옳지 않다. 자활사업 참여를 조건으로 생계급여를 제공하는 것을 조건부수급이라고 하는데, 근로능력이 있을 때는 조건부수급자로 지정되므로, 조건부수급자 선정기준에는 근로능력 유무가 포함된다.

오답 체크

① **2015년 7월부터** 수급자 선정기준으로 활용했던 최저생계비 대신 기준 중위소득의 일정 비율을 기준으로 정함으로써 빈곤 개념이 절대적 빈곤 개념에서 **상대적 빈곤 개념으로 전환**되었다.
② 주거급여의 부양의무자 기준은 폐지되었고, 2024년 현재 의료급여 수급자 선정 요건에만 부양의무자 기준이 적용된다(생계급여에는 일부 예외적으로 부양의무자 기준이 적용됨).
③ 2024년 현재 생계급여의 선정기준은 기준 중위소득의 32%이고, 의료급여의 선정기준은 기준 중위소득의 40%이다. 의료급여의 선정기준이 더 높다.

09 ①이 답인 이유

- 대상자 선정 기준에서 기여를 고려하는 제도는 사회보험 제도이다.
- 장애인연금은 공공부조에 해당하는 제도로 기여(보험료 납부)를 요구하지 않는다.
- 장애인연금은 18세 이상(인구학적 기준)의 중증장애인(진단에 따른 구분) 중 소득인정액(자산조사)이 선정기준 이하에 해당하는 사람에게 지급한다.

10 ②가 답인 이유

오답 체크

① 국민연금제도 – 노령연금, 장애연금, **유족연금, 반환일시금**
(※상병보상연금은 산업재해보상보험의 급여 유형이고, 특별현금급여는 노인장기요양보험의 급여 유형이다.)
③ **장애인연금제도** – 기초급여, 부가급여 (※기초연금은 별도의 하위 급여 유형이 구분되지 않는다.)
④ 산업재해보상보험제도 – 요양급여, 휴업급여, **유족급여, 상병보상연금**, 장례비, 간병급여, **장해급여, 직업재활급여**
(※유족연금은 국민연금의 급여 유형이고, 상병수당은 건강보험의 급여 유형이다. 우리나라 사회보장급여에 장애급여는 존재하지 않는다.)

11 ④가 답인 이유

- 「노인장기요양보험법」상 장기요양급여는 재가급여, 시설급여, 특별현금급여가 있다.
- 재가급여에는 방문요양, 방문목욕, 방문간호, 주·야간보호, 단기보호, 기타재가급여가 포함된다. 특별현금급여에는 가족요양비, 특례요양비, 요양병원간병비가 포함된다.
- 재가급여 유형에 포함되는 것은 **방문진료가 아니라 방문간호**이다. 방문간호란, 장기요양요원인 간호사 등이 의사, 한의사 또는 치과의사의 지시서(방문간호 지시서)에 따라 수급자의 가정 등을 방문하여 간호, 진료의 보조, 요양에 관한 상담 또는 구강위생 등을 제공하는 장기요양급여를 말한다.

12 ②가 답인 이유

매 시점 같은 대상자들을 조사하는 것은 패널조사이다.

13 ④가 답인 이유

ㄱ. 직면과 해석 기법은 초기단계부터 사용하는 경우 부작용을 초래할 수 있으므로 충분한 라포를 형성하고 난 후에 사용하는 것이 좋다.
ㄴ. 명료화 기법은 클라이언트가 전달한 내용이 모호하거나 추상적일 때 구체화하는 기법이다.
ㄷ. 요약 기법은 면접을 시작하기 전에 이전 면접과정의 중요한 측면을 다시 상기하도록 하기 위해 사용할 수도 있고, 면접과정의 마지막에서 당일 진행한 면접의 중요한 부분을 재정리하기 위해 사용할 수도 있다.
ㄹ. 해석 기법은 클라이언트의 행동이나 감정 저변의 단서를 발견하고 그 결정적 요인(원인)을 이해(통찰)할 수 있도록 클라이언트가 보여준 의미와 관계에 대한 가설 혹은 대안적 준거틀을 제시하는 기법이다.

14 ①이 답인 이유

베버리지 보고서에서는 균일한 기여와 균일한 급여를 원칙으로 하는 사회보험을 제안하였다.

15 ①이 답인 이유

- 잔여적(보충적) 사회복지는 목표효율성, 비용효율성, 경제적 효과성 등이 높지만, **정치적 지지도**, 사회통합 효과, 사

회적 효과성, 운영효율성은 **낮다**.
- 자력구제를 우선으로 하고 부족한 부분에 대해 국가가 '보충'해주는 보충성의 원리를 따르는 공공부조가 가장 대표적인 잔여적 사회복지에 해당한다.
- 우리나라의 국민기초생활 보장제도, 긴급복지지원제도, 장애인연금제도, 기초연금제도, 의료급여제도 등의 공공부조는 모두 잔여적 사회복지에 해당한다.

16 ③이 답인 이유
- 한 나라의 사회복지정책 발달이 다른 주변 국가에게 영향을 미쳐 사회복지정책이 확산되어간다고 보는 이론을 확산이론이라 한다.
- 확산이론에서는 한 국가에서 처음 시행한 특정 사회복지정책이 다른 국가로 확산되는 국제적인 모방과정으로 사회복지정책의 발달(혹은 복지국가발달)을 설명한다.
- 확산이론에는 공간적 확산과 위계적 확산이 있는데, 제시된 사례는 이 중 **위계적 확산에 해당**한다.

17 ④가 답인 이유
- 고용보험의 실업급여는 크게 구직급여와 취업촉진수당으로 나뉘는데 둘 다 **현금급여**이다.
- 장애인연금, 기초연금, 노령연금, 장애연금, 유족연금, 상병보상연금, 반환일시금 등 '연금'으로 이름이 끝나는 급여의 급여 유형은 **현금급여**이다.
- 장애인활동지원, 아이돌봄지원, 영유아 어린이집 보육서비스, 발달재활서비스 등의 급여 유형은 **바우처(증서)**이다.
- 장애인 등 대상자 특별전형이나 장애인의무고용제도의 급여 유형은 **기회**이다.
- 따라서 제시된 사회보장 급여 중 하나에도 해당하지 않는 급여 유형은 현물이다.

18 ②가 답인 이유
상시 여성근로자 **300명** 이상 또는 상시근로자 **500명** 이상을 고용하고 있는 사업장의 사업주는 직장어린이집을 설치하여야 한다.

> **「영유아보육법」 관련해 알아둘 내용**
> - 2024년 2월 9일부터 "영유아"의 연령은 기존 '6세 미만의 취학 전 아동'에서 '7세 이하의 취학 전 아동'으로 변경되었다.
> - 2024년 6월 27일부터 유보통합으로 「영유아보육법」의 소관부처가 기존 보건복지부에서 교육부로 이관된다. 따라서 기존 교재에서 '보건복지부장관'으로 되어 있던 내용은 '교육부장관'으로 변경된다.

19 ②가 답인 이유
ㄱ. 강제가입 방식의 의료보험 제도 시행 : 1977년
ㄴ. 사회복지시설 설치·운영에 대한 법적 근거 마련 : 1970년
ㄷ. 「국민기초생활 보장법」 제정 : 1999년
ㄹ. 취업취약계층을 위한 국민취업지원제도의 시행 : 2021년

20 ④가 답인 이유
'사회복지사'가 아니라 '개인'이라고 해야 옳다.

> **우리나라 사회복지사 윤리강령의 '전문'**
> 사회복지사는 인본주의·평등주의 사상에 기초하여, 모든 인간의 존엄성과 가치를 존중하고 천부의 자유권과 생존권의 보장 활동에 헌신한다. 특히 사회적·경제적 약자들의 편에 서서 사회정의와 평등·자유와 민주주의 가치를 실현하는 데 앞장선다. 또한, 도움을 필요로 하는 사람들의 사회적 지위와 기능을 향상시키기 위해 저들과 함께 일하며, 사회제도 개선과 관련된 제반 활동에 주도적으로 참여한다. **사회복지사는 개인의 주체성과 자기 결정권을 보장하는 데 최선을 다하고, 어떠한 여건에서도 개인이 부당하게 희생되는 일이 없도록 한다.**
> 이러한 사명을 실천하기 위하여 전문적 지식과 기술을 개발하고, 사회적 가치를 실현하는 전문가로서의 능력과 품위를 유지하기 위해 노력한다. 이에 우리는 클라이언트·동료·기관 그리고, 지역사회 및 전체사회와 관련된 사회복지사의 행위와 활동을 판단·평가하며 인도하는 윤리기준을 다음과 같이 선언하고 이를 준수할 것을 다짐한다.

제18회 모의고사 2015년 국가직 동형 모의고사

1	2	3	4	5	6	7	8	9	10
①	③	③	①	①	④	③	④	③	④
11	12	13	14	15	16	17	18	19	20
④	③	②	②	①	①	④	②	②	②

01 ①이 답인 이유
- ①는 제도적 복지 개념에 해당하고, 나머지는 모두 잔여적 복지 개념에 해당한다.
- ②에서 서술하고 있는 내용은 잔여적 복지의 이념에 속하는 예외주의 이념에 해당한다.

02 ③이 답인 이유
복지다원주의는 복지의 제공 주체들을 다양화함으로써 수요자의 선택권을 보장함과 동시에 **공급자들 간의 경쟁을 촉진**하여 복지서비스의 가격과 질이 수요자들에게 보다 유리해질 수 있도록 도모한다.

03 ③이 답인 이유
브래드쇼의 욕구 유형은 체감적(인지된, 감촉적) 욕구, 표출된(표현적) 욕구, 상대적(비교적) 욕구, 규범적 욕구의 네 가지이다. 이 중 구체적인 행위 혹은 서비스 수요로 파악되는 욕구는 **표출된 욕구(expressed need)**이다.

04 ①이 답인 이유
- 영기준 예산은 매년도 예산수립 시 전년도의 실적이나 평가와 관계없이 언제나 영(zero)에서 새롭게 출발하며, 그 해 설정되는 사업계획의 우선순위에 따라 매년 새롭게 합리적으로 예산을 배분하는 방식이다.
- 프로그램 쇄신에 기여한다는 장점이 있는 반면, 장기계획에 따른 프로그램 수행이 어렵다는 한계가 있다. 따라서 **장기적인 프로그램의 예산계획으로는 부적절**하다.

05 ①이 답인 이유
제시된 사례에서는 **산업화로 인한 문제들**이 발생하였고, 이를 해결하기 위한 사회복지정책이 필요해졌다고 설명하고 있다. **수렴이론(산업화이론)**에서는 산업화로 인해 발생한 사회문제를 산업화 과정에서 확보한 자원으로 해결하기 위해 사회복지정책이 발달했다고 본다.

06 ④가 답인 이유
작다는 것에서 오는 열등감을 매운 맛으로 만회하고자 하는 것은 보상 방어기제에 해당한다.

오답 체크
- ①은 반동형성, ②는 전치, ③은 투사 방어기제에 해당한다.
- 대치 방어기제의 예로는 '꿩 대신 닭'을 들 수 있다.

07 ③이 답인 이유
③은 사회적 모델이 아니라 개인적(개별적) 모델의 입장에 해당한다.

08 ④가 답인 이유
ㄱ. 노인장기요양보험제도 - 2007년 법 제정, 2008년 시행
ㄴ. 국민기초생활 보장제도 - 1999년 법 제정, 2000년 시행
ㄷ. 긴급복지지원제도 - 2005년 법 제정, 2006년 시행
ㄹ. 국민연금제도 - 1986년 법 제정, 1988년 시행

09 ③이 답인 이유
「사회보장급여의 이용·제공 및 수급권자 발굴에 관한 법률(사회보장급여법)」에 의하면 보장기관의 업무담당자는 수급권자의 동의를 받아 직권으로 사회보장급여를 신청할 수 있다. 수급권자가 심신미약이나 심신상실인 경우와 같이 동의를 받지 않고 신청 가능한 예외도 있다.

> **「사회보장급여의 이용·제공 및 수급권자 발굴에 관한 법률」 제5조(사회보장급여의 신청)**
> ① 지원대상자와 그 친족, 「민법」에 따른 후견인, 「청소년 기본법」에 따른 청소년상담사·청소년지도사, 지원대상자를 사실상 보호하고 있는 자(관련 기관 및 단체의 장을 포함한다) 등(이하 "사회보장급여 신청권자")은 지원대상자의 주소지 관할 보장기관에 사회보장급여를 신청할 수 있다. 다만, 중앙행정기관의 장이 지원대상자의 이용 편의, 사회보장급여의 제공 유형 등을 고려하여 필요하다고 결정한 사회보장급여의 경우에는 지원대상자의 주소지 관할이 아닌 보장기관에도 신청할 수 있다.
> ② **보장기관의 업무담당자**는 지원대상자가 누락되지 아니하도록 하기 위하여 관할 지역에 거주하는 지원대상자에 대한 사회보장급여의 제공을 **직권으로 신청할 수 있다**. 이 경우 **지원대상자의 동의를 받아야** 하며, 동의를 받은 경우에는 지원대상자가 신청한 것으로 본다.
> ③ 제2항 후단에도 불구하고 보장기관의 업무담당자는 지원대상자가 심신미약 또는 심신상실 등 대통령령으로 정하는 경우에 해당하면 지원대상자의 동의 없이 직권으로 사회보장급여의 제공을 신청할 수 있다. 이 경우 보장기관의 업무담당자는 직권 신청한 사실을 보장기관의 장에게 지체 없이 보고하여야 한다.

오답 체크
① 사회복지시설 거주자 대표는 해당 시설의 운영위원회 위원이 될 수 있다.

> **「사회복지사업법」제36조(운영위원회)**
> ② 운영위원회의 위원은 다음 각 호의 어느 하나에 해당하는 사람 중에서 관할 시장·군수·구청장이 임명하거나 위촉한다.
>   1. 시설의 장
>   2. **시설 거주자 대표**
>   3. 시설 거주자의 보호자 대표
>   4. 시설 종사자의 대표
>   5. 해당 시·군·구 소속의 사회복지업무를 담당하는 공무원
>   6. 후원자 대표 또는 지역주민
>   7. 공익단체에서 추천한 사람
>   8. 그 밖에 시설의 운영 또는 사회복지에 관하여 전문적인 지식과 경험이 풍부한 사람

② 사회복지법인은 시·도지사의 허가를 받아 설립하며, 사회복지법인의 이사는 법인이 설치한 사회복지시설의 직원은 겸할 수 없지만 시설의 장을 겸할 수는 있다.

> **「사회복지사업법」제21조(임원의 겸직 금지)**
> ① 이사는 법인이 설치한 **사회복지시설의 장을 제외한** 그 시설의 직원을 겸할 수 없다.
> ② 감사는 법인의 이사, 법인이 설치한 사회복지시설의 장 또는 그 직원을 겸할 수 없다.

④ 모든 사회복지시설에 사회복지사를 채용하여야 하는 것은 아니다.

> **「사회복지사업법」제13조(사회복지사의 채용 및 교육 등)**
> ① 사회복지법인 및 사회복지시설을 설치·운영하는 자는 대통령령으로 정하는 바에 따라 사회복지사를 그 종사자로 채용하고, 보고방법·보고주기 등 보건복지부령으로 정하는 바에 따라 시·도지사 또는 시장·군수·구청장에게 사회복지사의 임면에 관한 사항을 보고하여야 한다. 다만, **대통령령으로 정하는 사회복지시설은 그러하지 아니하다.**

10 ④가 답인 이유
신구빈법(개정구빈법, 1834년)은 전국 균일처우의 원칙을 확립함으로써 영국 구빈정책을 전국적으로 통일시켰을 뿐만 아니라, 수세기에 걸친 지방행정제도를 변화시켜 처음으로 **지방행정의 중앙집권화를 확립**하였다. 중앙기관을 만들어 전국의 구빈행정을 지휘 통제하였고, 중앙기관에는 국왕이 임명하는 3인의 구빈법위원을 두었다.

11 ④가 답인 이유
- 집단성원 간 선호도와 무관심, 배척하는 정도와 유형, 하위집단 형성 여부 등 집단 내 성원 간 상호작용을 도식화하는 사정도구는 **소시오그램**이다.
- 사회적 관계망도표는 클라이언트의 사회적 관계망의 중요한 인물, 지지를 받는 생활 영역, 지지의 유형과 정도, 관계의 방향(상호적·일방적), 친밀감 정도, 접촉빈도, 관계기간 등 주요 관계망 정보를 사정하는 도구이다.

12 ③이 답인 이유
과제중심모델은 구조화된 단기개입, 개입의 책무성(실천의 효과성 및 효율성) 강조, 클라이언트의 자기결정권 강조 등을 특징으로 한다.

오답 체크
① 다른 모델들에 비해 사회복지사의 적극적이고 직접적인 역할 수행이 강조되는 모델은 **위기개입모델**이다.
② 과제중심모델은 특정 이론이 아니라 **경험적 자료(data)에 기초**해 개입한다.
④ 예외질문이나 척도질문과 같은 질문기법을 특징으로 하는 모델은 **해결중심모델**이다.

13 ②가 답인 이유

> **개별화**
> - 하나의 사례(case)로 취급되지 않고 개별적이고 고유한 존재로 대우받고 싶은 클라이언트의 욕구에 바탕을 둔 관계원칙
> - 모든 클라이언트가 고유한(unique) 존재임을 인식
> - 클라이언트 개개인의 특성(고유한 자질과 차이)을 인정하고 이해
> - 클라이언트를 하나의 대상이나 사례로 취급하거나 편견과 선입견을 가지고 정형화해서는 안 되며, 권리와 욕구를 지닌 인간으로 대해야 함

오답 체크
②는 '통제된 정서적 관여'에 해당하는 진술이다.

14 ②가 답인 이유
- 서비스 전달의 **지방분권화** 과정에서 등장했다.
- 그 외의 사례관리 등장배경 : 탈시설화, 지역사회 중심의 재가복지서비스 활성화, 복잡하고 분산된 서비스체계, 클라이언트와 그 가족에게 부과되는 과도한 책임, 사회적 지원과 사회적 지원망의 중요성에 대한 인식 증가 등

15 ①이 답인 이유
- 「아동복지법」에서 규정하는 아동복지시설 중 아동전용시설, 지역아동센터는 이용시설이지만, **아동양육시설은 생활시설**이다.
- 생활시설 : 아동양육시설, 아동일시보호시설, 아동보호치료시설, 자립지원시설, 공동생활가정
- 이용시설 : 아동상담소, 아동전용시설, 지역아동센터, 아동보호전문기관, 가정위탁지원센터, 자립지원전담기관

16 ①이 답인 이유

①은 마르크스주의 이념에 해당하며, 마르크스주의 이념이 강조하는 중심 가치는 자유, 평등, 우애이다.

오답 체크

② **신우파(혹은 반집합주의)** 이념에 해당하며, 강조하는 중심 가치는 **자유, 개인주의, 불평등**이다.
③ **중도노선(혹은 소극적 집합주의)** 이념에 해당하며, 강조하는 중심 가치는 자유, 개인주의, 경쟁적 사기업이다.
④ **페이비언 사회주의(혹은 사회민주주의, 민주적 사회주의)** 이념에 해당하며, 강조하는 중심 가치는 **평등, 자유, 우애**이다.

17 ④가 답인 이유

- 각 지역 유형별 10개의 학교를 무작위로 선정했으므로 층화표집에 해당한다.
- 설문조사는 재학생(초등학생)을 대상으로 하는데 실제 표집은 학교를 단위로 했으므로(층화된 지역들에서 일부 학교들을 무작위로 표집), 관찰단위는 학생, 표집단위는 학교이며, 이는 집락표집의 특징에 해당한다.

18 ②가 답인 이유

프로그램평가검토기법(PERT)은 **목표달성 기한을 정해놓고**, 목표달성을 위해 설정된 주요활동과 시간계획을 연결시켜 도표로 나타낸 것이다. 활동과 활동 사이의 **상관관계 파악이 유용**하여 세부 프로그램 사이의 흐름을 이해하기 쉽다. **④는 간트 차트**에 해당하는 설명이다.

19 ②가 답인 이유

사회복지사가 자신이 속한 기관(노숙인 쉼터)에 대한 의무와 클라이언트에 대한 의무 사이에서 갈등하는 경우이므로 의무 상충에 해당한다.

20 ②가 답인 이유

- 아동학대범죄 신고를 접수한 사법경찰관리나 **아동학대전담공무원**은 지체 없이 아동학대범죄의 현장에 출동하여야 하며, 이 경우 수사기관의 장이나 시·도지사 또는 시장·군수·구청장은 서로 동행하여 줄 것을 요청할 수 있다.
- 「아동복지법」에서는 아동복지전담공무원(시·도와 시·군·구에 각각 둘 수 있음)과 아동학대전담공무원(시·도와 시·군·구에 각각 두어야 함)을 별도로 규정하고 있는데, 이 중 시·도와 시·군·구에서 아동학대 업무를 전담하는 공무원은 아동학대전담공무원이다.
- 아동학대전담공무원은 아동학대 신고접수를 받는 역할을 담당하기 때문에 아동학대 신고자가 아니며, 그와 달리 사회복지전담공무원과 아동복지전담공무원은 아동학대 신고의무자에 해당한다. 아동복지전담공무원과 아동학대전담공무원을 잘 구별하도록 하자.

제19회 모의고사 2014년 지방직 동형 모의고사

1	2	3	4	5	6	7	8	9	10
③	②	①	②	③	④	③	①	①	④
11	12	13	14	15	16	17	18	19	20
①	①	②	③	④	④	③	④	②	②

01 ③이 답인 이유
③에서 서술한 내용은, 사회의 대부분의 사람들이 A를 선호하고 B를 금기시하는데 이에 동의하지 않고 A가 아닌 B를 하는 사람들이 있다면 이들을 비정상 혹은 사회문제로 바라보게 된다는 것으로, 사회문제에 대한 이러한 관점을 **상징적 상호작용주의 관점**이라 한다.

오답 체크
①은 기능주의(기능이론), ②는 갈등주의(갈등이론), ④는 교환주의(교환이론) 관점에 해당한다.

02 ②가 답인 이유
오답 체크
ㄴ. **여성**의 노동시장 참여 확대가 신 사회적 위험에 해당한다. 그리고 주로 남성 가장이 겪게 되는 사회적 위험을 의미하는 것은 구 사회적 위험이다.
ㄷ. 산업재해, 실업, 노령, 질병 등으로 인한 소득 능력의 상실은 **구 사회적 위험**이다.

구 사회적 위험과 신 사회적 위험

구 사회적 위험	• 산업재해, 실업, 노령, 질병 등으로 인한 소득 능력의 상실(혹은 예외적 지출부담의 증가) • '남성은 일, 여성은 가정'이라는 역할분담을 전제한 남성부양자 모델에 기초해 남성 가장이 겪는 사회적 위험에 초점
신 사회적 위험	• 후기 산업사회로의 이행 과정에서 나타난 고용 구조 변화 → 저학력자들의 사회적 배제 → 교육수준이 낮을수록 실업 및 장기 빈곤 위험률 증가 • 여성의 노동시장 참여 확대 → 일-가정 양립의 어려움 • 저출산·고령화 → 노인돌봄 부담 급증 • 가족구조의 불안정성 심화 등

03 ①이 답인 이유
- 사회복지 전달체계에서 공공 전달체계와 민간 전달체계를 구분하는 문제다.
- 국립정신건강센터, 사회서비스원, 희망복지지원단은 공공 전달체계에 해당하고, **사회적 협동조합은 민간 전달체계**에 해당한다.
- 사회적 협동조합은 협동조합에 비해 공익적인 가치와 목적 및 비영리성을 더 강조한다(일반 협동조합은 수익을 조합원에게 배당하지만, 사회적 협동조합은 공익적 성격으로 인해 배당이 금지됨). 「협동조합 기본법」에서는 사회적 협동조합을 '협동조합 중 지역주민들의 권익·복리 증진과 관련된 사업을 수행하거나 취약계층에게 사회서비스 또는 일자리를 제공하는 등 영리를 목적으로 하지 아니하는 협동조합'이라고 정의하고 있다.

04 ②가 답인 이유

구분	사회복지(social welfare)	사회사업(social work)
어의	이상적인 측면을 강조	실천적인 측면을 강조
개념	거시적(macro)	미시적(micro)
목적	바람직한 사회 : 사회환경 변화	바람직한 인간 : 개인 변화
방법	정책과 제도	전문 지식과 기술
대상	전체적, 보편적, 불특정적, 총체적	부분적, 특정적
범위	보편적, 집합적	선별적, 개별적
기능	사전적, 예방적, 적극적	사후적, 치료적, 소극적

오답 체크
① 로마니쉰(Romanyshyn)은 사회복지의 개념이 **민간지원에서 공공지원**으로 변화했다고 보았다.
③ 사회복지는 **대상의 범위**와 관련해서는 선별적 복지와 보편적 복지로, **기능적 측면**에서는 잔여적 복지와 제도적 복지로 구분된다.
④ **잔여적 복지**에서는 사회복지급여나 서비스를 국민으로서의 권리가 아니라 시혜로 간주한다.

05 ③이 답인 이유

한국 사회복지사 윤리강령 〈전문〉

사회복지사는 인본주의·평등주의 사상에 기초하여, 모든 인간의 존엄성과 가치를 존중하고 천부의 **자유권과 생존권의 보장**활동에 헌신한다. 특히 사회적·경제적 약자들의 편에 서서 **사회정의**와 평등·자유와 민주주의 가치를 실현하는 데 앞장선다. 또한 도움을 필요로 하는 사람들의 사회적 지위와 기능을 향상시키기 위해 저들과 함께 일하며, 사회제도 개선과, 관련된 제반 활동에 주도적으로 참여한다.
사회복지사는 **개인의 주체성**과 자기결정권을 보장하는 데 최선을 다하고, 어떠한 여건에서도 개인이 부당하게 희생되는 일이 없도록 한다. (후략)

06 ④가 답인 이유
오답 체크
① **노년부양비** : 생산가능인구 대비 65세 이상 인구 비율
   노령화지수 : 15세 미만 유소년 인구 대비 65세 이상 노인 인구 비율
② **빈곤율** : 전체 가구 중 빈곤가구의 비율
③ 복지다원주의 : 사회복지의 제공에서 국가부문의 역할을 **줄이고** 시장이나 자원부문(voluntary sector) 등의 다양한

비공식부문의 역할을 늘리는 것

07 ③이 답인 이유
현대화이론은 사회가 현대화될수록 노인의 지위가 하락하고 무력(쓸모없)한 존재로 취급되는 데서 노인문제가 발생한다고 본다.

나머지 노화이론의 기본입장

분리이론	노년기에 신체적·심리적·사회적으로 진행되는 점진적인 철회를 문제가 아니라 자연스러운 과정으로 이해함. 노인과 사회가 상호 분리되는 것은 당연하고 불가피하다고 봄
활동이론	노인들의 사회활동의 참여정도가 높을수록 심리적 만족감 또는 생활만족도도 높다는 주장. 노년기 심리적 만족감과 생활만족도를 높이기 위해 지속적 사회참여와 활동이 필요하다고 봄
교환이론	낡은 지식과 기술을 소유한 노인이 젊은이에 비해 재산, 수입, 지식, 권위, 사회유대 등의 교환자원이 부족해 사회적 상호작용에서 제외되고 문제를 경험하게 된다고 주장

08 ①이 답인 이유
국민취업지원제도는 고용보험의 사각지대에 놓인 취업취약계층을 지원하는 고용노동부 소관의 공공부조제도이다. 따라서 보험료가 아니라 정부의 일반조세를 주된 재원으로 한다.

09 ①이 답인 이유

오답 체크
ㄷ. **만족모형**: 제한된 합리성에 기반을 두고 만족스러운 수준에서 정책대안을 선택한다.
ㄹ. 쓰레기통모형: 정책결정이 **일정한 규칙에 따라 이루어지는 것이 아니라**, 문제, 해결책, 선택 기회, 참여자의 네 요소가 쓰레기통 속에서와 같이 뒤죽박죽 움직이다가 어떤 계기로 **우연히** 만나 이루어진다.

10 ④가 답인 이유

오답 체크
ㄱ. 우리나라의 국민건강보험은 **행위별 수가제를 기본**으로 하며, **일부 질환에 대해 포괄수가제를 적용**하고 있다.
ㄹ. 행위별 수가제는 의료행위 하나하나에 대한 비용을 확인해야 하기 때문에 진료비 계산이 번거롭고 **운영효율성이 떨어진다**는 한계가 있다.

11 ①이 답인 이유
• 마르크스주의에서는 자원배분이 능력보다 욕구에 기초해 이루어져야 한다고 보며, 이를 위해 국가가 전적으로 개입하여 국민의 욕구를 최대한 충족할 것을 강조한다. 그러나 자본주의를 유지한 채 국가가 사회복지에 개입하는 **복지국가는 오히려 자본주의를 영속화시키는 도구이자 일종의 신화(혹은 환상)일 뿐**이라고 비판한다.
• 정부가 사회복지에 적극 개입하는 복지국가를 지지하는 이념은 페이비언 사회주의(사회민주주의, 민주적 사회주의)이다.

12 ①이 답인 이유
조성자(조력자, enabler) 역할의 핵심은 클라이언트가 스스로 자신의 문제를 해결할 수 있도록 돕는 데 있으며, 이를 위해 클라이언트가 가진 강점과 자원을 찾아내어 사용할 수 있도록 돕는다.

13 ②가 답인 이유
ㄱ. 접수단계의 사회복지사 과업: 기관서비스 소개, 문제확인, 사례적격성 판단(적격하지 않을 경우 **적절한 타기관으로 의뢰**), 라포 형성, 양가감정 수용과 저항감 해소, 동기부여
ㄷ. 계획단계의 사회복지사 과업: **표적문제 설정**, 표적문제의 우선순위 설정, **목적과 목표 설정**, 과제 설정, 계약

오답 체크
ㄴ. 자료수집단계는 말 그대로 클라이언트의 문제해결을 위해 적합한 개입방법을 결정하는 데 필요한 정보를 모으는 단계이고, 그렇게 수집된 정보(자료)에 기초하여 개입을 위한 함의를 도출하는 단계는 **사정단계**이다. 따라서 ㄴ에서 설명하는 단계는 자료수집단계가 아니라 사정단계이다.
ㄹ. 목표를 달성한 경우에도 종결 이후 혼자서 잘 해낼 수 있을까에 대한 불안이나 두려움 등으로 인해 퇴행적인 행동을 보이는 경우가 있으므로 **목표를 달성한 종결이든 아니든 종결에 대한 클라이언트의 정서적 반응을 다룰 필요가 있다.**

14 ③이 답인 이유
우리나라의 장애인복지법상 장애 분류는 다음 표와 같으며, 주의력결핍장애는 포함되지 않는다.

대분류	중분류	소분류
신체적 장애	외부 신체기능의 장애	시각장애 청각장애 안면장애 언어장애 지체장애 뇌병변장애

대분류	중분류	소분류
신체적 장애	내부기관의 장애	심장장애 신장장애 간장애 호흡기장애 장루·요루장애 뇌전증장애
정신적 장애	발달장애	지적장애 자폐성장애
	정신장애	정신장애 (조현병, 조현정동장애, 양극성정동장애, 재발성 우울장애)

15 ④가 답인 이유

책임성의 원칙 : 사회복지조직은 국가가 시민의 권리로 인정한 사회복지서비스를 전달하도록 위임받은 조직이므로 서비스전달에 책임을 져야 한다. 책임의 대상은 국가(중앙정부)와 지방자치단체, 소비자(클라이언트, 수혜자) 등으로, 다음과 같은 내용이 책임성과 관련이 된다.

- 수혜자의 욕구에 대한 적절한 대응
- 전달절차의 적합성
- 서비스 전달과정에 있어서 불평과 불만에 대한 수렴장치의 확보
- 주어진 자원으로 얼마나 효과적이고 효율적인 서비스를 제공했는지에 대한 객관적인 증명 등

오답 체크

① 접근성의 원칙 : 클라이언트가 사회적 서비스를 쉽게 이용할 수 있어야 한다.
② 전문성의 원칙 : 사회복지서비스는 전문적인 서비스이므로 핵심 업무는 전문가가 담당하여야 한다.
③ 통합성의 원칙 : 클라이언트의 다양한 문제해결을 위해 필요한 서비스 프로그램들은 서로 연결되어 체계적으로 제공되어야 한다. 이를 위해 서비스 및 서비스 전달조직 간 유기적 연계와 협조체계가 구축되어야 한다.

16 ④가 답인 이유

④만 적립방식의 장점에 해당하고, 나머지는 모두 부과방식의 장점에 해당한다.

부과방식과 적립방식의 장단점

	장점	단점
부과 방식	• 시행 초기 재정적 부담 적음 • 제도 도입과 동시에 급여 지급 가능 • 투자위험에 노출될 가능성이 거의 없고, 기금관리 부족으로 인한 위험부담이 없음 • 인플레이션의 영향을 비교적 받지 않음 • 장기적 수리 추계 불필요	• 인구노령화에 따른 인구구조의 변화에 취약 → 장기적으로 볼 때 재정운영이 불안정할 가능성이 높음 • 세대 간 부담배분이 불공정하게 될 가능성이 높음 • 정치적 위험에 취약
적립 방식	• 제도 성숙기 자원 활용이 가능 • 부과방식보다 인구학적 위험(인구구조 변화)에 덜 취약 • 현 세대와 미래 세대 간 공평한 보험료 부담이 비교적 가능(세대 간 형평성 문제가 발생하지 않음) • 적립금 활용 가능	• 세대 간 위험에 취약 • 기금운영 과정에서 투자위험에 노출 • 장기적 예측에 대한 부담 큼 • 인플레이션으로 인한 연금의 실질가치 보장이 어려울 수 있음 • 충분한 기금의 축적을 위해 일반적으로 제도 시행 초기부터 재정적 부담이 큰 편임

17 ③이 답인 이유

제6조의3(소득인정액의 산정) 제1항 : 개별가구의 소득평가액은 개별가구의 실제소득에도 불구하고 보장기관이 급여의 결정 및 실시 등에 사용하기 위하여 산출한 금액으로 근로소득, 사업소득, 재산소득, 이전소득을 개별가구의 실제소득에서 **장애·질병·양육 등 가구 특성**에 따른 지출요인, **근로를 유인**하기 위한 요인, 그 밖에 추가적인 지출요인에 해당하는 금액을 감하여 산정한다.

오답 체크

제2조(정의) 이 법에서 사용하는 용어의 뜻은 다음과 같다.
1. "수급권자"란 이 법에 따른 급여를 받을 수 있는 자격을 가진 사람을 말한다.
2. "수급자"란 이 법에 따른 급여를 받는 사람을 말한다.
3. "수급품"이란 이 법에 따라 수급자에게 지급하거나 대여하는 금전 또는 물품을 말한다.
4. "보장기관"이란 이 법에 따른 급여를 실시하는 국가 또는 지방자치단체를 말한다.
5. "부양의무자"란 수급권자를 부양할 책임이 있는 사람으로서 수급권자의 1촌의 직계혈족 및 그 배우자를 말한다. 다만, 사망한 1촌의 직계혈족의 배우자는 제외한다.
6. "최저보장수준"이란 국민의 소득·지출 수준과 수급권자의 가구 유형 등 생활실태, 물가상승률 등을 고려하여 급여의 종류별로 공표하는 금액이나 보장수준을 말한다.
7. "최저생계비"란 국민이 건강하고 문화적인 생활을 유지하기 위하여 필요한 최소한의 비용으로서 보건복지부장관이 계측하는 금액을 말한다.
8. "개별가구"란 이 법에 따른 급여를 받거나 이 법에 따른 자격요건에 부합하는지에 관한 조사를 받는 기본단위로서 수급자 또는 수급권자로 구성된 가구를 말한다. 이 경우 개별가구의 범위 등 구체적인 사항은 대통령령으로 정한다.
9. "소득인정액"이란 보장기관이 급여의 결정 및 실시 등에 사용하기 위하여 산출한 개별가구의 소득평가액과 재산의 소득환산액을 합산한 금액을 말한다.
10. "차상위계층"이란 수급권자에 해당하지 아니하는 계층으로서 소득인정액이 기준 중위소득의 50% 이하인 계층을 말한다.
11. "기준 중위소득"이란 보건복지부장관이 급여의 기준 등에 활용하기 위하여 중앙생활보장위원회의 심의·의결을 거쳐 고시하는 국민 가구소득의 중위값을 말한다.

18 ④가 답인 이유

- 「사회복지사업법」 제5조의2(사회복지서비스 제공의 원칙) ① 사회복지서비스를 필요로 하는 사람에 대한 사회복지서비스 제공은 **현물(現物)**로 제공하는 것을 원칙으로 한다.
- 「국민기초생활 보장법」 제9조(생계급여의 방법) ① 생계급여는 **금전**을 지급하는 것으로 한다. 다만, 금전으로 지급할 수 없거나 금전으로 지급하는 것이 적당하지 아니하다고 인정하는 경우에는 물품을 지급할 수 있다.
- 「영유아보육법」 제34조의3(보육서비스 이용권) ① 국가와 지방자치단체는 영유아 무상보육에 따른 비용 지원을 위하여 보육서비스 **이용권**을 영유아의 보호자에게 지급할 수 있다.

19 ②가 답인 이유

- 내적 타당도가 높은 순서는 (순수)실험설계, 유사실험설계, 원시실험설계 순이다.
  - ㄱ. 시계열설계 : 유사실험설계에 속함
  - ㄴ. 통제집단 사전사후검사설계 : (순수)실험설계에 속함
  - ㄷ. 정태적 집단비교설계 : 원시(전/선)실험설계
- 따라서 내적 타당도가 가장 높은 것부터 순서대로 나열하면 통제집단 사전사후검사설계, 시계열설계, 정태적 집단비교설계 순이다.

20 ②가 답인 이유

- **마을기업**은 마을 주민이 주도적으로 지역의 각종 자원을 활용한 수익사업을 통해 지역공동체를 활성화하고 지역주민에게 안정적 소득과 일자리를 제공하여 지역발전에 기여하는 마을 단위의 기업으로 행정안전부가 관할한다.
- 마을기업이 되기 위해서는 관할 기초 지방자치단체에서 심사를 통해 광역 지방자치단체로 추천된 후 현지실사 등의 심사를 통해 승인을 받고, **행정안전부**의 최종심사를 통해 **지정**되어야 한다.

옳은 지문 보충설명

① 사회적 협동조합은 지역주민들의 권익·복리 증진과 관련된 사업을 수행하거나 취약계층에게 사회서비스 또는 일자리를 제공하는 등 영리를 목적으로 하지 않는 협동조합을 말한다.

③ 협동조합과 사회적 협동조합은 「협동조합기본법」에 법적 근거를 두며 설립 절차에 차이가 있다. 협동조합은 지방자치단체(시·도지사)에 신고함으로써 설립 가능하나, 사회적 협동조합은 기획재정부장관의 인가를 거쳐야 설립할 수 있다.

④ 「사회적기업 육성법」 제2조에 의하면, 사회적 기업이란 취약계층에게 사회서비스 또는 일자리를 제공하거나 지역사회에 공헌함으로써 지역주민의 삶의 질을 높이는 등의 사회적 목적을 추구하면서 재화 및 서비스의 생산·판매 등 영업활동을 하는, 고용노동부장관의 인증을 받은 기업을 말한다.

제20회 모의고사 2014년 국가직 동형 모의고사

1	2	3	4	5	6	7	8	9	10
①	③	④	③	②	①	②	②	①	③
11	12	13	14	15	16	17	18	19	20
③	②	①	③	④	④	④	②	④	①

01 ①이 답인 이유
ㄱ. 공공재의 비배타적(비배제적) 성격과 비경쟁적(비경합적) 성격, 부정적인 외부효과와 긍정적인 외부효과는 모두 시장실패 요인에 해당한다.
ㄷ. 규모의 경제 등으로 인한 독점이 발생하면 재화의 가격이 독점 생산자에 의해 설정되는데, 이 경우 독점 생산자는 자신의 이윤을 극대화하고자 과소생산을 통해 가격을 올리는 문제를 초래할 수 있다. 구매자와 판매자 사이의 정보 비대칭성은 역 선택 문제와 도덕적 해이 문제를 초래할 수 있다.

오답 체크
ㄴ. 정부조직의 내부성은 정부실패 요인에, 소수 기업이 지배하는 불완전경쟁은 시장실패 요인에 해당한다.
ㄹ. 위험발생의 상호 의존성은 시장실패 요인에, X-비효율성은 정부실패 요인에 해당한다.

02 ③이 답인 이유
전문가가 정한 기준 혹은 전문가 및 행정가로 구성된 위원회에서 정한 기준에 의거하여 수요를 결정하는 것은 규범적 욕구에 해당한다.

03 ④가 답인 이유
임파워먼트(역량강화, 권한부여) 모델은 강점관점을 기반으로 한다. 따라서 클라이언트의 문제와 부적응의 경감이 아니라 클라이언트가 가진 가능성과 잠재력 같은 강점과 환경적 자원을 활용해 클라이언트의 역량을 강화하는 데 초점을 맞춘다.

04 ③이 답인 이유
정신역동모델(정신분석모델)과 심리사회모델은 대표적인 **장기개입** 모델이다. 따라서 단기개입에는 적합하지 않다.

05 ②가 답인 이유
① 사회복지사무소 시범사업 실시 : **2004년~2006년**
② 주민생활지원서비스 도입 : 2006년 7월부터 주민생활지원서비스 제공방식으로 단계적 개편 시작(53개 시·군·구에서 시작) → **2007년** 1월부터는 전국으로 확대
③ 전국 읍·면·동에서 찾아가는 보건·복지서비스 시행 : **2018년(2016년부터 실시되기 시작하여 전국 읍·면·동으로 확대가 완료된 것은 2018년에 이르러서임)**
④ 사회복지통합관리망 구축 : **2010년**

06 ①이 답인 이유
- 아동학대, 장애인학대, 노인학대 신고의무자에 공통으로 해당되는 대상에는 사회복지전담공무원, 의료인, 의료기사, 119 구급대원, 응급구조사, 건강가정지원센터나 다문화가족지원센터의 장과 종사자, 성폭력이나 가정폭력 관련 기관 및 피해자보호시설의 장과 종사자 등이 있다.
- **통장이나 이장은** 아동학대, 장애인학대, 노인학대 신고의무자에 해당하지는 않지만, 「사회보장급여의 이용·제공 및 수급권자 발굴에 관한 법률」(사회보장급여법)에서 규정하고 있는 **지원대상 발견 시 신고의무자**에는 해당한다.
- 참고로, 앞의 아동학대, 장애인학대, 노인학대 공통 신고의무자 중 사회복지전담공무원을 제외한 나머지는 모두 사회보장급여법상 지원대상 발견 시 신고의무자에도 해당(사회복지전담공무원은 지원대상에 대한 신고를 접수받는 역할을 수행함)한다.

07 ②가 답인 이유
- 인간행동의 주된 원인이 인간의 정신 내면에 있다고 보는 이론적 입장은 정신역동이론에 속하며, 여기에는 프로이트의 정신분석이론, 융의 분석심리이론, 아들러의 개인심리이론, 에릭슨의 심리사회이론 등이 속한다.
- 스키너는 정신역동이론이 아니라 행동주의이론(학습이론)에 해당하며, 인간행동은 외부의 환경에 의해 결정된다는 입장을 피력했다.

08 ②가 답인 이유
정신건강사회복지사는 여타 정신건강전문요원들뿐만 아니라 정신과 의사와도 팀을 이루어 실천 활동을 할 수 있다.

09 ①이 답인 이유
중앙사회서비스원 및 **시·도** 단위의 사회서비스원이 설립되

었다. 중앙사회서비스원은 2022년 3월 25일에 설립되었고, 시·도 단위 사회서비스원은 2019년부터 설립되기 시작했다.

옳은 지문 보충설명

② 「사회보장기본법」에서는 사회서비스의 보장영역과 관련하여 복지, 보건의료, 교육, 고용, 주거, 문화, 환경 등 다양한 영역에서의 사회서비스 보장을 명시하고 있으며, 이에 따라 사회서비스의 보장영역이 넓어지고 있다.

③ 「사회서비스 지원 및 사회서비스원 설립·운영에 관한 법률」(2022. 3. 24. 제정, 2022. 3. 25. 시행)의 다음 규정에 근거하여 2023년 12월에 보건복지부장관이 '**제1차 사회서비스 기본계획(2024년~2028년)**'을 발표하였고 현재 시행 중에 있다.

> 「사회서비스 지원 및 사회서비스원 설립·운영에 관한 법률」
> 제5조(사회서비스 기본계획의 수립 등)
> ① **보건복지부장관은** 사회서비스의 발전 및 지원을 위하여 사회서비스 실태조사 및 관계 중앙행정기관의 장과의 협의를 거쳐 **사회서비스 기본계획**(이하 "기본계획"이라 한다)을 **5년마다 수립**하여야 한다. 이 경우 기본계획은 「사회보장기본법」에 따른 사회보장에 관한 기본계획과 연계되도록 하여야 한다.
> ② 기본계획에는 다음 각 호의 사항이 포함되어야 한다.
>   1. 사회서비스 정책의 기본목표 및 추진방향
>   2. 지역별 사회서비스의 실태 파악 및 균형발전에 관한 사항
>   3. 사회서비스 제공기관 확충을 위한 구체적인 목표 및 실행 방안
>   4. 사회서비스 종사자 처우 개선 방안
>   5. 사회서비스 전달체계 개선 방안
>   6. 사회서비스 이용자의 인권 보호 및 권리 보장 방안
>   7. 사회서비스 추진체계 구성 및 운영 개선 방안
>   8. 사회서비스 품질향상을 위한 평가 및 개선 방안
>   9. 제1호부터 제8호까지의 사항과 관련한 통계 및 정보의 관리에 관한 사항
>   10. 그 밖에 사회서비스 강화 및 발전을 위하여 필요한 사항으로서 대통령으로 정하는 사항
> ③ 특별시장·광역시장·특별자치시장·도지사 또는 특별자치도지사(이하 "시·도지사"), 시장·군수·구청장은 기본계획과 연계하여 사회서비스 지역계획(이하 "지역계획")을 수립·시행하여야 한다. 이 경우 지역계획은 「사회보장기본법」에 따른 사회보장에 관한 지역계획에 포함하여 수립·시행할 수 있다.
> ④ 보건복지부장관, 시·도지사 또는 시장·군수·구청장은 기본계획 및 지역계획을 수립하기 위하여 필요한 경우 관계 중앙행정기관의 장 또는 관련 기관·법인·단체의 장 등에게 협조를 요청할 수 있다. 이 경우 협조 요청을 받은 자는 정당한 사유가 없으면 이에 따라야 한다.
> ⑤ 그 밖에 기본계획 및 지역계획의 수립·시행 등에 필요한 사항은 대통령령으로 정한다.

10 ③이 답인 이유

디딤씨앗통장은 저소득층 아동의 사회자립을 지원하기 위해 2007년부터 도입해 시행 중인 아동발달지원계좌사업(CDA, Children Development Accounts)의 사업브랜드명이며, 「아동복지법」에서 법적 근거를 둔다.

오답 체크

① 고려시대에는 관립 영아원인 해아도감(孩兒都監)을 설치하여 영유아를 보호·양육하고, **조선시대에는** 유기아·행걸아에 대한 국가 책임을 강조한 아동복지법령 자휼전칙(字恤典則)을 제정하였다.

② 1961년 제정된 「**아동복리법**」은 우리나라 최초로 아동복지에 대한 국가 책임을 법적으로 명시해 아동복지사업을 정부 차원에서 제도화하려 했다는 점에서 의의가 있다.

④ 「입양특례법」상 입양 동의는 아동의 출생 후 **1주일**이 경과한 후에만 가능하며, 가정법원이 직접 양부모의 부양능력, 범죄 전력 등을 심사한 뒤 입양 여부를 결정하는 가정법원 허가제를 실시하고 있다.

11 ③이 답인 이유

국가와 지방자치단체는 **최저보장수준**과 최저임금 등을 고려하여 사회보장급여의 수준을 결정하여야 한다.

12 ②가 답인 이유

ㄷ. 소극적 집합주의는 자유시장체제의 수정·보완을 강조하며, 베버리지, 케인즈, 갈브레이스 등이 대표적 인물이다. 소극적 집합주의는 자본주의의 수정·보완을, 사회민주주의는 자본주의의 극복을 주장한다는 점에서 차이가 있음을 기억하자.

ㄹ. 반집합주의(신우파)는 불평등을 핵심 가치 중 하나로 보며, 현존하는 불평등이 경제성장에 기여할 수 있다고 본다.

오답 체크

ㄱ. **사회민주주의(민주적 사회주의, 페이비언 사회주의)**는 평등, 자유, 우애를 중심사회가치로 여기며, 시장사회주의를 지향한다. 마르크스주의 또한 평등, 자유, 우애를 중심사회가치로 여기지만, 시장사회주의를 지향하지는 않는다.

ㄴ. **신우파**는 반집합주의의 성향을 갖고 있으며, 자유를 최고의 가치로 여긴다.

13 ①이 답인 이유

공급주체로서의 중앙정부는 포괄적이고 기초적인 서비스 제공에는 유리하지만, 욕구에 대한 **신속하고 탄력적 대응에는 한계**가 있다는 단점이 있다. 신속성과 탄력성(융통성)은 중앙정부보다는 지방정부가, 공공 전달체계보다는 민간 전달체계가 더 유리하다.

14 ③이 답인 이유

대표성이 떨어지는 표본, 적은 조사대상자의 수, 조사대상

자의 반응성, 호손효과나 플라시보효과의 개입, 일반적이지 않은 조사상황 등은 실험설계의 외적 타당도를 저해한다.

오답 체크

① 실험 도중 발생한 조사대상자의 탈락(변동, 상실)은 내적 타당도 저해요인이다.
② 실험 도중 발생한 개입 이외의 다른 사건들(외부사건 혹은 역사요인)은 내적 타당도 저해요인이다.
④ 사전검사와 다른 방식으로 진행된 사후검사(도구요인)는 내적 타당도 저해요인이다.

15 ④가 답인 이유

과학적·효율적·체계적 사회사업의 시작은 **자선조직협회**에 해당한다.

16 ④가 답인 이유

「사회복지사업법」에서 규정하는 사회복지사업 관련 법령 중 '사회보장'이라는 용어가 들어가는 법령이 없다. 「사회보장기본법」과 「사회보장급여의 이용·제공 및 수급권자 발굴에 관한 법률」 둘 다 포함되지 않는다.

17 ④가 답인 이유

전문체계는 전문가를 육성하는 교육체계, 전문가 단체(예 한국사회복지사협회, 한국정신건강사회복지사협회 등), 전문적 실천의 가치, 사회복지사 윤리강령, 시설협회(예 한국사회복지시설협회, 한국사회복지관협회 등) 등으로 구성된 체계이다.

18 ②가 답인 이유

장기요양등급은 **6개 등급**으로 나누어지며, 이에 따른 차등적인 급여가 제공된다.

19 ④가 답인 이유

지역문제 해결을 위한 주민참여, 공동체의식, 주민협력, 주민조직 육성과 이를 위한 주민교육 등은 지역사회 자체의 문제해결 역량을 높이는 실천으로 이러한 실천에 중점을 두는 모델은 로스만(J. Rothman)의 **지역사회개발모델**이다.

20 ①이 답인 이유

아동이 자신의 가족 안에 머물면서 상담, 교육, 치료, 멘토링 프로그램 등의 서비스를 받거나 부모의 양육역량 강화를 위한 교육과 지원 등을 통해 아동이 가정 내에서 부모로부터 적절한 보살핌을 받을 수 있도록 하는 것은 지지적 서비스에 해당한다.

오답 체크

② 초등 돌봄 사각지대 해소를 위한 다함께돌봄사업 – **보충적 서비스**
③ 보호대상 아동을 위한 가정위탁 – **대리적 서비스**
④ 취약가정 아동과 가족을 위한 보건, 복지, 교육, 보건 통합서비스 지원(이는 '드림스타트' 사업을 의미한다) – **지지적 서비스**

제21회 모의고사 2013년 지방직 동형 모의고사

1	2	3	4	5	6	7	8	9	10
④	②	①	①	③	③	①	③	③	②
11	12	13	14	15	16	17	18	19	20
②	④	①	④	③	①	②	④	②	④

01 ④가 답인 이유
ㄷ. 현재 우리나라에서 시행되고 있는 무상보육은 **제도적이고 보편적**인 복지제도에 속한다.
ㄹ. **협의적 의미**의 사회복지에서는 사회구성원의 욕구가 가족과 시장경제를 통해 적절히 충족될 수 있다고 전제하며, 그렇지 못할 경우 공공부조나 사회사업(social work)을 통해 원조하는 것을 강조한다.

02 ②가 답인 이유
②는 선별주의의 장점에 해당한다.

03 ①이 답인 이유
사회복지학은 인접 학문의 다양한 이론과 지식을 적극적으로 활용하여 문제해결을 도모하는 실천지향적인 학문이면서도, 다른 사회과학과 구별되는 **독자적인 정체성과 특성을** 갖는다.

04 ①이 답인 이유
오답 체크
② **조성자(조력자)** – 클라이언트의 문제해결능력 강화
③ **중개자** – 클라이언트에게 필요한 자원과 서비스 소개
④ **중재자** – 집단성원 간의 갈등이나 의견 불일치를 조율

05 ③이 답인 이유
ㄱ은 지지적 서비스, ㄴ은 대리적 서비스, ㄷ과 ㄹ은 보충적 서비스에 해당한다.

06 ③이 답인 이유
ㄱ. 베버리지 보고서는 1942년에 제출되었다.
ㄴ. 전국 균일처우의 원칙은 1834년 개정구빈법(신빈민법)의 핵심 원칙들(전국 균일처우, 열등처우, 작업장 수용) 중 하나이다. 따라서 ㄴ은 1834년에 해당한다.
ㄷ. 세계 최초이자 영국 최초의 인보관은 1884년 영국 런던 동부의 빈곤지역에 설립된 토인비 홀이다. 따라서 ㄷ은 1884년에 해당한다.
ㄹ. 영국은 1911년에 건강보험과 실업보험으로 구성된 「국민보험법」을 제정하여 처음으로 사회보험을 도입했다.

07 ①이 답인 이유
- 과제중심모델은 시작 → 문제규명 → 계약 → 실행 → 종결의 5단계로 진행된다.
- ①은 실행단계에, ②와 ③은 문제규명단계에, ④는 계약단계에 해당한다.

08 ③이 답인 이유
- 이런 문제가 나올 경우 공공부조 제도에 해당하는 구빈법 유형이 가장 먼저고, 그 다음 보편적인 사회보험이고, 그 다음이 더 보편적인 사회수당이라고 생각하자.
- 이 문제에서는 공공부조에 해당하는 구빈법은 제시되지 않고 사회보험과 사회수당만 제시되어 있으므로 더 보편적인 사회수당(아동수당 혹은 가족수당)이 가장 마지막에 와야 한다는 생각을 먼저 해야 한다. 즉, 답의 범위를 ②와 ③으로 줄여놓은 후에 답을 찾아야 한다. 달리 말하면, ㄹ의 아동수당은 도입연도를 몰라도 순서를 찾는 데 문제가 되지 않는다.
- 제시된 내용에 해당하는 시기는 각각 다음과 같다.
  ㄱ. 실업보험 : 영국(1911년)
  ㄴ. 건강보험(질병보험 혹은 의료보험) : 독일(1883년)
  ㄷ. 산재보험 : 독일(1884년)
  ㄹ. 아동수당(가족수당) : 뉴질랜드(1926년)
  ㅁ. 노령연금 : 독일(1889년)

09 ③이 답인 이유
드림스타트사업은 **2007년** 16개 시·군·구에서 '희망스타트'라는 이름의 시범사업으로 처음 시작되었다가 이듬해인 2008년 사업명을 '드림스타트'로 변경하고 사업지역을 16개 시·군·구에서 32개 시·군·구로 확대하였으며, 사업지역을 지속적으로 확대하여 2015년 전국 확대를 완료하였다.

10 ②가 답인 이유
ㄱ과 ㄷ은 현금급여의 장점이고, ㄴ과 ㄹ은 현물급여의 장점이다.

11 ②가 답인 이유
계획단계에서 개입 기간을 클라이언트와 계약하면서 종결 시기를 사전에 정하기는 하지만, 개입목표가 더 빨리 달성되었거나 계획했던 것보다 추가적인 시간이 더 필요하다고 판단되는 경우 클라이언트와의 협의를 통해 종결 시기를 변경할 수 있다.

12 ④가 답인 이유
가치 있는 인간으로 인정받고 싶은 욕구에 대응하는 관계원칙은 **수용**이다. 비심판적 태도는 심판받고 싶지 않은 욕구에 대응하는 관계원칙이다.

비스텍의 7대 관계 원칙과 대응하는 클라이언트 욕구

7대 관계 원칙	대응하는 클라이언트의 욕구
1. 개별화	개별적인 인간으로 대우받고 싶은 욕구
2. 의도적인 감정표현	감정을 표현하고 싶은 욕구
3. 통제된 정서적 관여	문제에 대해 공감적 반응을 얻고 싶은 욕구
4. 수용	가치 있는 인간으로 인정받고 싶은 욕구
5. 비심판적 태도	심판받지 않고 싶은 욕구
6. 자기결정	스스로 선택하고 결정하고 싶은 욕구
7. 비밀보장	자신의 비밀을 지켜 주기를 바라는 욕구

13 ①이 답인 이유
- 사회복지의 기능을 바라보는 관점은 크게 제도적 관점과 잔여적 관점으로 구분된다.
- 제시된 내용들 중 ①만 제도적 관점에 해당하고, 나머지는 잔여적 관점에 해당한다.

14 ④가 답인 이유
일은 하지만 소득이 적어 생활이 어려운 근로자에게 지급하는 근로장려금은 가구원 구성(단독가구, 홑벌이 가구, 맞벌이 가구)과 총급여액에 따라 차등적이다.

오답 체크

① 다음 근거에 따라 차상위자도 자활근로사업에 참여할 수 있다.

> 「국민기초생활 보장법」 제7조(급여의 종류) 제3항
> 차상위계층에 속하는 사람(차상위자)에 대한 급여는 보장기관이 차상위자의 가구별 생활여건을 고려하여 예산의 범위에서 급여의 전부 또는 일부를 실시할 수 있다. 이 경우 차상위자에 대한 급여의 기준 및 절차 등에 관하여 필요한 사항은 대통령령으로 정한다.
>
> 「국민기초생활 보장법 시행령」 제5조의5(차상위자에 대한 급여의 기준 등) 제1항
> 법 제7조 제3항에 따라 **차상위자에게 지급하는 급여는 자활급여**로 한다.

② **장애인연금**이나 긴급복지지원과 같은 공공부조제도는 선별적 복지에 해당한다. **장애연금**은 국민연금의 급여 유형 중 하나로 공공부조가 아니라 **사회보험**에 해당한다.

③ **65세 이상의 중증장애인도** 소득인정액이 선정기준액 이하이면 **기초연금을 받을 수 있다.** 다만 65세 미만까지 받던 **장애인연금의** 기초급여와 부가급여 중 기초연금과 같은 목적(소득 지원)을 갖는 **기초급여는 65세 이상부터는 더 이상 받지 않고 부가급여만 받게 된다.**

15 ③이 답인 이유
- 질적조사에서는 주로 비확률표집방법을 사용한다.
- 체계적 표집은 확률표집방법 중 하나로 질적조사에서 사용할 수 없는 건 아니지만, 거의 사용되지 않는다. 편의 표집, 눈덩이 표집, 의도적 표집은 비확률표집방법에 해당한다.
- 만일 이 문제가 질적조사에서 사용할 수 있는 표집방법을 모두 고르라는 ㄱㄴㄷㄹ형 문제였다면, 그 경우는 모두 답이 될 수 있다. 왜냐하면 질적조사에서 확률표집방법을 사용할 수 없는 것은 아니기 때문이다. 사용할 수 없는 것은 아니지만, 질적조사의 목적 자체가 모집단 전체에 대한 일반화 가능성보다는 현상에 대한 보다 심층적인 이해에 있기 때문에 조사하고자 하는 현상을 잘 보여줄 수 있을 만한 사례를 의도적으로 선정하는 비확률표집방법을 주로 사용하게 된다. 지금 이 문제는 사용할 수 없는 표집방법을 고르는 문제가 아니라 '주로 사용하는 방법이 아닌' 표집방법을 고르는 문제이기 때문에 ③이 답이 되는 것이다.

16 ①이 답인 이유
생태도는 개인이나 가족이 주변 환경체계와 갖는 상호작용, 역동, 관계, 에너지의 교환 등을 도식화하여 보여준다.

오답 체크

② 다세대 가족치료모델에서 주로 사용하는 사정도구는 **가계도**이다.

③ 집단 내 성원 간 상호작용을 도식화하는 사정도구는 **소시오그램**이다.

④ 가족 내 반복되는 정서적, 행동적 패턴을 파악할 수 있는 사정도구는 **가계도**이다.

17 ②가 답인 이유
- 질병, 장애, 노령 등으로 인한 소득의 상실은 기존의 빈곤 개념에서 주목했던 경제적 차원의 결과에 해당한다.
- 그러나 사회적 배제에서는 경제적인 소득과 재산뿐만 아

니라 다차원적인 불이익에 주목하며, 결과로서의 빈곤이 아니라 빈곤에 이르기까지의 역동적인 과정에 초점을 둔다. 아울러 빈곤한 사람들에 대한 단순한 소득지원을 넘어 사회통합과 결속을 강조한다.

18 ④가 답인 이유
재가급여 이용자는 장기요양급여비용의 15%를, 시설급여 이용자는 20%를 본인이 부담한다.

오답 체크
① 노인장기요양보험의 **보험자**는 국민건강보험공단이다.
② 장기요양보험료는 **국민건강보험료와 통합하여 징수**한다.
③ 장기요양급여는 **재가급여**를 우선적으로 제공하여야 한다.

19 ②가 답인 이유
- 장애수당은 18세 이상의 저소득 경증장애인(중증이 아닌 장애인)에게 지급되는 사회복지급여이다. 따라서 연령, 소득인정액, 장애 정도가 수급자격 조건에 해당한다.
- 만일 이 문제가 「장애인연금법」상 장애인연금의 수급자격 조건을 묻는 문제였더라도 답은 동일하다. 장애인연금은 18세 이상의 저소득(하위소득 70%) 중증장애인에게 지급되는 사회복지급여이기 때문이다.
- 18세 이상의 경증장애인 대상의 장애수당도, 18세 이상의 중증장애인 대상의 장애인연금도 둘 다 저소득층에게 지급되는 공공부조에 해당한다.

20 ④가 답인 이유
윤리강령은 사회복지전문가들이 지켜야 할 전문적 행동기준과 원칙을 기술해놓은 것으로 사회복지전문가들로 하여금 전문직 자격 기준에 맞게 실천할 수 있도록 판단기준을 제시하고 비윤리적 행위에 대해 판단할 수 있는 기준을 제시한다. **법적 제재의 힘은 없지만** 전문가 단체가 합의해서 만든 것이기 때문에 **도의적, 사회윤리적 제재의 힘을 갖는다.**

사회복지사 윤리강령의 기능
- 일반 대중에게 전문가로서의 사회복지사의 기본 업무 및 자세를 알리는 일차적 수단으로 기능한다.
- 사회복지사의 윤리적 민감성을 고양시켜 윤리적 실천을 제고한다.
- 윤리적 갈등(딜레마)에 대해 전문직 가치 기준에 맞는 판단을 할 수 있는 지침과 기준을 제공한다.
- 사회복지사 스스로 자기규제를 함으로써 사회복지 전문직의 전문성을 확보하고 외부의 통제로부터 전문직을 보호한다.
- 사회복지사의 비윤리적 실천으로부터 클라이언트를 보호한다.

제22회 모의고사 2013년 국가직 동형 모의고사

1	2	3	4	5	6	7	8	9	10
④	③	④	①	②	③	②	②	①	④
11	12	13	14	15	16	17	18	19	20
③	③	①	③	④	④	①	②	②	①

01 ④가 답인 이유
ㄱ. 제3의 길을 정책이념으로 채택 – 1990년대 중반
ㄴ. 영국 최초의 사회보험인 건강보험과 실업보험의 도입 – 1911년(「국민보험법」제정을 통해)
ㄷ. 베버리지 보고서 – 1942년
ㄹ. 빈민구제에 대한 최초의 국가 책임 천명 – 1601년(엘리자베스 구빈법)

02 ③이 답인 이유
품목별 예산모형은 얼마의 예산을 투입(input)할 것인지에 대한 정보만 포함하고 있어, 해당 예산으로 어떤 사업을 어느 정도 할 것이며, 어떤 성과를 내고자 하는지를 파악할 수 없다는 한계가 있다.

오답 체크
① 장기적 계획에 의한 사업 예산으로는 적합하지 않은 예산모형은 **영기준 예산**이다.
② 품목별 예산모형은 지출 근거가 명확하여 **예산통제에 효과적**이며 예산남용을 방지할 수 있다.
④ **성과주의 예산모형**의 단점에 해당한다.

03 ④가 답인 이유
ㄱ은 만족모형에, ㄴ은 점증모형에 해당한다.

04 ①이 답인 이유
사회복지 전달체계의 통합성을 증진하기 위한 노력에는 종합서비스센터(한 곳에서 다양한 서비스 제공), 인테이크의 단일화(인테이크 전담 창구 마련), 종합적인 정보와 의뢰 시스템(서비스 조직들이 각자의 독립성을 유지하면서 상호 간 정보와 의뢰 시스템 강화), 사례관리(사례관리자가 클라이언트 욕구에 부합하는 서비스 연결 및 관리), 트래킹(서비스 경로 및 관련 정보 추적) 등이 있다.

05 ②가 답인 이유
오샨스키의 **반물량 방식**과 라운트리의 **전물량 방식**은 절대적 빈곤 산정방식이다.

06 ③이 답인 이유
국민연금에서는 출산(둘째 자녀부터 해당), 군복무(6개월 추가 산입), 실업(최대 1년 이내)에 대해 국민연금 가입기간을 추가 산입하는 크레딧제도를 운영하고 있다.

오답 체크

① 한국의 사회보험의 시행 순서는 산재보험(1964.1.1. 시행), 의료보험(1977.12.31. 시행), 국민연금(1988.1.1. 시행), 고용보험(1995. 7.1. 시행), 노인장기요양보험(2008.7.1. 시행) 순으로 시행되었다.
② 실업급여의 보험료는 실업급여 사업 외에도 국민연금 보험료의 지원(*), 육아휴직 급여의 지급, 육아기 근로시간 단축급여의 지급, 출산전후휴가 급여 등 및 출산전후급여 등의 지급에 드는 비용에 충당할 수 있다.

> *「고용보험법」 제55조의2(국민연금 보험료의 지원)
> ① 고용노동부장관은 「국민연금법」 제19조의2제1항에 따라 구직급여를 받는 기간을 국민연금 가입기간으로 추가 산입하려는 수급자격자에게 국민연금 보험료의 일부를 지원할 수 있다.
> ② 제1항에 따른 지원금액은 「국민연금법」 제19조의2 제3항에 따른 연금보험료의 100분의 25의 범위로 한다.

④ 산업재해보상보험를 포함하여 5대 사회보험의 보험료 징수 업무는 모두 **국민건강보험공단**에서 담당한다.

07 ②가 답인 이유
"**사회서비스**"란 국가·지방자치단체 및 민간부문의 도움이 필요한 모든 국민에게 복지, 보건의료, 교육, 고용, 주거, 문화, 환경 등의 분야에서 인간다운 생활을 보장하고 상담, 재활, 돌봄, 정보의 제공, 관련 시설의 이용, 역량 개발, 사회참여 지원 등을 통하여 국민의 삶의 질이 향상되도록 지원하는 제도를 말한다.

> 「사회보장기본법」 제3조(정의)
> 1. "사회보장"이란 출산, 양육, 실업, 노령, 장애, 질병, 빈곤 및 사망 등의 사회적 위험으로부터 모든 국민을 보호하고 국민 삶의 질을 향상시키는 데 필요한 소득·서비스를 보장하는 사회보험, 공공부조, 사회서비스를 말한다.
> 2. "사회보험"이란 국민에게 발생하는 사회적 위험을 보험의 방식으로 대처함으로써 국민의 건강과 소득을 보장하는 제도를 말한다.
> 3. "공공부조"(公共扶助)란 국가와 지방자치단체의 책임하에 생활 유지 능력이 없거나 생활이 어려운 국민의 최저생활을 보장하고 자립을 지원하는 제도를 말한다.
> 4. "사회서비스"란 국가·지방자치단체 및 민간부문의 도움이 필요한 모든 국민에게 복지, 보건의료, 교육, 고용, 주거, 문화, 환경 등의 분야에서 인간다운 생활을 보장하고 상담, 재활, 돌봄, 정보의 제공, 관련 시설의 이용, 역량 개발, 사회참여 지원 등을 통하여 국민의 삶의 질이 향상되도록 지원하는 제도를 말한다.
> 5. "평생사회안전망"이란 생애주기에 걸쳐 보편적으로 충족되어야 하는 기본욕구와 특정한 사회위험에 의하여 발생하는 특수욕구를 동시에 고려하여 소득·서비스를 보장하는 맞춤형 사회보장제도를 말한다.
> 6. "사회보장 행정데이터"란 국가, 지방자치단체, 공공기관 및 법인이 법령에 따라 생성 또는 취득하여 관리하고 있는 자료 또는 정보로서 사회보장 정책 수행에 필요한 자료 또는 정보를 말한다.

08 ②가 답인 이유
- 근로장려세제(Earned Income Tax Credit, EITC)는 열심히 일은 하지만 소득이 적어 생활이 어려운 근로자 또는 사업자(전문직 제외) 또는 종교인 가구에 대하여 가구원 구성과 총급여액 등에 따라 산정된 '근로장려금'을 지급함으로써 근로를 장려하고 실질소득을 지원하는 근로연계형 소득지원 제도이다.
- 근로장려금은 거주자를 포함한 1세대의 가구원 구성에 따라 정한 부부합산 총급여액 등을 기준으로 지급된다. 저소득 근로자 또는 자영업자 가구에 근로장려금을 지급하여 실질소득을 증가시킴으로써 조세제도를 통한 근로의욕을 높이고 소득재분배 효과를 꾀하고자 하는 목표를 갖는다.

오답 체크

① 자산형성지원제도 : 국민기초생활 보장제도의 자활급여 수급자 및 일반노동시장에서 일하는 취약계층을 대상으로 근로하는 수급자의 탈빈곤을 도모하고, 근로빈곤층의 기초수급자 진입을 예방하기 위해 자산형성을 지원하는 제도
③ 조세지출(tax expenditure) : 조세를 거둬 직접적인 사회복지 급여를 제공하는 대신 사람들이 내야 할 조세를 감면시켜 사회복지의 목표를 이루는 제도
④ 자활근로소득공제 : 보충급여를 기본원리로 하고 있는 국민기초생활보장제도가 야기할 수 있는 수급자의 근로의욕 감퇴를 예방하기 위해, 생계급여 산정 시 소득인정액에서 자활근로소득의 30%를 공제하는 제도

09 ①이 답인 이유
복지의 혼합경제, 복지혼합, 복지다원주의, 민영화, 시장화 등은 모두 **복지국가 위기 이후** 복지국가의 재편을 위한 대안으로 등장했다. 복지 공급에 대한 국가의 비중은 낮추고, 복지 공급주체를 다양화하자는 내용을 핵심으로 한다.

10 ④가 답인 이유

- 길버트(Gilbert)는 사회복지 전달체계를 크게 공공부문의 전달체계(중앙정부, 지방정부)와 민간부문의 전달체계(영리기관과 비영리기관)로 구분하고, 민간에서의 사회복지서비스의 전달(공급)을 영리기관에게 담당하게 할지, 비영리기관에게 담당하게 할지를 결정할 때 고려해야 하는 네 가지 기준을 제시하였다.
- ㄱ~ㄹ에서 제시된 내용은 모두 이 네 가지 기준에 해당하는 옳은 내용이다.

11 ③이 답인 이유

사회복지실천에서 전문적 관계의 특징

- 의도적인 목적을 가진다(의도적 목적성).
- **시간제한적**이다(시간제한성).
- 클라이언트를 위한 것이다(클라이언트에 대한 사회복지사의 헌신).
- 통제된 관계이다(통제된 관계).
- 사회복지사는 전문성(전문적 지식, 기술, 윤리강령 등)에서 비롯되는 권위를 갖는다(권위성).
- 사회복지사는 관계에 책임을 진다(책임성).

12 ③이 답인 이유

- 클라이언트에게 나타난 변화가 프로그램으로 인한 것인지 아니면 다른 요인(외생변수)으로 인한 것인지를 확인할 수 있어야 프로그램의 효과를 평가할 수 있다.
- 따라서 클라이언트의 변화에 영향을 미칠 수 있는 **외생변수의 영향력을 통제하여** 프로그램(독립변수)과 클라이언트 변화(종속변수) 사이의 **인과관계를 보다 명확히 확인**할 필요가 있다.

13 ①이 답인 이유

- 두 사람 사이의 긴장, 갈등, 스트레스 등이 발생했을 때 두 사람 사이에서 이를 직접 해결하기보다 제3자를 두 사람의 상호작용 체계로 끌어들여 긴장의 수준을 완화하려는 경향을 **삼각관계**라 한다.
- 보웬(M. Bowen)의 다세대 가족치료모델에서는 가족 내 형성되어 있는 삼각관계에서 벗어나게 함으로써 가족원들의 자아분화를 돕는 **탈삼각화** 기법을 사용한다. 이를 통해 두 가족성원의 감정 영역에서 제3의 가족성원을 분리시킨다.

14 ③이 답인 이유

ㄱ. 위기개입은 신속한 개입을 강조하는 단기개입모델이다. 제한된 목표에 초점을 둔 개입을 강조하는데 이때 제한된 목표는 클라이언트가 위기 이전의 기능수준으로 회복될 수 있도록 돕는 것에 있다.

ㄹ. 위기개입은 다른 개입모델에 비해 사회복지사의 적극적이고 직접적인 역할 수행을 강조한다.

오답 체크

ㄴ. 단기개입 모델인 위기개입은 현재 위기로 인해 발생한 증상을 완화하는 것에 초점을 두지 과거 탐색에 초점을 두지 않는다. 아울러 문제의 원인이 아니라 문제(위기로 인해 발생한 증상) 자체의 경감에 초점을 둔다.

ㄷ. 위기개입에서는 위기상황에 놓인 클라이언트의 감정이나 생각을 계속해서 표현할 수 있도록 하는 게 중요하다.

15 ④가 답인 이유

「자원봉사활동 기본법」 제19조(자원봉사센터의 설치 및 운영)

① 국가기관 및 지방자치단체는 자원봉사센터를 설치할 수 있다. 이 경우 자원봉사센터를 법인으로 하여 운영하거나 비영리법인에 위탁하여 운영하여야 한다.

② 자원봉사활동을 효율적으로 추진하기 위하여 필요하다고 인정할 경우에는 **국가기관 및 지방자치단체가 운영할 수 있다.**

옳은 지문 보충설명

① 1365 자원봉사포털은 「자원봉사활동 기본법」에 근거하여 행정안전부에서 운영한다.

② 청소년자원봉사 두볼(Dovol)은 "Do Volunteer"(자원봉사 하다)의 약자로 국내 유일 청소년을 위한 자원봉사시스템이다. 한국청소년활동진흥원에서 총괄 운영·관리하며, 법적 근거는 「청소년활동진흥법」이다(여성가족부 소관).

③ 사회복지 자원봉사 인증관리 VMS는 한국사회복지협의회 자원봉사사업단에서 운영한다. 법적 근거는 「사회복지사업법」이다(보건복지부 소관).

16 ④가 답인 이유

서비스의 종결은 '클라이언트에 대한 윤리기준'에 속한다.

우리나라 사회복지사 윤리강령의 구조

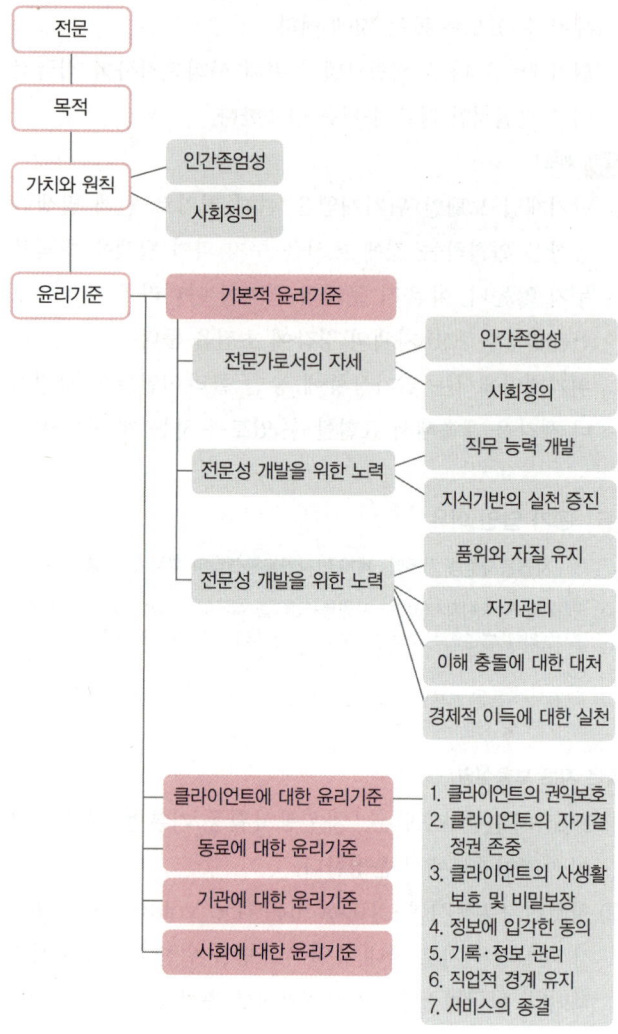

17 ①이 답인 이유
- 이런 사례 문제가 나오면 키워드를 빠르게 찾아야 한다. 이 사례의 키워드는 밀착, 명확한 경계, 연합 등으로 모두 구조적 가족치료모델의 핵심 개념이다.
- 구조적 가족치료모델에서는 가족문제의 핵심이 역기능적 가족구조에 있다고 본다. 가족구조는 경계의 속성, 위계구조, 그리고 하위체계 등을 통해 파악할 수 있다.
- 기능적인 가족은 조부모세대, 부모세대, 자녀세대 사이에 명확한 경계가 있다. 그런데 제시된 사례에서는 조모와 부, 모와 자녀 사이의 경계가 모호하여 지나치게 밀착된 특징을 갖는다. 뿐만 아니라 같은 세대를 구성하는 부와 모는 서로 경계를 허물고 연합해야 하는데 현재는 부와 모 사이에 경직된 경계를 보이고 있다. 따라서 가족성원들 사이의 경계를 조정하는 것이 중요하다. 이러한 접근을 특징으로 하는 모델이 구조적 가족치료모델이다.

18 ②가 답인 이유
청소년복지시설에 반드시 사회복지사가 배치되어야 하는 것은 아니다. 청소년상담사, 청소년지도사, 사회복지사, 임상심리사, 가족상담 전문가 등 다양한 전문자격을 가진 인력들이 배치될 수 있다.

옳은 지문 보충설명
③ 「청소년복지 지원법」 제9조(지역사회 청소년통합지원체계의 구축·운영) 제1항 : 지방자치단체의 장은 관할구역의 위기청소년을 조기에 발견하여 보호하고, 청소년복지 및 청소년보호를 효율적으로 수행하기 위하여 지방자치단체, 공공기관, 청소년단체 등이 협력하여 업무를 수행하는 지역사회 청소년통합지원체계를 구축·운영하여야 한다.

19 ②가 답인 이유
- 강점관점에서는 클라이언트의 진술을 인정하며 그 사람을 알고 올바르게 인식할 수 있는 중요한 방법이라고 본다.
- ②의 내용은 병리적 관점에 해당한다.

20 ①이 답인 이유
사회복지관의 서비스 연계는 '서비스 제공'이 아니라 '사례관리' 기능에 속한다.

제23회 모의고사 2012년 지방직 동형 모의고사

1	2	3	4	5	6	7	8	9	10
③	②	①	②	①	②	③	①	④	②
11	12	13	14	15	16	17	18	19	20
①	④	④	②	③	④	②	①	④	③

01 ③이 답인 이유
- 집단사회복지실천모델에는 사회적 목표모델, 상호작용모델, 치료모델이 있다. 민주주의, 민주적 절차, 민주시민 역량 등 '민주적'인 과정의 강조는 사회적 목표모델의 특징에 해당한다.
- ①과 ②는 상호작용모델, ④는 치료모델에 해당한다.

02 ②가 답인 이유
ㄴ. 전략적 가족치료모델의 대표적인 기법에는 역설적 개입, 순환적 질문, 재명명(재구성) 기법 등이 있으며, 역설적 개입에는 증상처방, 시련기법(고된 체험 기법), 제지기법이 포함된다.
ㄷ. 인지행동모델에서는 인지재구조화 기법과 다양한 행동수정기법을 결합하여 활용한다. 모델링은 반두라의 사회학습원리에 기초한 행동수정기법에 해당하므로, 인지행동모델의 주요 개입기법에도 포함된다.

오답 체크
ㄱ. 전략적 가족치료 – 순환적 질문
ㄹ. 이야기치료 – 외현화

03 ①이 답인 이유
사회계획모델에서 실천가는 계획가(기획자), 조사자, 자료수집가, 분석가 등의 역할을 수행한다.

오답 체크
옹호자는 사회행동모델에서, 조력자와 안내자는 지역사회개발모델에서 실천가의 주된 역할에 해당한다.

04 ②가 답인 이유
- 「장애인복지법」에 따른 장애인 지역사회재활시설에는 장애인복지관, 장애인 주간보호시설, 장애인 체육시설, 장애인 수련시설, 장애인 생활이동지원센터, 한국수어 통역센터, 점자도서관, 점자도서 및 녹음서 출판시설, 장애인 재활치료시설 등이 포함된다.
- 발달장애인지원센터는 「발달장애인 권리보장 및 지원에 관한 법률」에 법적 근거를 둔다. 발달장애인 관련해서는 「발달장애인 권리보장 및 지원에 관한 법률」이 별도로 제정되어 있고, 장애아동 관련해서는 「장애아동 복지지원법」이 별도로 제정되어 있으므로, 시설명에 '발달장애인'이나 '장애아동'이 들어가면 「장애인복지법」에서 규정하는 장애인복지시설이 아니라는 것을 바로 떠올릴 수 있어야 한다.

05 ①이 답인 이유
- 서비스 전달의 지방분권화 과정에서 등장했다.
- 그 외의 사례관리 등장배경: 탈시설화, 지역사회 중심의 재가복지서비스 활성화, 복잡하고 분산된 서비스체계, 클라이언트와 그 가족에게 부과되는 과도한 책임, 사회적 지원과 사회적 지원망의 중요성에 대한 인식 증가 등

06 ②가 답인 이유
①은 지역사회-학교모델, ③은 학교-지역사회-학생관계모델, ④는 전통적 임상모델에 해당한다.

07 ③이 답인 이유
행정안전부장관은 관계 중앙행정기관의 장과 협의하여 자원봉사활동의 진흥을 위한 기본계획을 5년마다 수립하여야 한다. 「자원봉사활동 기본법」은 보건복지부가 아니라 행정안전부 소관이다.

08 ①이 답인 이유
①은 공공부문에 해당하고, 나머지는 모두 민간부문에 해당한다.

09 ④가 답인 이유
①, ②, ③은 병리적 관점에 해당하는 진술이고, ④만 강점관점에 해당하는 옳은 진술이다.

10 ②가 답인 이유

국제노동기구(ILO)에서 권고한 9가지 급여 유형

사회적 위험		대응하는 급여
사망	→	유족급여
노령	→	노령급여
질병	→	의료급여(요양급여)
양육	→	가족급여
출산	→	출산급여(모성급여)

사회적 위험		대응하는 급여
질병으로 인한 소득중단	→	질병급여(상병급여)
업무상 재해(산재)	→	업무상재해급여(산재급여)
실업	→	실업급여
근로능력의 상실	→	폐질급여(장해/장애급여)

11 ①이 답인 이유

측정의 신뢰도가 높다고 해서 꼭 타당도도 높은 것은 아니다. 즉, 신뢰도가 높아도 타당도는 낮을 수 있다.

오답 체크

② 측정의 **신뢰도**는 반복 측정 시 일관된 측정값을 산출하는 것이다. 측정의 타당도는 측정하고자 하는 개념을 얼마나 정확히(제대로) 측정했는가를 의미한다.
③ 질적조사는 주로 **귀납적 방법**을 따르고 양적조사는 주로 연역적 방법을 따른다.
④ 집락표집은 **확률표집방법**에 속한다.

12 ④가 답인 이유

- 좁은 의미의 사회복지는 대상범주를 빈곤계층, 아동, 노인, 장애인 등의 사회적 약자로 한정하여 경제적 지원이나 교육, 훈련, 치료 등의 서비스를 제공하는 것에 초점을 둔다. 대표적으로 빈곤계층을 대상으로 하는 구빈법, 공공부조나 사회복지서비스 혹은 사회복지실천(사회사업, social work) 등이 좁은 의미의 사회복지에 해당한다.
- ④는 로마니쉰(Romanyshyn, 1971)이 제시한 사회복지의 정의의 일부분으로 가장 광의적인 사회복지 개념정의에 해당한다. 그는 사회복지를 '개인과 사회 전체의 복지를 증진시키려는 모든 형태의 사회적 노력을 포함하며, 사회문제의 치료와 예방, 인적 자원의 개발, 인간생활의 향상에 직접적 관련을 갖는 일체의 시책과 과정을 포함하는 것'이라고 정의했다.

13 ④가 답인 이유

- 고려의 구제제도 : 은면지제, 재면지제, 환과고독진대지제, 수한역려진대지제, 납속보관지제
- **재면지제**는 천재지변, 전쟁, 질병 등의 재난을 당한 사람(이재민)에게 **조세, 부역, 형벌 등을 감면**해주는 제도이다.
- 이재민에게 곡식, 의료, 의복, 주거 등을 제공하는 제도는 **수한질려진대지제**(혹은 수한역려진대지제)이다.

14 ②가 답인 이유

사회보험은 조건을 충족하는 모든 사람들을 강제로 가입시키는 제도이다. 개인의 자유를 중시하는 자유주의 전통이 강한 사회일수록 강제가입식 사회보험에 대한 반발이 컸고 따라서 사회보험의 도입이 늦어졌다. 이와 달리 **가부장적(혹은 봉건주의적) 성향이 강한 나라일수록** 별다른 저항 없이 상대적으로 **빨리 사회보험을 도입**하였다.

15 ③이 답인 이유

- 에스핑-안데르센(Esping-Andersen)의 복지국가 유형화 : ① 자유주의 복지국가, ② 조합주의(보수주의) 복지국가, ③ 사회민주주의 복지국가
- 신우파, 중도노선, 사회민주주의, 마르크스주의는 조지와 윌딩(George & Wilding)의 구분에 해당한다.

16 ④가 답인 이유

사회복지제도를 바라보는 관점은 크게 잔여적 관점, 제도적 관점, 그리고 이 두 관점을 통합한 개발적(발달적) 관점으로 나뉜다.

잔여적 관점	시장을 중심으로 하는 경제활동(work)에 초점
제도적 관점	국가역할을 중심으로 하는 복지활동(welfare)에 초점
개발적 관점	• 잔여적 관점과 제도적 관점을 통합한 관점 • 근로와 연계한 복지(workfare)를 지지 • 교육 및 직업훈련 등의 사회서비스를 통해 인적자본을 개발하면 개인뿐만 아니라 사회 또한 더 나은 미래를 구축할 수 있다고 봄 • 이러한 점에서 사회복지재정을 사회투자로 인식

오답 체크

①과 ③은 잔여적/선별적 관점에, ②는 제도적/보편적 관점에 해당한다.

17 ②가 답인 이유

「사회복지사업법」 제1조의2(기본이념)
① 사회복지를 필요로 하는 사람은 누구든지 자신의 의사에 따라 서비스를 신청하고 제공받을 수 있다.
② 사회복지법인 및 사회복지시설은 **공공성을 가지며** 사회복지사업을 시행하는 데 있어서 **공공성을 확보하여야 한다.**
③ 사회복지사업을 시행하는 데 있어서 사회복지를 제공하는 자는 사회복지를 필요로 하는 사람의 인권을 보장하여야 한다.
④ 사회복지서비스를 제공하는 자는 필요한 정보를 제공하는 등 사회복지서비스를 이용하는 사람의 선택권을 보장하여야 한다.

18 ①이 답인 이유

「사회복지법인 및 사회복지시설 재무·회계 규칙」

제9조(예산편성지침)
① 법인의 대표이사는 매 회계연도 개시 **1월전까지** 그 법인과 해당 법인이 설치·운영하는 시설의 예산편성 지침을 정하여야 한다.

제10조(예산의 편성 및 결정절차)
① 법인의 대표이사 및 시설의 장은 예산을 편성하여 각각 법인 이사회의 의결 및 시설 운영위원회에의 보고를 거쳐 확정한다. 다만, **법인이 설치·운영하는 시설인 경우에는 시설운영위원회에 보고한 후 법인 이사회의 의결을 거쳐 확정**한다.

제16조(예산의 전용)
① **법인의 대표이사 및 시설의 장은 관·항·목간의 예산을 전용할 수 있다.** 다만, 법인 및 시설(소규모 시설은 제외한다)의 관간 전용 또는 동일 관내의 항간 전용을 하려면 이사회의 의결 또는 시설운영위원회에의 보고를 거쳐야 하되, 법인이 설치·운영하는 시설인 경우에는 시설운영위원회에 보고한 후 법인 이사회의 의결을 거쳐야 한다.
③ 법인의 대표이사 및 시설의 장은 제1항에 따라 관·항 간 예산을 전용한 경우에는 관할 시장·군수·구청장에게 결산보고서를 제출할 때에 과목 전용조서를 첨부하여야 한다.

19 ④가 답인 이유

저소득 가구에 대한 **생계급여 지급**은 공공부조에 해당하며, **수직적 소득재분배** 효과를 목표로 한다. 사회보장제도 중 공공부조는 수직적 소득재분배와 평등의 실현(불평등 완화)을 목표로 하며, 수평적 소득재분배 효과는 사회보험이나 사회수당에서 크게 나타난다.

20 ③이 답인 이유

- 기여와 위험발생에 따라 수급자격 여부가 결정된다는 단서는 이 제도가 '사회보험'제도임을 보여준다. 따라서 ③은 답이 될 수 없다.
- 사회보험제도 중 보건복지부장관이 관장하는 제도에는 국민건강보험제도, 국민연금제도, 노인장기요양보험제도가 있다. 따라서 ④는 답이 될 수 없다.
- 국민건강보험제도는 1977년 조합주의 방식의 의료보험으로 처음 시행된 후 2000년에 통합주의 방식으로 개편되어 국민건강보험제도로 새롭게 시행되었으므로 1980년대 처음 시행된 것은 아니다. 이와 달리 국민연금제도는 1988년부터 시행되었으므로 답이 된다.

제24회 모의고사 2012년 국가직 동형 모의고사

1	2	3	4	5	6	7	8	9	10
②	②	②	③	①	④	③	③	④	①
11	12	13	14	15	16	17	18	19	20
①	④	②	④	③	③	③	②	①	④

01 ②가 답인 이유

②는 인보관 운동에 해당한다. 인보관 운동에서는 빈곤한 지역에 함께 거주(Residence)하고, 지역의 환경을 조사하여(Research) 생활환경을 개선하고자 하였고, 빈민 조직화와 입법활동 등을 통한 사회개혁(Reform)에 힘썼다.

02 ②가 답인 이유

제도적이고 보편적인 사회복지는 사전예방적이고 사회적(집합적)인 접근을 특징으로 한다. 이와 달리 잔여적이고 선별적인 사회복지는 사후치료적이고 개별적인 접근을 특징으로 한다. 도움이 필요한 사람에 대한 원조와 치료에 중점을 두는 것은 사후적이고 개별적인 특징을 갖는 잔여적(선별적)인 사회복지 개념에 가깝다.

03 ②가 답인 이유

바우처는 지정된 용도 내에서 수급자가 서비스 제공기관을 선택할 수 있는 형태이므로 수급자 유치를 위한 서비스 공급자 간 서비스 질의 경쟁을 유도하기 용이하다.

오답 체크
① **현금급여보다** 오·남용의 문제가 발생할 가능성이 낮다.
③ 현금급여보다 소비자의 선택권이 낮고 **현물급여보다는 높다.**
④ 현물급여보다 관리운영비가 **적게** 든다.

04 ③이 답인 이유

제도적 개념의 사회복지는 사회복지제도가 다른 사회제도와는 구별되는 독립적인 주된 기능으로 사회구성원 간 **상부상조 기능**을 상시적으로 담당한다고 본다.

05 ①이 답인 이유

오답 체크
②는 민주주의, ③은 사회진화론, ④는 개인주의 이념에 해당하는 내용이다.

06 ④가 답인 이유
- 두 변수 간 인과관계 확인을 위해 필요한 경험조건은 공변성, 시간적 우선성, 통제의 3가지이다.
- 실험설계에서 조사대상자를 실험집단과 통제집단으로 무작위 할당을 하는 이유는 이 중 외부설명(외생변수 혹은 '내적 타당도 저해요인')을 통제하기 위해서이다.

07 ①이 답인 이유
- 세계보건기구(WHO)에서 발표한 국제장애분류체계는 ICIDH(1980년 발표), ICIDH-2(1997년 발표), ICF(2001년 발표)의 세 가지이다.
- 참고로 ICD 역시 세계보건기구에서 발표한 분류체계이긴 하나, 장애분류체계가 아니라 국제질병분류(International Classification of Diseases)이다.

08 ③이 답인 이유

「노인장기요양보험법」 제12조(장기요양인정의 신청자격)

장기요양인정을 신청할 수 있는 자는 노인등으로서 다음 각 호의 어느 하나에 해당하는 자격을 갖추어야 한다.
1. 장기요양보험 가입자 또는 그 피부양자
2. 「의료급여법」에 따른 의료급여 수급권자

09 ④가 답인 이유
국민기초생활 보장제도에서는 자산조사에 따른 소득인정액이 최저보장수준에 못 미치는 만큼을 급여 지급을 통해 보충한다. 이를 **보충성 원리**라고 한다. 최선의 노력을 다하지 않아도 모자라는 만큼을 국가의 공공부조에 의해 보충할 수 있다는 생각은 자칫 빈곤에서 탈피하기 위한 노력을 기울이지 않고 국가 부조에 계속 의존하는 **빈곤함정을 유발**할 수 있다. 이를 방지하고자 맞춤형 급여체계로 개편(2014.12. 「국민기초생활 보장법」 개정 → 2015.7. 시행)하여 급여별 기준을 달리함으로써 빈곤함정을 줄이고 탈수급 유인을 제고하자고 하였다.

10 ①이 답인 이유
시장·군수·구청장은 작성된 계획안에 대해 주요 내용을 20일 이상 공고하여 지역주민 및 이해관계인의 의견을 수렴해야 한다.

오답 체크
② 지역사회보장계획 수립을 위한 지역사회보장조사는 **4년마다** 실시하며, 필요한 경우 수시 실시 가능하다.
③ 의견 수렴을 거쳐 작성된 시·도 지역사회보장계획은 **시·도사회보장위원회**에 제출하여 심의 과정을 거쳐야 한다.
④ **보건복지부장관**은 제출된 시·도 지역사회보장계획안을 검토한 뒤 **대통령령**에 위배되는 사항이 있을 경우 조정을 권고할 수 있다.

11 ①이 답인 이유
외재화(외현화, externalization)는 이야기치료에서 사용하는 기법으로, 문제를 클라이언트로부터 분리하고 객관화하기 위해 문제에 이름을 붙이고 의인화하는 기법이다.

A : 저는 너무 우울해요. (문제의 내재화)
B : 우울한 생각이 당신을 힘들게 하고 있군요. (문제의 외재화)

12 ④가 답인 이유

청소년 안전망	• 위기청소년을 위한 지역사회 청소년통합지원체계 • 지역사회의 위기청소년을 조기에 발견하여 보호하고, 청소년복지 및 청소년보호를 효율적으로 수행하기 위하여 지방자치단체·공공기관·청소년단체 등이 협력하여 업무를 수행하는 연결망	여성가족부 소관
꿈드림	• 학교 밖 청소년지원센터 • 9~24세 학교 밖 청소년에게 상담지원, 교육지원, 직업체험 및 취업지원, 자립지원, 건강검진 사업 등의 맞춤형 서비스 제공	
청소년 복지시설	• 청소년자립지원관, 청소년치료재활센터, 청소년회복지원시설, 청소년쉼터	
교육복지 우선지원	• 저소득층, 취약계층 가정 학생이 많은 학교를 지정해 집중 지원(교육, 복지, 문화 등)	교육부 소관

13 ②가 답인 이유
클라이언트에게 필요한 자원, 기회, 서비스를 소개, 연결, 연계해주는 역할은 중개자(혹은 자원연계자)에 해당한다.

14 ④가 답인 이유
- 표준화는 사례관리 서비스 제공 원칙에 해당하지 않는다. 사례관리는 서비스의 **표준화가 아니라** 개별 사례의 특수성과 욕구에 맞는 개별화된 맞춤형 접근 즉, **개별화를 강조**한다.
- 사례관리는 시설이 아닌 **지역사회에서의 보호의 연속성을 강조**한다.

15 ③이 답인 이유
전문가들의 합의를 통해 욕구를 조사하는 델파이 조사의 경우 실제 수요자의 욕구와 일치하지 않을 수 있다.

16 ③이 답인 이유

로렌츠곡선의 대각선에 해당하는 **지니계수는 0**으로, 사회를 구성하는 모든 개인이 동일한 소득을 갖고 있는 상태를 의미한다.

17 ③이 답인 이유

우리나라의 아이돌봄 지원사업은 카두신(A. Kadushin)이 제시한 아동복지서비스의 세 유형 중 **보충적 서비스**에 해당한다.

옳은 지문 보충설명

④ 아동보호전문기관의 장과 종사자는 2020년 10월 1일부터 아동학대범죄 신고의무자가 되었다. 사회복지전담공무원, **아동복지전담공무원은 아동학대범죄 신고의무자이고, 아동학대전담공무원은 신고의무자가 아니라 신고접수를 받는 업무담당자**이다.

18 ②가 답인 이유

각 사건의 시기는 다음과 같다.
① 지역사회 통합 돌봄(community care) 선도사업은 **2019년** 7월부터 2022년 12월까지 실시되었다.
② 상병수당 시범사업은 **2022년**부터 실시하고 있으며 2025년 12월까지 실시 예정이다.
③ 시·도와 시·군·구에 아동학대전담공무원을 배치하기 시작한 시기는 **2020년** 10월부터이다.
④ 시·군·구 희망복지지원단에서 통합사례관리를 시작한 시기는 **2012년**부터이다.

19 ①이 답인 이유

합류하기, 밀착된 가족에 대한 개입, 경계의 조정은 모두 미누친에 의해 개발된 구조적 가족치료모델의 핵심 개념에 해당한다.

20 ④가 답인 이유

1990년대 후반 토니 블레어 노동당 정부의 사회복지정책 이념은 복지다원주의, 사회투자전략, 생산적 복지, 적극적 복지 등을 내용으로 하는 '제3의 길'이다.

오답 체크
- 페이비언 사회주의와 케인즈주의 : 1940년대 중반 이후 복지국가 전성기의 정책이념
- 신자유주의 : 1970년대 후반 복지국가 위기와 더불어 등장한 신우파 정권(대처, 레이건)의 정책이념

제25회 모의고사 2011년 지방직(상반기) 동형 모의고사

1	2	3	4	5	6	7	8	9	10
④	①	①	③	②	①	④	④	②	③
11	12	13	14	15	16	17	18	19	20
②	④	①	③	④	②	③	②	④	③

01 ④가 답인 이유

사회복지실천은 1차 현장뿐만 아니라 2차 현장에서도 이루어진다. 대표적으로 진료와 치료를 주된 목적으로 하는 병원에서의 의료사회복지실천이나, 교육을 주된 목적으로 하는 학교에서의 학교사회복지실천을 떠올릴 수 있다. 병원이나 학교는 2차 현장이지만 전문사회복지사들에 의한 사회복지실천이 이루어진다.

02 ①이 답인 이유

- 시설에 대한 설명에서 '가정과 같은 주거여건'이라는 표현이 나오면 '공동생활가정'을 떠올려야 한다.
- '요양'이라는 명칭이 들어가는 시설의 경우 시설에 대한 설명에서도 '요양'이라는 말이 들어간다. 이 문제에서는 단순히 편의 제공을 목적으로 한다고 했지 요양을 제공한다고 하지는 않았으므로 답은 ③ 노인공동생활가정이 된다.

「노인복지법」상 노인주거복지시설과 노인의료복지시설의 정의

노인 주거 복지 시설	양로시설	노인을 입소시켜 급식과 그 밖에 일상생활에 필요한 편의를 제공함을 목적으로 하는 시설
	노인공동생활가정	노인들에게 **가정과 같은 주거여건**과 급식, 그 밖에 일상생활에 필요한 편의를 제공함을 목적으로 하는 시설
	노인복지주택	노인에게 **주거시설을 임대**하여 주거의 편의·생활지도·상담 및 안전관리 등 일상생활에 필요한 편의를 제공함을 목적으로 하는 시설
노인 의료 복지 시설	노인요양시설	치매·중풍 등 노인성질환 등으로 심신에 상당한 장애가 발생하여 도움을 필요로 하는 노인을 입소시켜 급식·**요양**과 그 밖에 일상생활에 필요한 편의를 제공함을 목적으로 하는 시설
	노인요양공동생활가정	치매·중풍 등 노인성질환 등으로 심신에 상당한 장애가 발생하여 도움을 필요로 하는 노인에게 **가정과 같은 주거여건**과 급식·**요양**, 그 밖에 일상생활에 필요한 편의를 제공함을 목적으로 하는 시설

03 ①이 답인 이유

- 근로장려세제는 저소득 근로자를 대상으로, 국민취업지원제도는 취업취약계층을 대상으로, 장애인연금은 18세 이상의 중증장애인 중 하위소득 70%를 대상으로 하는 선

별적 복지제도이다.
- 아동수당은 8세 미만 아동 모두에게 소득과 상관없이 동일하게 매월 10만원씩 지급하는 사회수당으로 보편적 복지이다.

04 ③이 답인 이유
- 사회복지조직은 대상이 인간이다. 인간의 복잡한 가치체계, 상호 연관된 관계, 그들을 둘러싸고 있는 이해집단의 상이한 목표 등으로 인해 사회복지조직의 목표는 모호하고 이해관계자 사이의 타협을 필요로 한다.
- 조직의 목표에 대한 **구체적인 합의의 결여로 목표추구 활동이 어렵다.**

05 ②가 답인 이유
- ①은 작업장법(1722), ②는 자선조직협회(1869), ③은 엘리자베스 구빈법(1601), ④는 스핀햄랜드법(1795)에 해당한다.
- 자선조직협회나 인보관의 구빈활동은 민간의 구빈활동에 해당하며, ①, ③, ④ 등과 같은 구빈법은 정부 주도의 구빈활동에 해당한다.

06 ①이 답인 이유
사회복지사가 소개한 아동복지서비스는 카두신(Kadushin)이 분류한 아동복지서비스 유형 중 **보충적 서비스**에 해당한다.

옳은 지문 보충설명
② 욕구가 있는 클라이언트에게 해당 욕구에 부합하는 서비스를 연결(소개, 연계)하는 역할은 중개자(broker) 역할이다.
③ 아이돌봄 서비스의 대상은 부모의 맞벌이 등으로 양육공백이 발생한 가정의 만 12세 이하 아동이고, 다함께돌봄센터 이용대상은 돌봄이 필요한 만 6세 이상 만 12세(초등학생) 이하 아동이다. 따라서 초등학교 2학년 아동은 둘 다 이용 가능하다.
④ 아이돌봄 서비스는 여성가족부, 다함께돌봄센터는 보건복지부 소관이다.

07 ④가 답인 이유
2000년 이후 우리나라의 장애인복지 패러다임은 재활모델에서 점차 자립생활모델로 점차 변화하였다.

오답 체크
① **자립생활모델**에서는 장애인의 문제는 당사자가 가장 잘 이해하고 있다고 본다.
② **재활모델**에서는 장애인을 일상생활을 적절하게 수행하는 데 어려움이 있는 이들로 본다.
③ **자립생활모델**에서는 장애인의 삶에 대한 타인의 개입이나 보호를 최소화하고 자신의 삶에 대한 모든 선택과 결정 과정에 장애인이 참여할 수 있어야 한다고 본다.

08 ④가 답인 이유
여성주의 사회복지실천은 성차별적이고 가부장적인 사회구조가 인간행동에 미치는 영향에 대한 문제의식을 기반으로 한다.

오답 체크
① 여성문제를 개인 내적인 측면보다는 **사회구조적인 측면에서 파악**한다.
② 여성주의 사회복지실천에서는 사회복지사와 클라이언트의 평등한 파트너십 관계를 강조하고, 전문가의 역량강화가 아니라 클라이언트의 역량강화를 강조한다.
③ 여성주의 사회복지실천에서는 클라이언트의 자기결정권을 강조한다.

09 ②가 답인 이유
정보의 비대칭으로 유발되는 시장실패의 대표적인 사례로 도덕적 해이와 역 선택이 있다.

도덕적 해이	정보 비대칭으로 인해 자신의 행동이 상대방에 의해 쉽게 파악될 수 없는 경우 행동에 대한 정보를 가진 측이 최선의 노력을 다하지 않아 상대방에게 손해를 끼치는 것
역 선택	정보 격차가 존재하는 시장에서 도리어 품질이 낮은 상품이 선택되는 것 혹은 상대적으로 정보를 덜 갖는 사람이 자신에게 불리한 선택이나 의사결정을 하게 되는 것

오답 체크
① 질병, 장애, 노령, 실업, 산업재해 등과 같이 사회구성원의 소득감소를 필연적으로 가져와 빈곤을 발생시키는 주요 원인들은 초기산업사회의 주된 위험들로 **구 사회적 위험**에 속한다. 후기산업사회에서는 초기산업사회에서 볼 수 없었던 불안정고용, 장기실업, 근로빈곤 등 새로운 형태의 사회적 위험이 대두되었는데, 이를 신 사회적 위험이라 한다.
③ **노령화지수**란 인구고령화의 추세를 알려주는 지수로, 만 14세 이하 유년층 인구 대비 65세 이상 노인 인구 비율을 말한다. 노년부양비는 생산 가능 인구(15세~64세) 대비 65세 이상 노인 인구 비율을 말한다.
④ 5분위 배율이란 **최상위** 20%의 소득을 **최하위** 20%의 소득으로 나눈 값을 말하며, 완전히 평등한 사회의 경우

5분위 배율은 1이 된다.

10 ③이 답인 이유

- 노후생활 보장을 목적으로 하는 「국민연금법」은 1986년 제정되어 1988년 1월부터 시행되었는데, 처음 시행될 때에는 상대적으로 관리가 용이한 10인 이상 사업장의 '18세 이상 60세 미만' 근로자 및 사용자를 우선 대상으로 시행하였다.
- 이후 적용 대상의 확대라는 일관된 정책목표하에 포괄되는 가입자 수를 늘려 왔는데, 1992년 1월부터 상시근로자 5명~9명 사업장의 근로자와 사용자를 가입대상으로 포괄하였으며, 1995년 7월 1일부터는 농어촌 지역(군지역)으로 제도를 확대하였다.
- 1995년 8월 4일부터는 상시근로자 5명 이상 사업장의 외국인 근로자 및 사용자에게도 제도를 확대 적용하였고, **1999년 4월 1일부터는 국민연금의 가입대상자의 범위를 도시지역 자영업자까지 확대함에 따라 전 국민의 노후생활 보장 기반을 마련하는 '전 국민 연금시대'가 열리게 되었다.**

오답 체크

① 고구려 고국천왕 시기에는 춘궁기에 빈곤한 백성에게 양곡을 지원해주고 추수기에 돌려받는 **진대법을 실시하였다.** 흉년 등으로 상환이 어려운 경우 대여한 곡식의 원곡과 이자를 감면해주는 제도는 **신라의 대곡자모구면 제도**이다.
② 근대 공공부조제도의 대표적인 법령은 1944년 「조선구호령」, **1961년** 「생활보호법」, 1999년 「국민기초생활 보장법」 순으로 제정되었다.
④ 「치매관리법」 제정은 2011년, 노인장기요양보험제도의 시행은 2008년이다.

11 ②가 답인 이유

오답 체크

① 장기요양기관을 통한 재가급여와 시설급여를 받는 경우 외에도, ㉠ 가족을 통해(가족요양비), ㉡ 장기요양기관이 아닌 노인의료복지시설이나 재가노인복지시설을 통해(특례요양비), ㉢ 요양병원에 입원하여(요양병원간병비) 장기요양급여를 받는 경우에도 대통령령으로 정하는 기준에 따라 특별현금급여를 지원받을 수 있다고 규정하고 있다. 이 중 가족요양비만 현재 시행되고 있다.

> **「노인장기요양보험법」 제25조(특례요양비) 제1항**
> 공단은 수급자가 장기요양기관이 아닌 노인요양시설 등의 기관 또는 시설에서 재가급여 또는 시설급여에 상당한 장기요양급여를 받은 경우 대통령령으로 정하는 기준에 따라 해당 장기요양급여비용의 일부를 해당 수급자에게 특례요양비로 지급할 수 있다.

③ 시설급여, 재가급여, 특별현금급여는 **중복수급 불가**하다.
④ 단기보호는 **재가급여**에 해당한다.

12 ④가 답인 이유

사회복지사는 개입 전에 비밀보장이나 자기결정권 등과 같은 클라이언트의 권리에 대해 사전에 고지하되, 이러한 권리 보장의 예외가 되는 조건에 대해서도 사전에 고지하여야 한다.

오답 체크

클라이언트에 대한 이야기를 사회복지사가 자신의 사적인 관계 속에서 함부로 누설하거나(①), 슈퍼비전이나 사례회의에서 목적을 벗어나는 불필요한 과잉 정보를 공개하는 경우(②), 클라이언트의 동의 없이 면담 내용을 타 기관에 전송하는 경우(③)는 모두 비밀보장의 원칙을 위배하여 윤리적으로 문제가 된다.

13 ①이 답인 이유

- 장애인연금과 장애수당은 선별주의 원칙에 입각한 공공부조 급여이다.
- 장애인연금은 자산조사를 통해 선정된 18세 이상의 중증장애인에게, 장애수당은 18세 이상의 중증이 아닌 장애인에게 지급하기 때문에 중복해서 수급받는 것은 불가능하다.

오답 체크

② **사회적 모델**에서는 장애인이 전 영역의 사회생활에 온전히 참여할 수 있도록 하기 위한 환경변화를 강조한다. 개인적(개별적) 모델에서는 의료전문가에 의한 장애인의 치료와 재활을 통해 개별적으로 사회적응을 해나가는 것을 강조한다.
③ 우리나라 「장애인복지법」상 지적장애는 지능지수가 **70 이하**인 경우를 말한다.
④ 세계보건기구에서 발표한 **ICF(2001년)** 는 기능수행 및 장애 영역과 상황요인 영역의 두 영역으로 구성된다.

14 ③이 답인 이유

접근성은 활용성, 활용용이성, 편의성 등으로도 불리며, 클라이언트가 필요한 서비스를 쉽고 편리하게 이용할 수 있도록 이를 가로막는 요인들을 찾아 줄이는 노력에 초점을 두는 원칙이다.

오답 체크

① 「사회복지사업법」상 **사회복지협의회**는 사회복지 관련 기관·단체 간의 연계·협력·조정, 자원봉사활동의 진흥, 사회복지에 관한 조사·연구 및 정책 건의 등의 업무를 수행하는 민간기관의 협의체이다. 「사회보장급여의 이용·제공 및 수급권자 발굴에 관한 법률」상 **지역사회보장협의체**는 민간 사회복지기관 및 시설의 대표 및 실무자와 더불어 사회보장 업무 담당 공무원이 함께 참여하여 심의·자문의 역할을 수행하는 **민관협력기구**이다.

② 2005년 도입된 '희망의 전화 129'는 보건복지부에서 운영하는 보건복지상담센터의 사업브랜드명으로 **공공 전달체계**에 해당한다.

④ 사회보험은 공공 전달체계 중에서도 **국가의 책임**으로 시행하며, **공공부조는 국가와 지방자치단체의 책임**으로 시행한다.

15 ④가 답인 이유

- 노령연금은 사회보험(국민연금의 급여 유형), 기초연금은 공공부조이므로 **노령연금의 운영효율성이 더 높고, 목표효율성이 더 낮다.**
- 목표효율성 : 현물급여 > 바우처 > 현금급여
- 운영효율성 : 현금급여 > 바우처 > 현물급여
- 목표효율성 : 공공부조 > 사회보험 > 사회수당
- 운영효율성 : 사회수당 > 사회보험 > 공공부조
- 아동수당은 사회수당, 장애수당은 공공부조이므로 아동수당의 운영효율성이 더 높다.

16 ②가 답인 이유

브론펜브레너가 제시한 생태학적 체계의 유형

미시체계	가장 밀접하게 상호작용하는 가족, 친구, 소집단, 학교 등
중간체계	미시체계 간의 연결망(미시체계 간 상호작용)
외체계 (외부 체계)	• 개인이 직접 참여하지는 않으나 그 개인에게 영향을 미치는 환경 요소 예 경찰서, 행정복지센터, 구청, 교육청, 대중매체 등 • 개인이 속한 미시체계의 미시체계 예 부모의 직장, 형제의 학교 등
거시체계	• 국가, 사회제도, 정치, 경제, 문화, 가치관 등 • 법과 같이 명백한 형태를 가진 것 + 문화처럼 일정한 형태가 없는 것
시간체계	보다 종단적 관점에서 인간과 끊임없이 변화하는 환경 간 상호작용을 조망

17 ③이 답인 이유

중재자는 어느 한 쪽을 지지하지 않고 **중립을 유지하는 것이 중요**하다. 갈등관계에 놓인 양자의 합의를 도출할 때 어느 한 쪽의 입장에서 개입하는 사회복지사 역할은 중재자가 아니라 **협상가(negotiator)**이다.

18 ②가 답인 이유

사례관리는 서비스 전달의 **지방분권화** 등의 사회변화 속에서 등장했다.

19 ④가 답인 이유

- **신자유주의 이념**(대표적 인물 : 하이에크, 프리드만)은 1980년대 영국(대처 정권)의 복지정책에 영향을 미쳤다.
- **제3의 길 이념은 1990년대 후반**(토니 블레어 정부) 영국의 복지정책에 영향을 미쳤다.

20 ③이 답인 이유

- 사회적 배제는 주로 **경제적 차원(소득 결핍)에 집중되었던 기존의 빈곤 패러다임을 대체**하여 빈곤문제를 보다 역동적이고 다차원적인 관점에서 접근하기 위해 1990년대 유럽을 중심으로 출현한 개념이다.
- 사회적 배제(social exclusion) 개념을 통해 사회에서 다차원적인 영역에서 배제가 이루어지는 과정에 초점을 두게 되었고, 사회적으로 배제된 이들에 대한 사회통합(social inclusion)의 도모를 강조하게 되었다.

제26회 모의고사 2011년 지방직(하반기) 동형 모의고사

1	2	3	4	5	6	7	8	9	10
①	③	①	②	①	②	④	②	④	③
11	12	13	14	15	16	17	18	19	20
③	①	①	②	④	④	②	③	③	④

01 ①이 답인 이유
- 국가중심이론에서는 각 국가들의 역사적 발전과정에서 형성된 **국가의 특성에 따라 각 국가들이 서로 다른 사회복지정책을 형성**하게 된다고 본다.
- 따라서 사회복지에 대한 수요 자체의 차이 때문에 국가 간 사회복지정책 발달에 차이가 있다기보다는 비슷한 수준의 수요가 있더라도 국가 자체의 특성에 따라 사회복지정책을 도입하는 시기나 사회복지정책의 확대 정도 등에 편차가 발생한다고 본다.
- 제시된 사례에서는 **국가의 중앙집권적인 특성 정도의 차이에 따라 사회복지정책의 도입시기와 확대 정도에 차이가 있음**을 보이고 있으므로 가장 적합한 이론은 국가중심이론이다.

02 ③이 답인 이유
이 사례에서 각각은 다음과 같이 구분될 수 있다.
- 한부모인 A는 클라이언트체계(B에게 도움을 요청)이자 표적체계(양육기술이나 자녀와의 대화법과 관련해 변화의 표적이 됨)이자 행동체계(자녀의 변화를 모니터링하면서 변화매개체계인 B와 함께 협의하고 협력)이다.
- 사회복지사 B는 **변화매개체계**이다.
- 동아리 D와 인근 복지관 E는 행동체계이다.

03 ①이 답인 이유
길버트와 스펙트(Gilbert & Specht)는 상부상조는 사회복지제도가, 사회화는 가족제도가, 사회통합은 종교제도가, 사회통제는 정치제도가 주로(일차적으로) 담당한다고 보았다.

04 ②가 답인 이유
맬서스(T. Malthus)는 구빈제도가 무책임한 빈민을 양산하여 근면한 사람들의 사회적 부담을 가중시킨다고 보고 기존의 인도주의적 구빈법의 철폐를 주장하였고, 이러한 그의 주장은 억제정책으로의 회귀를 의미하는 1834년 개정구빈법 제정에 큰 영향을 미쳤다.

오답 체크
① 근로 가능한 빈민은 작업장이 아니라 자신의 집에서 지내며 일자리를 구할 수 있도록 하고 일자리를 구할 때까지는 구제를 제공하자고 주장한 인물은 길버트법(1782년)을 제정한 **토마스 길버트**이다. 에드워드 나치블은 근로 가능한 빈민을 작업장에 수용하여 구제했던 작업장법 제정을 주도한 인물이다.
③ 마셜은 현대사회의 특징을 '복합연결사회'라고 칭하며 **평등한 시민권과 불평등한 자본주의가 양립하며 공존하는 특징**을 보인다고 보았다. 특히 상호모순적인 세 요소(자본주의, 민주주의, 복지국가)가 공존하는 현대사회의 특징을 강조했다.
④ 리머는 개인의 기본적 복지권이 타인의 자기결정권보다는 우선되지만, 그 자신의 자기결정권보다는 우선되지 않는다고 보았다. 따라서 리머에 의하면 **개인의 기본적 복지권보다 그 자신의 자기결정권이 더 우선된다**.

05 ①이 답인 이유
- 열등처우의 원칙이 적용된 최초의 법은 **개정구빈법(1834년)** 이다.
- 열등처우의 원칙이란 구빈 수급자의 구제수준은 최하층 노동자의 생활수준보다 높지 않아야 한다는 원칙이다.

1834년 개정구빈법(신구빈법)의 핵심 특징
① 기존의 임금보조제도(스핀햄랜드법) 철폐
② 전국 균일처우의 원칙
③ 열등처우의 원칙
④ 작업장수용의 원칙

06 ②가 답인 이유
기관의 결정이 클라이언트 이익에 위배될 때 사회복지사는 **의무 상충**으로 인한 윤리적 딜레마를 겪을 수 있다.

07 ④가 답인 이유
사회복지사에게 철수 문제로 도움을 요청한 어머니가 클라이언트체계에 해당한다. 따라서 이 사례에서 **어머니는 클라이언트체계이자 행동체계**이다.

08 ②가 답인 이유
- 델파이 기법은 전문가들의 의견이 합의지점에 이를 때까지 우편설문을 반복하기 때문에 의사결정에 이르기까지

시간이 많이 소요된다는 단점이 있다.
- 편승효과 : 한두 사람의 의견에 많은 사람이 동조하는 효과

09 ④가 답인 이유

오답 체크

① **종결단계** – 종결 후 사후관리 계획에 대한 수립
② **종결단계** – 개입 목표의 달성 정도 평가
③ **접수단계** – 양가감정의 수용과 저항감 해소

10 ③이 답인 이유

과거의 누군가에 대해 억압한 감정을 클라이언트가 사회복지사에게 표출하는 것은 역전이가 아니라 **전이**(transference)이다. **역전이**(counter-transference)는 과거의 누군가에 대해 억압한 감정을 **사회복지사가 클라이언트에게 표출**하는 것을 말한다.

11 ③이 답인 이유

- 주커만의 1차 방어선은 아동이 자신의 원가정에서 서비스를 받는 것이고(상담, 가족치료, 돌봄지원, 양육수당 등), 2차 방어선은 원가족을 대신할 수 있는 다른 가정환경에서 보호받는 것이며(입양, 가정위탁), 3차 방어선은 시설이나 공동생활가정 등에서 보호받는 것이다.
- 주커만의 2차 방어선과 3차 방어선은 둘 다 카두신의 대리적 서비스에 해당한다.
- 제시된 보기 중 카두신의 아동복지서비스 분류에서 ①과 ③만 대리적 서비스에 해당하고, ②는 지지적 서비스에, ④는 보충적 서비스에 해당한다. 따라서 이 문제의 경우 주커만의 분류에 대해 모르고 있더라도 답을 ①이나 ③에서 선택할 수 있어야 한다.

오답 체크

① 아동양육시설에서의 보호는 주커만의 3차 방어선이자 카두신의 대리적 서비스에 해당한다.
② 가족치료는 주커만의 1차 방어선이자 카두신의 지지적 서비스에 해당한다.
④ 아이돌봄지원은 주커만의 1차 방어선이자 카두신의 보충적 서비스에 해당한다.

12 ①이 답인 이유

- 지원고용 : 직무수행이 어려운 중증장애인의 고용촉진을 위하여 중증장애인을 고용한 사업장에 직무지도원을 지원해주고 사업주에게는 보조금을 지원하는 형태의 고용

- 지원고용은 일반 경쟁고용을 통해서는 취업이 어려운 **중증장애인을 대상**으로 한다.

> 「장애인고용촉진 및 직업재활법」 제13조
> 고용노동부장관과 보건복지부장관은 **중증장애인** 중 사업주가 운영하는 사업장에서는 직무수행이 어려운 장애인이 직무를 수행할 수 있도록 **지원고용**을 실시하고 필요한 지원을 하여야 한다.

관련 기출

(2011 지방직)

- 일반 경쟁고용을 통해서는 취업이 어려운 중증장애인을 위하여 지속적인 지원을 제공하는 장애인 고용제도이다.
- 장애인은 비장애인과 함께 고용되고, 통합적 작업환경에서 직무지도원(job coach)의 직접적인 직업지도를 받는다.
- 직업훈련 후 바로 사업체에 배치되는 것이 아니라 먼저 사업체에 선(先) 배치되고, 후(後) 훈련받는 방식을 활용하는 유급고용제도이다.

① 지원고용 ② 할당고용 ③ 우선고용 ④ 보호고용

출제의도 2011년 출제이긴 하지만 단독문제로 출제된 적이 있는 만큼 지원고용에 대한 기본 내용은 정리해둘 필요가 있다고 생각해 출제하였다.

13 ①이 답인 이유

ㄱ. 경험적 가족치료모델의 대표적 인물인 버지니아 사티어(V. Satir)는 가족의 의사소통 유형을 **일치형, 비난형, 회유형, 계산형(초이성형), 산만형(혼란형)** 의 5가지로 구분하고 가족이 보다 일치형의 의사소통을 할 수 있도록 개입한다.
ㄴ. 해결중심모델은 문제가 아니라 문제가 없거나 해결된 상태를 확인해 그것을 강화하고 확대하는 데 초점을 둔다. 따라서 예외질문을 통해 문제가 발생하지 않은 예외적 상황을 탐색한다.

오답 체크

ㄷ. 인지행동모델에서는 클라이언트가 비합리적 신념이나 왜곡된 인지문제로 인해 행동이나 감정, 혹은 사회적 관계에서 문제를 경험한다고 보고 이러한 잘못된 인지 및 행동을 수정하는 데 초점을 둔다. 따라서 강점관점이 아니라 **문제중심적인** 관점에 입각한 실천모델에 해당한다. ㄷ에 해당되는 모델은 권한부여모델과 해결중심모델이다.
ㄹ. 문제와 사람을 분리시키는 외현화(=외재화) 기법은 전략적 가족치료모델이 아니라 **이야기치료**의 개입기법이다.

14 ②가 답인 이유

개별화(individualization)란 클라이언트마다 개별적인 **독특한** 자질과 특성이 있다는 것을 인정하고 이해하여 개별 클

라이언트를 원조하는 내용과 방법을 개개인에게 부합하게 차별적으로 사용하는 것을 말한다.

오답 체크
①은 통제된 정서적 관여, ③은 비심판적 태도, ④는 자기결정의 원칙에 해당한다.

15 ④가 답인 이유
- 미누친의 구조적 가족치료모델에서는 극단적인 가족문제는 가족이 지나치게 유리되거나 밀착된 경우 발생한다고 보았다.
- 유리된 가족은 가족의 경계가 경직된 경우를 말하며, 가족성원들이 서로에게 무관심하고 의사소통에 융통성이 없다.
- 이에 반해 밀착된 가족은 가족의 경계가 모호한 경우를 말하며, 가족성원들이 서로에게 지나치게 간섭하고 의존하는 특징을 보인다.
- 가장 건강한 가족은 명확한 경계를 가진 가족으로 가족성원들이 독립성을 유지하면서도 '우리'라는 결속과 친밀도도 높은 특징을 보인다.

16 ④가 답인 이유
오답 체크
① 적합성(goodness-of-fit)이란 인간의 욕구와 환경자원이 부합되는 정도를 말한다. 체계가 균형을 위협받았을 때 이를 회복하려는 경향은 **항상성(homeostasis)**이다.
② 엔트로피(entropy)는 체계 내에 무용한 에너지가 증가하는 것이다. 체계 내에 유용한 에너지가 증가하는 것은 **시너지(synergy)**이다.
③ 역엔트로피(negentropy)는 체계 내에 무용한 에너지가 감소하면서 무질서와 혼란이 질서로 전환되는 것을 의미한다. 외부로부터 새로운 에너지의 투입 없이 현상을 유지하려는 속성은 **균형(equilibrium)**이다.

17 ②가 답인 이유
잔여적 관점에서는 절대적 빈곤 개념에 따라 빈곤수준을 낮게 책정하지만, 제도적 관점에서는 상대적 빈곤 개념에 따라 사회적 박탈감을 인정한다.

18 ③이 답인 이유
사례관리자는 자원연결, 조정, 옹호와 같은 **간접적** 개입이나 교육, 상담 등의 **직접적** 개입을 모두 활용할 수 있다.

19 ③이 답인 이유
복수의 대상, 문제, 상황에 기초선 기간(혹은 개입을 도입하는 시점)을 서로 다르게 적용하는 단일사례설계를 복수기초선설계(혹은 다중기초선설계)라 한다. 제시된 개입사례에서는 복수의 문제에 대해 기초선 기간을 달리 적용(학업문제는 1주일, 교우관계 문제는 2주일)하는 복수기초선설계를 적용할 수 있다.

20 ④가 답인 이유
- 노년기에도 중년기의 활동을 가능한 한 유지하거나 대체 활동을 찾는 것이 중요하다고 보는 이론적 입장은 활동이론이다.
- 따라서 노인이 되어도 일이나 여타 사회적으로 의미 있는 다양한 활동에 참여할 수 있는 기회를 활성화하는 다양한 노년기 지원프로그램은 이러한 이론적 입장을 바탕으로 한다고 볼 수 있다.

오답 체크
① 분리이론은 노년기는 사회활동으로부터 일정 정도 분리되는 것이 노인과 사회 모두에게 필요하다고 본다.
② 교환이론은 노인문제의 원인이 노인들이 교환할 수 있는 자원의 감소에 있다고 본다.
③ 현대화이론은 노인의 사회적 지위와 역할의 변화를 사회구조적으로 설명하는 카우길(Donald O. Cowgill)의 이론으로, 한 사회의 현대화 정도가 높을수록 노인의 지위와 역할은 더욱 낮아진다고 본다.

제27회 모의고사 2011년 국가직 동형 모의고사

1	2	3	4	5	6	7	8	9	10
③	③	②	③	①	④	④	③	①	①
11	12	13	14	15	16	17	18	19	20
②	④	④	②	②	④	①	④	③	①

01 ③이 답인 이유
현금급여는 현물급여에 비해 규모의 경제 효과가 떨어진다.

02 ③이 답인 이유
- 「가정폭력방지 및 피해자보호 등에 관한 법률」, 「성폭력방지 및 피해자보호 등에 관한 법률」, 「성매매방지 및 피해자보호 등에 관한 법률」은 사회복지사업 관련 법률이지만, 「가정폭력범죄의 처벌 등에 관한 특례법」, 「성폭력범죄의 처벌 등에 관한 특례법」, 「성매매알선 등 행위의 처벌에 관한 법률」, 「아동학대범죄의 처벌 등에 관한 특례법」은 그렇지 않다.
- 비슷해보여도 '방지, 피해자보호'가 법명에 들어간 법률들은 「사회복지사업법」에서 사회복지사업을 규정한 법률에 포함되지만 '범죄, 처벌'이 법명에 들어간 법률들은 법무부 소관으로 사회복지사업과 관련이 없다.

03 ②가 답인 이유
윌렌스키와 르보는 사회복지활동의 기준 중 하나로 공식적 조직에 의한 활동이어야 함을 제시했다. 이 기준에 의하면 비공식적 조직을 통한 활동은 사회복지활동이라고 볼 수 없다.

옳은 지문 보충설명

① 사회복지공동모금회의 모금과 배분 활동 – 공식적 조직에 의한 활동이므로 사회복지활동이라고 볼 수 있다.
③ 사회복지법인의 지역아동센터 운영 – 공식적 조직에 의한 활동이므로 사회복지활동이라고 볼 수 있다.
④ 사회복지관의 도시락배달 서비스 – 음식이 필요한 클라이언트에게 도시락을 배달하는 서비스는 인간의 소비욕구에 대한 직접적 관심에 해당하고 해당 서비스를 공식적 조직을 통해 제공하므로 사회복지활동이라고 볼 수 있다.

04 ③이 답인 이유
- 사회적 배제는 주로 **경제적 차원(소득 결핍)에 집중되었던 기존의 빈곤 패러다임을 대체**하여 빈곤문제를 보다 역동적이고 다차원적인 관점에서 접근하기 위해 **1990년대 유럽을 중심으로 출현**한 개념이다.
- 사회적 배제(social exclusion) 개념을 통해 사회에서 다차원적인 영역에서 배제가 이루어지는 과정에 초점을 두게 되었고, 사회적으로 배제된 이들에 대한 사회통합(social inclusion)의 도모를 강조하게 되었다.

05 ①이 답인 이유
①은 1983년 「사회복지사업법」 개정에서 도입되었고, ②는 1988년, ③은 1989년, ④는 2005년에 해당된다.

06 ④가 답인 이유
우리나라에서 빈곤한 백성에게 양곡을 대여해주고 추수기에 돌려받았던 최초의 제도는 **고구려**시대의 진대법이다.

07 ④가 답인 이유
- 소극적 집합주의(중도파)는 자유, 개인주의, **경쟁적 사기업**을 중심 가치로 하며, 자본주의가 효율적이고 공정하게 기능하려면 어느 정도의 정부 개입과 규제가 필요하다고 본다.
- 자유, 개인주의, 불평등을 중심 가치로 하는 이념은 **반집합주의(신우파)**이다.

08 ③이 답인 이유
사회복지사는 한국사회복지사협회 등 전문가 단체의 활동에 적극적으로 참여하여, **사회정의 실현과 사회복지사의 권익 옹호**를 위해 노력한다.

09 ①이 답인 이유
- 권력의 소재를 전문가의 후원자나 고용기관으로 보는 모델은 **사회계획모델**이다.
- 사회행동모델에서는 권력구조를 파괴되어야 하는 억압세력이자 반대세력이라고 간주한다.

10 ①이 답인 이유
기획예산은 명확한 목표 설정과 달성을 강조한다. 그러나 사회복지조직의 경우 목표가 모호한 특성이 있어 기획예산의 활용도가 높지 않다.

오답 체크

② 품목별 예산은 지출 근거를 명확히 하여 예산 통제에 효과적인 반면 예산 증감의 **신축성이 없고 비탄력적**이다.

③ **기획예산**은 지출과 조직의 장기적인 목표를 연동시켜 목표를 합리적으로 달성하는 데 유용하다.
④ 영기준 예산은 모든 사업을 매년 처음 시작한다는 전제 하에 사업 필요성에 대한 정당성을 비교하여 우선순위에 따라 예산을 수립하기 때문에 장기적 계획에 따른 사업 예산으로는 적합하지 않다. **장기적 계획 수립에 유용한 예산모형은 기획예산**이다.

11 ②가 답인 이유
인지행동모델은 클라이언트의 주관적 경험과 책임을 강조한다. 그러나 장기개입 모델이 아니라 **시간제한적인 단기개입 모델**이다.

12 ④가 답인 이유
집단사회복지실천 과정에서는 집단의 상호작용을 촉진하고 목적을 달성하기 위해서 적절한 프로그램을 활용하게 되는데, 사회복지사는 프로그램 자체에 대한 지나친 강조로 집단성원에게 스트레스를 주지 않도록 유의해야 하며, 프로그램 활용의 시의적절성(①), 프로그램의 적합성(②), 집단성원의 참여동의(③), 프로그램의 안전성 등을 고려해서 적절한 활동을 선택해야 한다.

13 ④가 답인 이유
질적조사는 양적조사에 비해 조사절차가 유연하지만, 조사결과의 일반화 가능성은 **낮다**.

14 ②가 답인 이유
ㄷ. 한국장애인고용공단은 「장애인고용촉진 및 직업재활법(장애인고용법)」에서 규정하고 있다.
ㄹ. 발달장애인지원센터는 「발달장애인권리보장 및 지원에 관한 법률(발달장애인법)」에서 규정하고 있다.

15 ②가 답인 이유
각 모델이 학생문제의 주된 원인을 바라보는 관점은 다음과 같다.
① 사회적 상호작용모델 – 다양한 체계들 사이의 역기능적 상호작용
② 학교변화모델 – 학교의 역기능적인 규정이나 방침
③ 전통적 임상모델 – 학생 개인이나 가족
④ 지역사회-학교모델 – 지역사회와 학교 사이의 상호이해 및 협력의 부족

16 ④가 답인 이유
저출산·고령사회정책에 관한 중요사항을 심의하기 위하여 **대통령** 소속하에 저출산·고령사회위원회를 둔다.

17 ①이 답인 이유
- 경기침체, 전쟁이나 재난, 금융위기 등과 같은 위험을 '세대 간 위험'이라 한다.
- 특정 세대만 특정 시기에 어려움을 겪을 수 있어 적립방식은 이러한 위험에 대한 세대 간 분산이 어렵다. 따라서 **적립방식은 세대 간 위험에 취약**하다. 예를 들어, 근로연령 시기에 IMF 경제위기를 겪어 실직이나 저임금으로 힘들었던 사람들은 보험료를 적게 적립할 수밖에 없게 되고 이로 인해 이후 연금수급연령에 도달했을 때 받을 수 있는 급여액도 줄어들 수밖에 없는데, 근로시기에 특정 세대가 겪는 위기가 고스란히 해당 시기의 노년으로까지 이어진다는 점에서 세대 간 위험분산이 이루어지지 못한다는 것이다.
- 이와 달리 부과방식은 이러한 위험을 세대 간에 분산할 수 있는 장점이 있다.

18 ④가 답인 이유
「장애인복지법」상 용어 정의에서 "장애인학대"란 장애인에 대하여 **신체적**·정신적·정서적·**언어적**·성적 폭력이나 가혹행위, **경제적 착취**, 유기 또는 **방임**을 하는 것을 말한다.

19 ③이 답인 이유
사례관리는 **만성적이거나 장기적인 욕구**를 가진 클라이언트를 지역사회의 공식 및 비공식자원을 활용해 지속적으로 원조(지역사회 보호의 연속성 속에서 보호)하기 위해 도입된 실천방법이다.

20 ①이 답인 이유
- 자녀의 사춘기를 처음 겪는 거라 많이 당황스럽고 힘드시겠어요. → **공감** 기법에 해당
- 사춘기가 되면 대부분의 아이들이 그래요. 그래서 아이가 사춘기 되면서 너무 달라졌다고 비슷하게 하소연하시는 부모님들을 많이 만났습니다. → **일반화** 기법에 해당
- 자녀분의 행동은 문제라기보다는 발달단계에 맞는 자연스럽고 정상적인 변화의 과정으로 보입니다. → **재명명** 기법에 해당

제28회 모의고사 2010년 지방직 동형 모의고사

1	2	3	4	5	6	7	8	9	10
④	①	③	③	①	②	④	②	②	③
11	12	13	14	15	16	17	18	19	20
②	④	②	①	③	③	①	②	④	②

01 ④가 답인 이유
이 문제는 사회복지 유사 개념을 구분하는 문제이다. 클라이언트(개인, 가족, 지역사회 등)의 문제해결이나 기능수행을 돕는 전문적인(전문적인 지식과 기술에 기반을 둔) 실천을 '사회사업(social work)'이라 한다. 사회사업의 핵심 키워드는 전문, 지식, 기술, 실천, 클라이언트(개인, 가족, 집단, 지역사회 등) 등이다.

02 ①이 답인 이유
엄격한 양적지표를 통한 성과평가에서는 양적지표를 얼마나 충족했는가가 곧 성과로 간주되기 때문에 직원들이 실질적 성과보다 양적인 지표를 충족하는 데 치중하게 되는 경향이 있는데 이를 '기준행동'이라 한다. 예를 들어 사례관리 업무를 클라이언트 접촉횟수라는 계량화된 지표(양적지표)로 평가하면, 사례관리를 통해 클라이언트의 문제를 보다 잘 해결하는 것보다 접촉횟수를 늘리는 일에 치중하기 쉽다.

오답 체크

② 매몰비용(sunk cost): 이미 지출되었기 때문에 회수가 불가능한 비용. 일반적으로 매몰비용이 클수록 변화에 대한 저항도 커지게 된다.
③ 크리밍(creaming): 서비스 조직들이 접근성 메커니즘을 조정하여 보다 유순하고 성공 가능성이 높은 클라이언트들을 선발하고 비협조적이거나 어려울 것으로 예상되는 클라이언트를 배척하는 경향. 이러한 크리밍 경향은 조직이 외부 환경과의 관계 속에서 생존 가능성을 극대화하는 전략의 일환이라고도 볼 수 있다.
④ 레드 테이프(red tape): 관료제의 지나친 형식주의 또는 문서주의

03 ③이 답인 이유
작업장법(1722년)은 중상주의의 영향으로 노동능력이 있는 빈민들에 대한 작업장 활용을 강화하기 위한 정책으로 인도주의적 성격의 제도가 결코 아니었다. 빈민들의 처우를 개선하고자 했던 인도주의적 제도에는 길버트법(1782년)과 스핀햄랜드법(1795년)이 있다.

04 ③이 답인 이유
정신건강전문요원 중 정신건강사회복지사가 고유하게 담당하는 업무(고유 업무)는 ㄱ과 ㄹ의 두 가지 업무이다.

오답 체크

ㄴ. 정신질환자 등과 그 가족의 권익보장을 위한 활동 지원은 모든 정신건강전문요원의 공통 업무에 속한다.
ㄷ. 정신질환자 등에 대한 심리 평가 및 심리 교육은 정신건강임상심리사의 고유 업무에 속한다.

05 ①이 답인 이유
제3의 길은 결과의 평등보다는 기회의 평등을 중시한다.

06 ②가 답인 이유
- ②의 규정은 개정 전 버전에는 있었던 내용이지만, 2023년 4월 개정과정에서 빠진 내용으로 현재는 ②와 같은 규정은 윤리강령에 없다.
- 개정 전 버전에서는 [사회복지윤리위원회의 구성과 운영]이라는 아래와 같은 규정이 포함되었지만, 개정과정에서 모두 삭제되어 현재 윤리강령에는 아래 내용이 포함되지 않으므로 아래 내용이 출제되면 '오답'이라고 바로 판단하자.

> **사회복지윤리위원회의 구성과 운영**
> (기존 윤리강령에는 있었지만, 현재는 모두 삭제됨)
> 1) 한국사회복지사협회는 사회복지윤리위원회를 구성하여, 사회복지윤리실천의 질적인 향상을 도모하여야 한다.
> 2) 사회복지윤리위원회는 윤리강령을 위배하거나 침해하는 행위를 접수받아, 공식적인 절차를 통해 대처하여야 한다.
> 3) 사회복지사는 한국사회복지사협회의 윤리적 권고와 결정을 존중하여야 한다.

07 ④가 답인 이유
상담건수는 논리모형의 산출(output) 요소에 해당하는 게 맞지만, **프로그램 참여자의 인지·정서·행동·상태 등의 변화는 논리모형의 성과(outcome) 요소**에 해당한다.

08 ②가 답인 이유
ㄴ. **대인면접조사(면접설문조사)**는 자기기입식 조사(우편설문조사)에 비해 높은 응답률이나 심층규명 등의 장점을 가지지만 **익명성 보장이 어렵고** 조사대상자에 대한 **접근성이 떨어지며** 시간과 비용이 많이 드는 단점이 있다.
ㄹ. **2차 자료분석**은 조사자가 설문조사, 면접, 관찰 등의 방

법을 통해 직접 새로운 자료(data)를 수집하는 대신 이미 존재하고 있는 기존 자료(이를 2차 자료라 함)를 분석하는 방법으로, 자료수집 과정에서 발생할 수 있는 관여성(조사자가 조사대상자의 응답에 미치는 영향)과 반응성(조사대상자가 조사를 의식하여 반응하는 경향)이 발생하지 않는 **비관여적, 비반응적** 조사방법이다.

오답 체크

ㄱ. 집단구성원 간 활발한 토의와 상호작용 속에서 해결을 요하는 주요 문제와 욕구를 조사하는 자료수집방법은 명목집단조사가 아니라 초점집단조사이다. 명목집단조사는 **초점집단조사**와 달리 집단구성원 간 상호작용이 별로 없는, 명목상으로만 집단의 형식을 취한다는 특징이 있다.

ㄷ. 관찰조사의 장점은 무의식적 행동이나 비언어적 행동에 대한 자료수집이 용이하다는 점이다. 그러나 **계량화가 어렵고** 그로 인해 **신뢰도 검증 또한 어렵다**는 단점이 있다.

09 ③이 답인 이유

- 읍·면·동 단위 지역사회보장협의체에서는 심의 역할을 담당하지 않고 지역에서 **도움이 필요한 사람**과 활용 가능한 **자원**을 발굴하여 **지역사회보호체계**를 구축하고 **지역 특화사업**을 기획하여 추진하는 등의 실질적인 역할을 수행한다.
- 시·도 지역사회보장계획에 대한 심의는 시·도사회보장위원회에서, 시·군·구 지역사회보장계획에 대한 심의는 시·군·구 지역사회보장협의체에서 맡는다.

10 ③이 답인 이유

③은 교사(교육자) 혹은 훈련가 역할에 해당하는 사례이다.

11 ②가 답인 이유

보건복지부장관은 **시·도** 지역사회보장계획의 시행결과를, 시·도지사는 시·군·구 지역사회보장계획의 시행결과를 평가할 수 있다.

옳은 지문 보충설명

① 2003년 「사회복지사업법」이 개정되면서 지방자치단체의 지역사회복지계획 수립이 의무화되었고(이를 근거로 수립된 1기 계획 기간은 2007년~2010년이며, 2024년 현재는 제5기에 해당한다), 지역사회복지협의체 설치 근거를 마련하였다. 이후 2014년에 「사회보장급여의 이용·제공 및 수급권자 발굴에 관한 법률」(사회보장급여법)이 제정되면서 각각 지역사회보장계획, 지역사회보장협의체로 이름이 변경되어 「사회보장급여의 이용·제공 및 수급권자 발굴에 관한 법률」으로 이관되었고, 「사회복지사업법」의 해당 규정은 삭제되었다. 따라서 현재의 법적 근거는 「사회보장급여의 이용·제공 및 수급권자 발굴에 관한 법률」이다.

12 ④가 답인 이유

'전문적 권위'란 클라이언트를 원조할 수 있는 전문성을 가졌다고 클라이언트와 기관에 의해 사회복지사에게 위임된 권한을 의미하며, 클라이언트가 사회복지사를 전문적 권위를 가진 사람으로 인식하는 것은 전문적인 신뢰관계(라포) 형성에 도움이 된다.

13 ②가 답인 이유

시·군·구 및 읍·면·동의 사회복지전담공무원은 보장기관의 보장업무 담당자로, 신고의무자가 아니라 신고 접수를 받는 자이다.

「사회보장급여의 이용·제공 및 수급권자 발굴에 관한 법률」제13조 (지원대상자 발견 시 신고의무)

① 누구든지 출산, 양육, 실업, 노령, 장애, 질병, 빈곤 및 사망 등의 사회적 위험으로 인하여 사회보장급여를 필요로 하는 지원대상자를 발견하였을 때에는 보장기관에 알려야 한다.

② 다음 각 호의 어느 하나에 해당하는 사람은 그 직무상 제1항과 같은 사회적 위험으로 인하여 사망 또는 중대한 정신적·신체적 장애를 입을 위기에 처한 지원대상자를 발견한 경우 지체 없이 보장기관에 알리고, 지원대상자가 신속하게 지원을 받을 수 있도록 노력하여야 한다.

1. 사회복지시설의 장과 그 종사자
2. 「장애인활동 지원에 관한 법률」에 따른 활동지원기관의 장 및 그 종사자 및 활동지원인력
3. 의료인과 의료기관의 장
4. 의료기사
5. 응급구조사
6. 구조대 및 구급대의 대원
7. 경찰공무원
8. 자치경찰공무원
9. 정신건강복지센터의 장과 그 종사자
10. 어린이집의 원장 등 보육교직원
11. 유치원 교직원 및 강사 등
12. 초·중·고등학교 교직원, 전문상담교사, 산학겸임교사 등
13. 학원의 운영자·강사·직원 및 교습소의 교습자·직원
14. 성폭력피해상담소의 장과 그 종사자 및 성폭력피해자보호시설의 장과 그 종사자
15. 성매매피해자 지원시설의 장과 그 종사자 및 성매매피해상담소의 장과 그 종사자
16. 가정폭력 관련 상담소의 장과 그 종사자 및 가정폭력피해자 보호시설의 장과 그 종사자
17. 건강가정지원센터의 장과 그 종사자
18. 장기요양기관의 장과 그 종사자
19. 보건소의 방문간호 업무 종사자
20. 다문화가족지원센터의 장과 그 종사자
21. 이장 및 통장

22. 공동주택 관리주체
23. 자살예방센터의 장과 그 종사자
24. 전기, 수도, 도시가스 검침 및 안전점검 관련 업무 종사자
25. 국민연금공단, 국민건강보험공단 및 근로복지공단에서 보험료의 납부·징수나 연금·보험급여의 지급 등과 관련한 민원 또는 상담 업무에 종사하는 자

14 ①이 답인 이유

- 보건복지부는 국민의 복지체감도와 사회복지현장의 업무 효율성 향상을 위해 기존 사회보장정보시스템을 전면 재구축하는 차세대 사회보장정보시스템 구축사업을 실시하였다. 핵심내용은 개인의 소득, 재산, 인적사항을 분석하여 받을 수 있는 복지서비스를 선제적으로 알려주는 **'맞춤형 급여 안내(복지멤버십)' 제도**의 도입에 있는데, 이 제도는 2021년 9월부터 사회보장급여 신규신청자 대상으로 우선 도입한 후 단계적으로 대상을 확대해 2022년 전 국민 대상으로 확대했다. 이를 통해 누구나 가입을 통해 자신이 받을 수 있는 복지혜택을 안내받을 수 있다.
- 법적 근거 : 「사회보장급여의 이용·제공 및 수급권자 발굴에 관한 법률」 제22조의2(맞춤형 급여 안내)

① 보건복지부장관과 보장기관의 장은 사회보장급여 신청권자의 신청을 받아 주기적으로 사회보장급여의 수급가능성을 확인하여 그 결과를 안내(이하 "맞춤형 급여 안내"라 한다)할 수 있다.(2020.12 신설, 2021.9 시행)

오답 체크

② **아동학대 조사의 공공화**를 위해 아동학대 조사업무를 지방자치단체의 아동학대전담공무원이 담당하기 시작한 시기는 **2020년 10월**부터이고, 사회서비스 공공성 강화를 위해 **사회서비스원을 설치하기 시작**한 시기는 **2019년**부터이다.

③ 「사회복지사업법」 **2003년 개정에서는 시·군·구 지역사회복지협의체 설치가 법제화**되었고(기존에 시·군·구에 설치되어 있던 사회복지위원회를 폐지하고 지역사회복지협의체를 설치하도록 규정), 읍·면·동 단위 지역사회보장협의체 설치가 법제화된 것은 「사회보장급여의 이용·제공 및 수급권자 발굴에 관한 법률」이 제정·시행되면서이다.

④ 시·군·구는 지역사회복지사업 및 자활지원사업의 수행능력과 경험이 있는 사회복지법인 등 비영리법인과 단체를 지역자활센터로 **지정할 수 있으며**, 사회복지법인 등 비영리법인이 없거나 자활사업 수행이 어렵다고 판단되는 지역의 경우, 지방자치단체에서 지역자활센터를 **직접 신청하여 운영할 수 있다.**

15 ③이 답인 이유

- 다세대 가족치료모델은 보웬(M. Bowen)이 제안한 가족치료모델로 자아분화, 가족투사, 다세대 전수, 삼각관계 등을 핵심 개념으로 한다.
- 다세대 가족치료모델의 개입목표는 가족구성원의 자아분화 촉진과 탈삼각화에 있으며, 이를 위해 사용되는 대표적인 개입기법으로 가계도, 코칭, 나 입장 취하기 등이 있다.

16 ③이 답인 이유

핀커스와 미나한의 4체계는 클라이언트체계, 변화매개체계, 표적체계, 행동체계이다. ①은 변화매개체계, ②는 표적체계, ③은 응답체계, ④는 행동체계이며, 이 중 응답체계는 콤튼과 갤러웨이가 6체계모델로 확장하면서 추가한 체계이다.

17 ①이 답인 이유

인지행동모델에서는 인지의 변화를 위한 인지재구조화 기법과 더불어 다양한 행동수정 기법들(예 강화, 처벌, 소거, 행동조성, 체계적 둔감화, 모델링, 시연 등)을 사용한다.

오답 체크

② 개인의 발전이 병리에 의해 제한된다고 보는 관점은 **병리적 관점**이다. 해결중심모델은 병리적 관점이 아니라 개인의 발전은 항상 가능성에 개방되어 있다고 보는 강점관점을 토대로 한다.

③ 사티어는 기능적 의사소통 유형으로 일치형을, 역기능적 의사소통 유형으로 **비난형**, 회유형(아첨형), **초이성형(계산형)**, 산만형(혼란형)을 제시하였다.

④ **심리사회모델**에서는 지지하기, 직접적 영향주기, 발달적 고찰 등의 기법을 사용한다.

18 ②가 답인 이유

- 아이돌봄서비스 지원사업은 전자바우처 사업에 해당되지만, **노인맞춤돌봄서비스 지원사업은 전자바우처 사업에 해당되지 않는다.**
- 2019년까지는 노인돌봄종합서비스 지원사업이 전자바우처 사업에 속했었지만, 노인돌봄종합서비스를 포함한 기존의 6개 노인돌봄 관련 사업들을 통합하여 2020년 1월부터 '노인맞춤돌봄서비스'로 전환하면서 바우처 방식이 아니라 권역별 책임수행기관을 지정하여 서비스를 공급하도록 하는 방식으로 지원방식을 변경했다. 따라서 2020년 이후 노인맞춤돌봄은 바우처 방식이 적용되지 않는다.

출제의도) 노인돌봄이 비교적 최근(2020년부터)에 바우처 사업에서 빠졌기 때문에 현재 바우처 적용사업을 묻는 문제가 출제될 경우 오답으로 등장할 가능성이 가장 크다고 생각해 '노인맞춤돌봄'은 바우처 방식이 아님을 알아두라는 의미에서 출제하였다.

19 ④가 답인 이유

- ④에서 설명하고 있는 시설은 재가노인복지시설 중 **단기보호서비스를 제공하는 재가노인복지시설(혹은 노인단기보호시설)**에 해당한다.
- 양로시설은 노인주거복지시설 중 하나로, 노인을 입소시켜 급식과 그 밖에 일상생활에 필요한 편의를 제공함을 목적으로 하는 시설을 말한다.
- 노인복지시설 중에서도 설명을 읽어둘 필요가 있는 시설들은 다음과 같다.

1. 노인주거복지시설	
양로시설	노인을 입소시켜 급식과 그 밖에 일상생활에 필요한 편의를 제공함을 목적으로 하는 시설
노인공동생활가정	노인들에게 가정과 같은 주거여건과 급식, 그 밖에 일상생활에 필요한 편의를 제공함을 목적으로 하는 시설
노인복지주택	노인에게 주거시설을 임대하여 주거의 편의·생활지도·상담 및 안전관리 등 일상생활에 필요한 편의를 제공함을 목적으로 하는 시설
2. 노인의료복지시설	
노인요양시설	치매·중풍 등 노인성질환 등으로 심신에 상당한 장애가 발생하여 도움을 필요로 하는 노인을 입소시켜 급식·요양과 그 밖에 일상생활에 필요한 편의를 제공함을 목적으로 하는 시설
노인요양공동생활가정	치매·중풍 등 노인성질환 등으로 심신에 상당한 장애가 발생하여 도움을 필요로 하는 노인에게 가정과 같은 주거여건과 급식·요양, 그 밖에 일상생활에 필요한 편의를 제공함을 목적으로 하는 시설
3. 노인여가복지시설	
노인복지관	노인의 교양·취미생활 및 사회참여활동 등에 대한 각종 정보와 서비스를 제공하고, 건강증진 및 질병예방과 소득보장·재가복지, 그 밖에 노인의 복지증진에 필요한 서비스를 제공함을 목적으로 하는 시설
경로당	지역노인들이 자율적으로 친목도모·취미활동·공동작업장 운영 및 각종 정보교환과 기타 여가활동을 할 수 있도록 하는 장소를 제공함을 목적으로 하는 시설
노인교실	노인들에 대하여 사회활동 참여욕구를 충족시키기 위하여 건전한 취미생활·노인건강유지·소득보장 기타 일상생활과 관련한 학습프로그램을 제공함을 목적으로 하는 시설
4. 재가노인복지시설(제공되는 서비스 유형)	
방문요양서비스	가정에서 일상생활을 영위하고 있는 노인(이하 "재가노인")으로서 신체적·정신적 장애로 어려움을 겪고 있는 노인에게 필요한 각종 편의를 제공하여 지역사회 안에서 건전하고 안정된 노후를 영위하도록 하는 서비스
주·야간보호서비스	부득이한 사유로 가족의 보호를 받을 수 없는 심신이 허약한 노인과 장애노인을 주간 또는 야간 동안 보호시설에 입소시켜 필요한 각종 편의를 제공하여 이들의 생활안정과 심신기능의 유지·향상을 도모하고, 그 가족의 신체적·정신적 부담을 덜어주기 위한 서비스
단기보호서비스	부득이한 사유로 가족의 보호를 받을 수 없어 일시적으로 보호가 필요한 심신이 허약한 노인과 장애노인을 보호시설에 단기간 입소시켜 보호함으로써 노인 및 노인가정의 복지증진을 도모하기 위한 서비스
방문 목욕 서비스	목욕장비를 갖추고 재가노인을 방문하여 목욕을 제공하는 서비스

출제의도) 최근 청소년복지시설과 정신건강증진시설에서는 단순한 유형 분류를 넘어 각 시설에 대한 옳은 설명을 찾는 문제가 연달아 출제되었다. 노인복지시설은 유형 분류 수준에서 수차례 이미 문제가 출제되어왔으므로, 「노인복지법」에서 규정하는 각 시설의 설명을 구분하는 문제가 최근의 청소년복지시설이나 정신건강증진시설 문제에서처럼 언제라도 새롭게 출제될 가능성이 있다. 따라서 각 시설에 대한 설명도 구분을 위한 키워드 중심으로 정리해두는 것이 좋겠다.

20 ②가 답인 이유

1961년에 「생활보호법」이 제정되면서 우리나라의 공공부조가 본격적으로 시행되었다.

제29회 모의고사 2010년 국가직 동형 모의고사

1	2	3	4	5	6	7	8	9	10
②	③	④	④	①	④	③	②	①	③
11	12	13	14	15	16	17	18	19	20
④	①	②	②	④	①	③	③	②	①

01 ②가 답인 이유
- 이 문제는 시장실패를 묻고 있다. 문제의 지시문과 각 보기도 시장실패를 좀 더 풀어쓰고 있는 문제 형태라는 것을 빨리 눈치 채자.
- 규모의 경제(economies of scale)란 생산량(혹은 구매량)이 늘어나면 생산비용(혹은 구매비용)이 줄어드는 효과를 말한다. 국가가 복지를 담당하여 대량생산 대량소비를 하게 되면 단위당 생산비용 및 운영비용이 절감되는 규모의 경제 효과가 나타난다.

오답 체크
① 어떤 경제활동과 관련하여 제3자에게 의도하지 않은 혜택이나 손해를 가져다주면서도 이에 대한 대가를 받지도 지불하지도 않는 것은 무임승차가 아니라 '**외부효과**'이다.
③ 보험을 민간에 자율적인 방식으로 맡기는 경우 위험발생 가능성이 큰 사람들만 주로 가입하는 문제는 도덕적 해이가 아니라 '**역 선택**' 문제이다.
④ 국가 개입의 필요성에 해당하는 시장실패 요인 중 하나는 위험발생 **상호의존**이다. 즉 경제불황기에 사람들의 실업 위험은 상호 독립적이지 않으며, 마찬가지로 전염병이 창궐하는 시기에 사람들에게 질병이라는 위험이 발생할 가능성 또한 상호 독립적이지 않다. 이런 문제에 대해서는 국가가 나서야 할 필요가 있다.

02 ③이 답인 이유
기여를 많이 하면 급여도 많이 받는다는 보험수리의 원칙을 따르는 사회보험제도는 비례적 평등의 가치를 반영한다. 노령연금은 가입기간이 길수록, 납부한 보험료가 많을수록 급여도 많아지는 비례적 평등의 가치를 반영한다. 이에 비해 아동수당, 기초생활보장제도의 생계급여, 기초연금 등은 수량적 평등(결과의 평등) 가치를 반영한다.

03 ④가 답인 이유
보수주의(조합주의) 복지국가는 시장에서 형성된 사회계층 및 사회적 지위를 사회복지정책을 통해 그대로 유지하는 것을 강조한다. 따라서 사회보험을 활용해 직업별·계층별로 다른 종류의 복지급여를 제공하는 특징을 보인다.

오답 체크
①은 사회민주주의 복지국가에 해당한다.
②는 자유주의 복지국가에 해당한다.
③에서 독일과 프랑스는 보수주의 복지국가에 속하지만, 스웨덴과 덴마크는 사회민주주의 복지국가에 해당한다.

04 ④가 답인 이유
사회복지실천은 사회복지사가 클라이언트의 문제를 해결해주는 것이 아니라 '클라이언트의 문제해결능력과 대처능력을 향상시키는 것'을 목적으로 한다.

05 ①이 답인 이유
- 복지국가발달에서 사회복지정책의 공급자로서 국가가 담당하는 적극적 역할을 강조한 이론은 국가중심이론이다.
- 국가중심이론에서는 산업화로 파생된 문제, 사회안정과 질서 유지, 강력해진 노동자들의 요구, 독점자본가들의 요구, 이익집단의 요구 등 다양한 요구와 수요가 복지국가의 발달의 핵심 요인이라기보다는 **국가구조의 특성, 행정관료의 성향, 정치가의 개혁성 등 국가 변수가 보다 중요**하다고 본다.

06 ④가 답인 이유
①은 미즐리와 리버모어(Midgley & Livermore), ②는 기든스(A. Giddens), ③은 윌렌스키와 르보(Wilensky & Lebeaux)에 해당한다.

07 ③이 답인 이유
마르크스주의에서는 복지국가는 자본주의체제 영속화를 위한 수단일 뿐이며, 사회복지정책의 확대로 자본주의체제의 근본적인 모순을 극복할 수는 없다고 본다.

08 ②가 답인 이유
①, ③, ④는 프로그램 **노력성(effort)**을 평가하는 기준이고, ②의 프로그램 담당자의 **전문자격** 보유 여부는 **서비스의 질**을 평가하는 지표이다.

09 ①이 답인 이유
심리사회모델의 기법 중 발달적 고찰(developmental

reflection)은 성인기 이전의 생애경험과 이런 경험이 현재 기능에 미치는 영향에 대해 고찰하는 기법이다. 제시된 사례는 클라이언트가 현재 사춘기 딸과의 관계에서 겪는 어려움을 자신의 사춘기 시절 엄마와의 관계와 연계하여 고찰해 보도록 하고 있으므로 심리사회모델의 발달적 고찰 기법에 해당한다고 볼 수 있다.

10 ③이 답인 이유

- 로스만은 ① 지역사회개발모델, ② 사회계획모델, ③ 사회행동모델을 제시했다. 이 중 **사회계획모델은 전문가 주도**적인 모델로, 지역주민은 전문가에 의한 문제해결의 결과에 대한 단순 수혜자 정도의 역할만 한다고 가정된다.
- 지역사회보호모델은 로스만이 아니라 포플(K. Popple)이 제시한 모델이다.

11 ④가 답인 이유

- 노인장기요양보험 제도는 65세 이상의 노인 또는 65세 미만의 자로서 치매·뇌혈관성질환 등 대통령령으로 정하는 노인성 질병을 가진 자에게 제공하는 신체활동 또는 가사활동 지원 등의 장기요양급여를 제공하는 기여-비자산조사 방식의 사회보험 제도이다.
- **노인장기요양보험의 보험자**는 국민건강보험과 마찬가지로 **국민건강보험공단**이다. 노인장기요양보험의 **가입자는 국민건강보험 가입자와 같다.**

오답 체크

① 「노인장기요양보험법」의 제정은 2007년, **시행은 2008년**이다.
② 단기보호 서비스는 재가급여에 해당하며, 길버트와 테렐이 분류한 급여 유형 중 **현물급여**에 해당한다.
③ 혈관성 치매는 「노인장기요양보험법 시행령」에서 규정하는 노인성 질병에 해당되지만, **당뇨병과 고혈압은 해당되지 않는다.**

12 ①이 답인 이유

어린이집 폐쇄명령을 받고 5년이 경과되지 아니한 자는 어린이집을 설치·운영할 수 없다.

오답 체크

② 국공립어린이집 외의 어린이집을 설치·운영하려는 자는 특별자치시장·특별자치도지사·시장·군수·구청장의 **인가**를 받아야 한다. 인가받은 사항 중 중요 사항을 변경하려는 경우에도 또한 같다.
③ 정원은 총 **300명**을 초과할 수 없다.
④ **국공립어린이집**은 취약지역, 산업단지 지역에 우선적으로 설치하여야 한다.

13 ②가 답인 이유

- 제시된 법률 중 사회복지사업 관련 법령은 「장애인연금법」, 「정신건강증진 및 정신질환자 복지서비스 지원에 관한 법률」, 「성폭력방지 및 피해자보호 등에 관한 법률」, 「장애인 활동지원에 관한 법률」은 네 가지이다.
- 청소년 관련해서는 「청소년복지 지원법」만 해당된다.
- 사회보험제도에 해당하는 법은 모두 해당되지 않는다.
- 공공부조제도에 해당하는 「국민기초생활 보장법」, 「의료급여법」, 「긴급복지지원법」, 「기초연금법」, 「장애인연금법」은 모두 해당된다.
- 가정폭력, 성폭력, 성매매 등과 관련해서 범죄의 처벌을 규정한 법들은 해당되지 않으며, 피해자 보호 및 지원을 규정하는 법들은 해당된다.
- '기본법' 중에서는 「건강가정기본법」만 포함된다.
- 장애인 관련해서는 「장애인복지법」, 「장애인연금법」, 「장애아동복지지원법」, 「장애인 활동지원에 관한 법률」, 「장애인·노인·임산부 등의 편의증진 보장에 관한 법률」, 「발달장애인 권리보장 및 지원에 관한 법률」, 「장애인·노인 등을 위한 보조기기 지원 및 활용촉진에 관한 법률」의 7개 법령이 해당된다.

사회복지사업법상 사회복지사업을 규정하고 있는 31개 법률들

영역 구분	법률명
공공부조	국민기초생활 보장법, 의료급여법, 기초연금법, 긴급복지지원법, 장애인연금법
아동·청소년	아동복지법, 영유아보육법, 입양특례법, 청소년복지 지원법
노인	노인복지법
장애인	장애인복지법, 장애인·노인·임산부 등의 편의증진 보장에 관한 법률, 장애인활동 지원에 관한 법률, 장애아동 복지지원법, 발달장애인 권리보장 및 지원에 관한 법률, 장애인·노인 등을 위한 보조기기 지원 및 활용촉진에 관한 법률
여성·가족	한부모가족지원법, 다문화가족지원법, 성매매방지 및 피해자보호 등에 관한 법률, 성폭력방지 및 피해자보호 등에 관한 법률, 가정폭력방지 및 피해자보호 등에 관한 법률, 건강가정기본법, 일제하 일본군위안부 피해자에 대한 생활안정지원 및 기념사업 등에 관한 법률
모금·기부	사회복지공동모금회법, 식품 등 기부 활성화에 관한 법률
정신건강·노숙·보호관찰	정신건강증진 및 정신질환자 복지서비스 지원에 관한 법률, 자살예방 및 생명존중문화 조성을 위한 법률, 노숙인 등의 복지 및 자립지원에 관한 법률, 보호관찰 등에 관한 법률
기타	농어촌 주민의 보건복지증진을 위한 특별법, 북한이탈주민의 보호 및 정착에 관한 법률

14 ②가 답인 이유
근로장려세제가 2009년에 처음 시행되었을 당시에는 소득 파악이 용이한 근로소득자에 한정해 근로장려금을 지급했으나, 2012년에 자영업자 중 보험설계사와 방문판매원을 대상으로 추가하고, 2015년에는 전문직을 제외한 모든 자영업자까지로 확대했으며, 2019년에는 여기에 종교인을 더 추가하였다. 따라서 현재는 근로소득자뿐만 아니라 자영업자나 종교인도 가구원 구성과 총급여액 기준을 충족하면 근로장려금을 받을 수 있다.

15 ④가 답인 이유
- 산업재해보상보험의 급여 유형 중 **요양급여**는 치료를 위한 의료서비스를 제공하는 **현물급여**이다. **산업재해보상보험의 급여 유형 중 요양급여만 현물급여이고, 나머지는 현금급여**라고 구분하자.
- 휴업급여는 산업재해로 인한 치료기간 동안의 소득중단에 대한 소득지원 성격의 현금급여이며, 이 기간이 2년이 넘어가는 경우 휴업급여 대신 상병보상연금이 지급된다.
- 장해급여 역시 산업재해로 인한 치료가 종료된 후에 남은 장애로 인해 야기되는 소득감소에 대응하여 지급되는 현금급여이다.

16 ①이 답인 이유
- 하위 욕구가 어느 정도 충족된 후에 상위 욕구에 대한 동기가 발생한다.
- 매슬로우의 욕구 위계는 생리적 욕구, 안전의 욕구, 소속과 사랑의 욕구, 존경의 욕구, 자아실현의 욕구 순이므로, 가장 하위 욕구인 생리적 욕구가 어느 정도 충족된 후에 그 다음 단계의 욕구인 안전의 욕구에 대한 동기가 발생한다.

오답 체크
② 상위 욕구일수록 충족 비율이 작다. 가장 최상위 욕구인 자아실현 욕구를 충족하는 사람의 비율이 가장 작으며, 소수의 사람들만이 자신의 자아실현 욕구를 충족하고 살아간다.
③ 자아실현의 욕구만 성장욕구에 해당하고, 존경의 욕구를 포함하여 나머지 네 욕구는 모두 결핍욕구에 해당한다.
④ 하위 욕구일수록 강도가 더 강하다. 소속과 사랑의 욕구는 3단계, 안전의 욕구는 2단계이므로 안전의 욕구가 더 하위 욕구이며, 따라서 안전의 욕구의 강도가 더 강하다.

17 ③이 답인 이유
장애수당(「장애인복지법」에서 규정), 장애인연금(「장애인연금법」에서 규정), 생계급여(「국민기초생활 보장법」에서 규정)는 모두 공공부조로 대상자 선정을 위해 소득과 재산에 대한 자산조사를 필요로 하지만, 국민연금의 급여 유형 중 하나인 **장애연금은 자산조사를 요하지 않는 사회보험 급여**이다.

18 ③이 답인 이유
- 근로연계복지(workfare)의 형성 및 확충 과정 전반에 강한 영향을 미친 이념은 1980년대 미국과 영국의 신우파 정권의 사상적 기반이었던 신자유주의 이념이다.
- 노동(근로, work)을 조건으로 복지급여(welfare)를 제공하는 **근로연계복지(혹은 근로조건부복지)의 도입은 1980년대 반(反)복지성향의 우파 정부에 의해 주도**되었다.
- 이후 1990년대 들어 이를 적극적으로 강화한 것은 좌파 또는 중도좌파 성향의 지도자 및 정당에 의해서였는데, 근로연계복지는 기존의 보충급여 방식의 사회보장제도가 갖는 근로유인 저해(혹은 빈곤함정 유발)라는 문제를 해결하면서 빈곤을 완화할 수 있는 좋은 대안이 되었기 때문이다.
- 대표적인 근로연계복지 정책인 EITC(Earned Income Tax Credit)는 근로를 통한 소득이 있어야 혜택을 받을 수 있고, 근로소득이 증가함에 따라 혜택도 증가하는 구간을 둠으로써 근로를 유인하는 효과를 갖는다.

19 ②가 답인 이유
ㄱ. 사회복지전담요원 배치 : 1987년
ㄴ. 사회복지통합관리망 구축 : 2010년
ㄷ. 복지관 부설 재가복지봉사센터 설치 : 1992년
ㄹ. 사회보장기본계획 수립 법제화 : 2012년(제1차 기본계획은 2014년~2018년)

20 ①이 답인 이유
오답 체크
② **인간관계이론** : 조직 성과에 영향을 미치는 비합리적·정서적·비공식적 요인 강조
③ **총체적 품질관리(TQM)이론** : 팀워크에 기반을 둔 지속적인 서비스 개선 노력과 고객 중심적 서비스 품질 관리
④ **관료제이론** : 고도의 전문화와 계층제적 권한 구조

파트 2

제30회 동형 모의고사

1	2	3	4	5	6	7	8	9	10
④	②	④	①	②	④	①	②	①	③
11	12	13	14	15	16	17	18	19	20
④	①	②	②	③	③	③	④	③	④

01 ④가 답인 이유
- 자선조직협회는 빈곤의 원인을 개인의 도덕적 결함에서 찾았을 뿐, 산업화와 도시화 과정에서 나타난 구조적 빈곤의 문제는 도외시했다는 한계가 있다. 따라서 빈민에 대한 구제활동이 선별적이었고, 모든 빈민에 대한 보편적 구호제공에 대해서는 반대하였다.
- ④는 자선조직협회가 아니라 인보관운동에 해당한다.

02 ②가 답인 이유
클라이언트가 감정을 자유롭게 표현할 수 있도록 도와야 한다(의도적 감정 표현).

03 ④가 답인 이유
- 과학적 관리론과 인간관계이론 둘 다 폐쇄체계 이론에 해당(조직에 영향을 미치는 환경의 중요성을 간과하고 조직을 폐쇄체계로 간주)한다.
- 추가적으로 비교를 한다면, 생산성 향상을 위한 방법으로 과학적 관리론에서는 구성원 간 경쟁을, 인간관계이론에서는 구성원 간 협동을 강조한다는 점도 알아두자.

04 ①이 답인 이유
1980년대 미국과 영국의 신우파 정권에서는 정부의 규제와 개입을 최소화하는 소극적 자유의 보장을 강조했다. 적극적 자유의 보장은 국민들의 최저생활보장에 대한 국가 책임을 강조했던 사회민주주의나 복지국가에서 강조하는 가치이자 이념이다.

05 ②가 답인 이유
②는 중재자(mediator) 역할에 해당한다. 협상가(negotiator)는 갈등상황에 놓인 사람들 사이에서 상호 합의를 이끌어내기 위해 타협하는 역할로, 중재자와 달리 어느 한 편의 입장에 서서 협상을 진행한다.

06 ④가 답인 이유
신뢰도 평가방법 중 재검사법은 안정성의 원리에, 대안법(평행양식법, 복수양식법, 유사양식법)은 동등성의 원리에, 반분법과 크론바 알파계수는 동질성의 원리에 따라 신뢰도를 평가하는 방법이다.

오답 체크
① 측정의 신뢰도는 동일 대상의 측정값들이 일관성을 보이는 정도를 의미한다. 측정도구가 측정하고자 의도한 개념을 정확히 측정한 정도를 의미하는 개념은 **타당도**이다.
② 측정의 타당도는 내용타당도, 기준타당도(예측타당도와 동시타당도가 포함), 개념타당도(이해타당도, 수렴타당도, 판별타당도가 포함)를 통해 확인할 수 있다. 반분법이나 대안법을 통해 확인할 수 있는 것은 측정의 **신뢰도**이다.
③ 이론적 준거틀을 토대로 측정도구의 타당도를 확인하는 방법은 **개념타당도**(혹은 구성체타당도라고도 함)이다.

07 ①이 답인 이유
- ①에서 설명하고 있는 내용은 **파레토효율**에 해당한다.
- 효율(효율성)에는 수단으로서의 효율(목표효율과 운영효율)과 목표로서의 효율(파레토효율)이 있다.

효율의 유형		판단 기준
수단으로서의 효율	목표효율 (대상효율)	정책에 사용되는 자원이 정책이 목표로 하는 대상자들에게 얼마나 집중적으로 할당되는가?
	운영효율	정책을 운영하는 데 있어 얼마나 적은 비용을 사용하는가?
목표로서의 효율 (파레토효율)		다른 사람의 효용을 줄이지 않고서는 더 이상 누군가의 효용을 높이는 것이 불가능한 수준으로 배분되어 있는가?

08 ②가 답인 이유
마셜의 시민권론에서는 시민권의 발전 과정을 투쟁과 쟁취의 과정이 아니라 자연적인 진화 과정처럼 간주한다. 또한 영국, 남성, 백인에게만 유효하고 영국 이외의 국가들, 여성, 흑인 등에게는 적용이 어렵다는 한계가 있다.

09 ①이 답인 이유
①은 로버트 노직(R. Nozik)의 소유권리론에 해당하는 입장이다. 그는 정당하게 취득 혹은 교환한 소유물에 대한 권리는 소유 당사자에게 있으며 국가개입을 통한 재분배는 그러한 개인의 정당한 권리를 침해하는 일이라고 보았다. 따라서 국가에 의한 재분배를 지지한 존 롤스(J. Rawls)의 분배정의를 강하게 비판했다.

옳은 지문 보충설명
②, ③, ④는 롤스가 제시한 정의의 원칙에 해당한다.
② 공정한 기회균등의 원칙
③ 차등의 원칙
④ 평등한 자유의 원칙 → 제1원칙

10 ③이 답인 이유
우리나라에서 법률에 사회복지라는 용어가 처음 등장한 것은 **1961년 제정된 「생활보호법」**에서였다.

11 ④가 답인 이유
사회문제는 그 원인과 영향, 그리고 문제해결을 위한 모든 과정이 주관적이거나 개인적인 것이 아니라 객관적이고 사회적인 성격을 갖는다. 사회부적응의 원인이 사회적인 것이라면 사회문제가 되겠지만, 특정 개인의 성격이나 나태함에서 기인된 것이면 이것은 개인문제이지 사회문제라고 할 수 없다.

12 ①이 답인 이유
초기아동기는 에릭슨의 제2단계에 해당하며 이 시기의 심리사회적 위기는 자율성 대 수치심과 의심이다.

오답 체크
② 주도성 대 죄의식은 3단계인 학령전기(혹은 유희기)의 심리사회적 위기이다.
③ 근면성 대 열등감은 4단계인 학령기의 심리사회적 위기이다.
④ 친밀감 대 고립은 6단계인 성인초기의 심리사회적 위기이다.

에릭슨의 단계별 심리사회적 위기

단계	심리사회적 위기(발달과업)
1. 유(乳)아기	기본적 신뢰감 대 불신감
2. 초기아동기	자율성 대 수치심과 의심
3. 유희기(학령전기)	주도성(솔선성) 대 죄의식
4. 학령기	근면성 대 열등감
5. 청소년기	자아정체감 대 자아정체감 혼란
6. 성인초기	친밀감 대 고립
7. 중년기	생산성 대 침체
8. 노년기	자아완성(자아통합) 대 절망

13 ②가 답인 이유
ㄱ. 노인장기요양보험제도 시행 – 2008년
ㄴ. 정신보건사회복지사제도 시행 – 1997년
ㄷ. 지역사회복지계획 수립 의무화 – 2003년
ㄹ. 「아동학대범죄의 처벌 등에 관한 특례법」 제정 – 2014년

14 ②가 답인 이유
- 장애수당은 18세 이상의 저소득 경증 장애인을 대상으로 하고, 장애인연금은 18세 이상의 저소득 중증 장애인을 대상으로 지급되는 공공부조 급여이다.
- 장애수당은 장애로 인한 추가비용을 보전해주기 위한 목적으로 지급되며, 장애인연금은 이러한 목적으로 지급되는 부가급여 외에도 근로능력의 상실 또는 현저한 감소로 인하여 줄어드는 소득을 보전하여 주기 위하여 지급되는 기본급여로 구성된다.

15 ③이 답인 이유
제시된 사례는 서비스 단위(일, 건)를 결정하여 프로그램이 제공하는 서비스 단가에 활동량을 곱해 사업별로 예산을 편성하고 있다. 이러한 방식을 성과주의 예산이라 한다.

16 ③이 답인 이유
사회복지사는 업무와 관련해 **정당하지 않은 방법으로** 경제적 이득을 취해서는 안 된다.

17 ③이 답인 이유
③은 「국민기초생활 보장법」의 급여기준에 해당하는 규정이다.

> **「국민기초생활 보장법」 제4조(급여의 기준 등)**
> ① 이 법에 따른 급여는 건강하고 문화적인 최저생활을 유지할 수 있는 것이어야 한다.
> ② 이 법에 따른 급여의 기준은 수급자의 연령, 가구 규모, 거주지역, 그 밖의 생활여건 등을 고려하여 급여의 종류별로 보건복지부장관이 정하거나 급여를 지급하는 중앙행정기관의 장이 보건복지부장관과 협의하여 정한다.
> ③ 보장기관은 이 법에 따른 급여를 개별가구 단위로 실시하되, 특히 필요하다고 인정하는 경우에는 개인 단위로 실시할 수 있다.

④ 지방자치단체인 보장기관은 해당 지방자치단체의 조례로 정하는 바에 따라 이 법에 따른 급여의 범위 및 수준을 초과하여 급여를 실시할 수 있다. 이 경우 해당 보장기관은 보건복지부장관 및 소관 중앙행정기관의 장에게 알려야 한다.

이와 비슷한 규정이 「사회보장기본법」에도 있는데, 사회보장급여의 수준에 대한 제10조 규정이 그것이다. 다만 건강하고 문화적인 **최저생활**로 규정된 「국민기초생활 보장법」과 달리 '건강하고 문화적인 **생활**'로 표현된다는 점에 차이가 있다.

「사회보장기본법」 제10조(사회보장급여의 수준)
① 국가와 지방자치단체는 모든 국민이 건강하고 문화적인 생활을 유지할 수 있도록 사회보장급여의 수준 향상을 위하여 노력하여야 한다.
② 국가는 관계 법령에서 정하는 바에 따라 최저보장수준과 최저임금을 매년 공표하여야 한다.
③ 국가와 지방자치단체는 제2항에 따른 최저보장수준과 최저임금 등을 고려하여 사회보장급여의 수준을 결정하여야 한다.

「사회보장기본법」 제25조(운영원칙)
① 국가와 지방자치단체가 사회보장제도를 운영할 때에는 이 제도를 필요로 하는 모든 국민에게 적용하여야 한다.
② 국가와 지방자치단체는 사회보장제도의 급여 수준과 비용 부담 등에서 형평성을 유지하여야 한다.
③ 국가와 지방자치단체는 사회보장제도의 정책 결정 및 시행 과정에 공익의 대표자 및 이해관계인 등을 참여시켜 이를 민주적으로 결정하고 시행하여야 한다.
④ 국가와 지방자치단체가 사회보장제도를 운영할 때에는 국민의 다양한 복지욕구를 효율적으로 충족시키기 위하여 연계성과 전문성을 높여야 한다.
⑤ 사회보험은 국가의 책임으로 시행하고, 공공부조와 사회서비스는 국가와 지방자치단체의 책임으로 시행하는 것을 원칙으로 한다. 다만, 국가와 지방자치단체의 재정 형편 등을 고려하여 이를 협의·조정할 수 있다.

18 ④가 답인 이유
사례관리는 포괄성의 원칙을 강조하지만, 서비스의 표준화가 아니라 개별적인 특성과 욕구에 맞는 개별화의 원칙을 강조한다.

19 ③이 답인 이유
ㄱ. 영국의 복지국가 황금기는 1940년대 중반부터 1970년대 중반까지의 대략 30년간을 말한다. 따라서 1950년대와 1960년대는 복지국가의 황금기에 해당하는 시기라고 할 수 있다.
ㄹ. 기든스가 제시한 제3의 길은 복지국가 위기 이후 새로운 재편방향으로 제안되었으며, 사회투자국가, 생산적 복지, 적극적 복지 등을 통해 경제성장과 조화를 이룰 수 있는 복지, 복지 대상자의 경제활동 참여를 지원하는 복지를 강조하였고, 이를 통해 경제성장과 사회통합을 동시에 추구하고자 한다.

오답 체크
ㄴ. **국가 주도적인 복지국가의 발달은 '복지국가의 발달(전성기, 확대기, 황금기)'에 해당**하는 표현이고, 세계화 및 지구경제화의 진전은 복지국가의 위기를 초래한 배경 중 하나이다. 따라서 세계화 및 지구경제화의 진전은 기존의 국가 주도적인 복지국가의 발달에 위기를 초래했다고 서술하는 것이 타당하다.
ㄷ. 복지국가가 발달하게 된 것은 1945년 2차 세계대전 후부터였고, 1970년대 초 석유가격 폭등으로 촉발된 경제위기는 그러한 복지국가 발전에 제동을 걸어 위기를 초래하였다.

20 ④가 답인 이유
열등처우 원칙은 노동을 통해 자력으로 살아가는 사람이 국가 구제에 의존해 살아가는 사람보다 생활수준이 높아야 형평성이 있다(공정하다, 공평하다)고 보는 관점으로 노력에 따른 차등적인 자원배분을 강조하는 **비례적 평등**에 해당한다.

제31회 동형 모의고사

1	2	3	4	5	6	7	8	9	10
①	①	③	②	①	③	③	④	①	④
11	12	13	14	15	16	17	18	19	20
④	②	③	③	④	③	④	②	①	②

01 ①이 답인 이유
심리사회모델은 ㉠ 클라이언트의 **현**재 상황에서 출발하기, ㉡ **수**용, ㉢ **개**별화, ㉣ **자**기결정(혹은 자기지시)라는 네 가지 가치(실천원칙)를 강조한다.

암기 현수(는) 개자(식)

오답 체크
② 심리사회모델의 개입기법은 직접적 개입과 간접적 개입으로 구분되는데, 지지하기, 직접적 영향주기, 인간-환경 고찰, 발달적 고찰 **모두 직접적 개입**에 해당한다.
③ 비합리적 신념이나 인지적 오류 등이 클라이언트의 문제에 영향을 미치는 핵심 요인이라고 보는 실천모델은 **인지행동모델**이다.
④ 심리사회모델은 **장기개입** 모델이다. 구조화된 개입을 강조하는 대표적인 단기개입 모델로는 과제중심모델과 인지행동모델이 있다.

02 ①이 답인 이유
- 수량적 평등(산술적 평등, 결과의 평등)은 욕구, 노력, 능력, 기여와 관계없이 누구에게나 동일하게 자원을 배분하는 평등을 말한다.
- 우리나라의 2024년 현재 아동수당은 8세 미만이면 다른 조건을 따지지 않고 누구에게나 동일하게 월 10만원의 현금급여를 지급하므로 수량적 평등의 가치를 반영한다.

오답 체크
② 사회보험은 기여에 따라 급여가 차등적으로 지급된다는 점에서 **비례적 평등** 가치를 반영한다. 욕구, 기여, 능력, 노력 등에 따라 자원을 차등적으로 배분하는 것은 비례적 평등(혹은 형평성)에 해당한다.
③ 공공부조의 보충성 원리는 **결과의 평등(혹은 수량적 평등)** 가치를 반영한다.
④ 롤스의 정의론에서 평등한 자유의 원칙과 차등의 원칙이 충돌할 경우 **평등한 자유의 원칙이 우선**된다. 롤스의 제1원칙은 평등한 자유의 원칙이고, 제2원칙은 차등의 원칙과 동등한 기회균등의 원칙이다. 제1원칙은 제2원칙에 우선한다.

03 ③이 답인 이유
자산조사 원리는 욕구에 대한 **경제적** 기준과 **개인별 할당**에 근거한다.

04 ②가 답인 이유
국민연금과 특수직역(공무원, 군인, 사립학교교직원, 별정우체국 직원)연금은 사회보험식 공적연금(사회보험)으로 주된 재원이 보험료지만, 기초연금은 사회부조식 공적연금(공공부조)으로 주된 재원이 일반예산(조세)이다.

05 ①이 답인 이유

최적모형의 특징
- 드로어(Y. Dror)가 제시한 정책결정모형
- 질적 모형
- 체계론적 관점에서 정책결정과정 파악
- 정책성과의 최적화(투입 대비 산출이 더 큼) 강조
- 합리적 요소와 초합리적 요소 모두 강조

오답 체크
ㄷ. 최적모형이 정책성과의 최적화를 강조하는 것은 맞지만, 양적 측면뿐만 아니라 초합리적 요소(직관, 창의성 등) 등의 **질적 요소를 강조**한다는 점에서 질적 모형에 해당한다. 철저한 비용편익 계산에 기초한 양적 측면을 가장 강조하는 모형은 **합리모형**이다.
ㄹ. 정책의 실현가능성을 고려해 기존 정책을 약간만 수정하며 점진적으로 개선하는 정책결정을 강조하는 모형은 **점증모형**이다.

정책결정모형 키워드

모형	키워드
합리모형	고도의 합리성, 모든 대안을 합리적으로 분석하고 결과를 완벽히 예측해 최선의 정책대안 선택
만족모형	제한된 합리성, 모든 대안을 고려하는 건 불가능+불필요, 완벽한 결과 예측도 불가능, 만족할 만한 정책대안을 찾는 선에서의 정책결정
점증모형	정치적 합리성, 기존 정책 약간만 수정, 관련자들 사이의 합의가 관건, 여론 반응에 따라 정책 수정
혼합모형	합리모형+점증모형, 기본적 결정은 합리모형처럼 세부 결정은 점증모형처럼 진행
최적모형	정책성과의 최적화, 합리성+초합리성, 질적 모형
쓰레기통모형	비합리성, 조직화된 무정부 상태, 우연한 계기로 결정

06 ③이 답인 이유

ㄱ. 커뮤니티 케어(지역사회 통합돌봄) 선도사업은 **2019년**부터 추진되었다.
ㄴ. 시·군·구 단위 통합사례관리 시행(희망복지지원단)은 **2012년**부터 시작되었다.
ㄷ. 읍·면·동 사회복지전문요원 배치는 **1987년**부터 시작되었다.
ㄹ. 읍·면·동 맞춤형 복지팀 설치 및 위기가구 통합사례관리 시행은 **2016년**부터 추진되었다.

07 ③이 답인 이유

비용편익분석과 비용효과분석 모두 투입 대비 산출(혹은 성과)을 비교하는 효율성평가 방법이다. **비용편익분석은 투입과 산출 모두를 동일한 화폐가치로 환산**해 비교하지만, **비용효과분석은 투입만 화폐가치를 사용**하고 산출은 화폐가치로 환산하지 않는다는 점에서 차이가 있다.

08 ④가 답인 이유

- 치료집단(treatment group)은 목적에 따라 지지집단, 교육집단, 성장집단, 치유(혹은 치료)집단, 사회화집단으로 구분된다.
- 비행청소년의 분노조절을 위한 인지행동집단은 이 중 **치유집단(치료집단, therapy group)**에 해당한다.

09 ①이 답인 이유

「아동복지법」에서는 국가와 지방자치단체는 아동이 건전한 사회인으로 성장·발전할 수 있도록 자산형성지원사업을 실시할 수 있다고 규정하고 있다. 이에 근거하여 **2007년부터 디딤씨앗통장 사업이 시행**되고 있다.

오답 체크

② 국가기관과 지방자치단체의 장, 공공기관과 대통령령으로 정하는 공공단체의 장은 아동학대의 예방과 방지를 위하여 필요한 교육을 연 **1회** 이상 실시하고, 그 결과를 보건복지부장관에게 제출하여야 한다.
③ 기존에는 아동보호전문기관이 아동학대 신고접수, 현장조사 및 응급보호 등의 업무를 수행했으나, 2020년 10월 1일부터 아동보호전문기관이 아니라 **시·도 또는 시·군·구**에서 아동학대 신고접수, 현장조사, 응급보호, 피해아동과 그 가족 및 아동학대 행위자에 대한 상담·조사 업무 등을 수행하도록 하고, 이를 위하여 아동학대전담공무원을 두도록 하였다.
④ 아동일시보호시설은 보호대상아동을 일시보호하고 아동에 대한 향후의 양육대책수립 및 보호조치를 행하는 것을 목적으로 하는 시설이다. 아동복지시설에서 퇴소한 사람에게 취업준비기간 또는 취업 후 일정 기간 동안 보호함으로써 자립을 지원하는 것을 목적으로 하는 시설은 **자립지원시설**이다.

10 ④가 답인 이유

장기요양인정의 신청은 65세 이상의 노인 또는 65세 미만의 자로서 치매·뇌혈관성질환 등 노인성 질병을 가진 자 중 ① **노인장기요양보험 가입자 또는 피부양자**, ② **의료급여 수급권자**가 할 수 있다.

11 ④가 답인 이유

자신이 직접적인 보상이나 처벌을 받지 않고도 다른 누군가가 보상이나 처벌받는 것을 보고 자신의 행동을 수정하게 되는 것을 관찰학습(또는 대리적 학습, 대리적 조건화, 모델링, 모방)이라 한다. 자기강화와 더불어 관찰학습은 반두라 사회학습이론의 핵심 개념이다.

12 ②가 답인 이유

프로그램 종료 후 해당 프로그램의 성과 등을 종합적으로 평가하여 향후 확대, 축소, 폐지, 존속 등을 결정하기 위한 목적으로 수행하는 평가를 총괄평가라 한다.

오답 체크

① 형성평가는 프로그램 계획 및 진행과정에서 프로그램을 수정, 보완, 개선하기 위한 목적으로 진행하는 평가이다.
③ 메타평가는 평가에 대한 평가이다. 즉 평가설계, 평가방법, 평가도구 등이 적절했는지를 평가한다.
④ 비용편익분석은 효율성 평가 방법 중 하나로 투입과 산출을 동일한 기준(화폐가치)으로 두고 투입 대비 산출(혹은 성과)을 평가하는 방법이다.

13 ③이 답인 이유

오답 체크

- 공감 : 클라이언트의 입장에서 클라이언트가 어떤 마음(감정)일지를 정확하고 민감하게 감지하고 그것을 적절히 표현하여 사회복지사가 클라이언트의 마음을 이해하고 있음을 전달하는 기법
- 일반화 : 클라이언트의 생각, 느낌, 행동 등이 그와 비슷한 상황에 있는 다른 사람과 같다고 말해줌으로써 이질감이

나 소외감, 일탈감을 해소하고 자신에 대한 신뢰감과 자신감을 회복할 수 있도록 돕는 기법
- 명확화 : 클라이언트의 메시지가 추상적이고 애매모호하거나 혼란스러울 때 이를 구체적으로 표현하도록 클라이언트에게 요청하거나 사회복지사가 제대로 이해했는지를 클라이언트에게 확인하는 기법
- 격려 : 클라이언트의 행동이나 태도를 인정하고 칭찬함으로써 그 방향으로 계속 진행하도록 격려하는 기법
- 초점화 : 클라이언트가 초점에서 벗어나는 이야기로 흐를 경우 본래의 초점으로 되돌리거나, 두서없이 말을 장황하게 하거나 어떤 주제를 회피하려고 할 때 사회복지사가 간단한 질문이나 언급을 통해 초점을 맞추는 기법

14 ③이 답인 이유
①은 옹호자, ②는 교육자(교사), ③은 중재자, ④는 중개자 역할에 해당한다.

15 ④가 답인 이유
노인문제의 핵심 원인을 교환자원(지식, 기술, 금전, 사회적 승인, 복종, 존경 등)의 가치나 양에서의 불균형에서 찾는 이론은 교환이론이다.

16 ③이 답인 이유
선별주의는 개인주의(individualism) 가치를, 보편주의는 집합주의(collectivism) 가치를 강조한다.

오답 체크
① **보편주의**는 복지 수혜 자격과 기준을 균등화하여 낙인감을 감소시킨다.
② 선별주의는 보편주의에 비해 비용의 효율성이 **높다**.
④ **선별주의는 보편주의에 비해** 정치적 지지 기반이 협소하다.

17 ④가 답인 이유
①은 규범적 욕구, ②는 체감적(감지적, 인지된, 느낀, 인식된) 욕구, ③은 표현적 욕구, ④는 비교적(상대적) 욕구에 해당한다.

18 ②가 답인 이유
긴급복지지원제도는 위기상황에 처한 자에 대하여 일시적으로 신속하게 지원하는 것을 기본원칙으로 한다. 이를 위해 위기상황에 놓인 사람들에게 신속한 지원이 이루어질 수 있도록 선지원-후처리(후조사) 순으로 절차를 진행하고, 타 법령의 지원을 받을 때까지 일시적으로 지원한다.

오답 체크
① 국가 및 지방자치단체는 긴급지원 업무를 수행하기 위하여 필요한 비용을 분담하여야 한다.
③ 다른 법률에 따라 「긴급복지지원법」에 따른 지원 내용과 동일한 내용의 구호·보호 또는 지원을 받고 있는 경우에는 **이 법에 따른 지원을 하지 아니한다**.
④ 긴급지원심의위원회는 긴급지원대상자가 「국민기초생활보장법」 또는 「의료급여법」에 따른 수급권자로 결정된 경우에는 심사를 하지 **아니 할 수 있다**.

19 ①이 답인 이유
- 사회보험의 대표적인 재분배 효과가 수평적 재분배 효과이긴 하지만, **수직적 재분배 효과도 일부 있다**.
- 예를 들어, 국민연금의 급여액 산정 시 전체 가입자 평균소득을 반영하여 저소득층이 낸 보험료 대비 받을 수 있는 급여액을 상대적으로 높이는데, 이는 저소득층에게 보다 유리하게 연금급여를 설계함으로써 수직적 소득재분배 효과를 도모하는 대표적인 경우에 해당한다.

20 ②가 답인 이유
- 국가나 지방자치단체 외의 자가 **정신재활시설**을 설치·운영하려면 해당 **정신재활시설** 소재지 관할 특별자치시장·특별자치도지사·시장·군수·구청장에게 신고하여야 한다.
- 2023년 국가직, 지방직 시험 모두에서 정신건강증진시설을 구분하는 문제가 출제되었기 때문에, 「정신건강증진 및 정신질환자 복지서비스 지원에 관한 법률」에서 정신요양시설과 정신재활시설을 각각 어떻게 규정하고 있는지를 잘 구분해둘 필요가 있다. 아래 규정에서 보듯, 정신요양시설과 정신재활시설의 설치·운영에 대한 규정은 아래와 같이 서로 다르다. 명확히 구분하도록 하자.

제22조(정신요양시설의 설치·운영)
① 국가와 지방자치단체는 정신요양시설을 설치·운영할 수 있다.
② **사회복지법인과 그 밖의 비영리법인**이 정신요양시설을 설치·운영하려는 경우에는 해당 정신요양시설 소재지 관할 특별자치시장·특별자치도지사·시장·군수·구청장의 **허가를 받아야** 한다.

제26조(정신재활시설의 설치·운영)
① 국가 또는 지방자치단체는 정신재활시설을 설치·운영할 수 있다.
② **국가나 지방자치단체 외의 자**가 정신재활시설을 설치·운영하려면 해당 정신재활시설 소재지 관할 특별자치시장·특별자치도지사·시장·군수·구청장에게 **신고하여야** 한다.

제32회 동형 모의고사

1	2	3	4	5	6	7	8	9	10
④	②	③	①	①	①	③	③	④	①
11	12	13	14	15	16	17	18	19	20
④	②	③	①	③	②	④	②	③	②

01 ④가 답인 이유
저소득층 아동의 사회진출 시 학자금·취업·창업·주거마련 등에 소요되는 초기비용 마련을 위한 자산형성지원사업으로 2007년 4월부터 "아동발달지원계좌(CDA : Child Development Account)" 사업을 추진하기 시작했고, 2009년에는 "디딤씨앗통장"을 이 사업의 대국민브랜드로 선정해 사용하고 있다.

오답 체크
① 드림스타트 : 취약계층 아동과 가족을 대상으로 한 보건·복지·교육·보육 맞춤형 통합서비스 지원사업. 2007년부터 시행
② 희망저축계좌 : 「국민기초생활 보장법」에 근거한 저소득층의 자산형성지원제도. 2010년부터 시행
③ 자녀장려세제 : 부양자녀가 있으나 소득이 적은 가구에 대하여 조세제도를 통하여 현금급여를 지급하는 제도. 2015년부터 시행. 국세청 소관

02 ②가 답인 이유
조세지출(조세비용, tax expenditures)은 내야 할 세금을 감면해주는 소득공제, 세액공제 등으로 **공공부문의 재원**이다.

03 ③이 답인 이유
- 조사자의 가치나 주관을 배제한 중립적이고 객관적인 연구를 강조하는 것은 양적조사이다.
- 질적조사에서는 조사자나 조사대상자의 주관을 의미있는 자료로 간주하여 통제(배제)하기보다 반영하고자 한다.

04 ①이 답인 이유
지역자활센터의 자활사업에는 조건부수급자뿐만 아니라 자활급여특례자, 일반수급자, 특례수급가구의 가구원, 차상위자, 근로능력이 있는 시설수급자 등도 참여 가능하다.

05 ①이 답인 이유
실존적 요인(자신의 인생에 대한 궁극적 책임은 스스로에게 있다는 것을 배움)도 집단의 치료적 효과에 해당되지만, 이 사례에서는 따로 대응되는 내용이 언급되지 않고 있다. 제시된 내용 각각에 해당하는 집단의 치료적 효과는 다음과 같다.

> 집단프로그램에 참여하면서 자신뿐만 아니라 다른 성원들 역시 비슷한 어려움을 겪고 있음을 알게 되며 위로를 얻었고(→ 보편성), 다른 곳에서는 맘 편히 털어놓을 수 없었던 감정들을 서로 이해하고 공감하는 분위기 속에서 털어놓을 수 있었다(→ 감정의 정화 혹은 카타르시스). 아울러 집단을 통해 초등학생 대상 동아시아 문화체험교실 일일강사로 활동할 기회를 얻으며 자신도 누군가에게 도움이 되고 있다는 사실에 자존감이 고양되었다(→ 이타성).

06 ①이 답인 이유
②와 ③은 신체적 장애 중 내부기관의 장애, ④는 정신적 장애 중 발달장애에 해당한다.

장애인복지법령에 따른 우리나라의 장애분류

대분류	중분류	소분류
신체적 장애	외부 신체기능의 장애	시각장애 청각장애 안면장애 언어장애 지체장애 뇌병변장애
	내부기관의 장애	심장장애 신장장애 간장애 호흡기장애 장루·요루장애 뇌전증장애
정신적 장애	발달장애	지적장애 자폐성장애
	정신장애	정신장애 (조현병, 조현정동장애, 양극성정동장애, 재발성우울장애)

07 ③이 답인 이유

오답 체크
① 최저생활 보장과 자활 지원을 목적으로 하는 것은 **공공부조**이다. 사회보험은 국민의 건강과 소득이 최저생활 이상의 문화적인 삶이 가능한 수준이 되도록 보장하고자 한다.
② 사회보험제도가 정착될수록 가입대상이 **점차 확대**되어 모든 국민을 포괄하는 방향으로 향한다.
④ 노후소득 보장을 위한 공적연금인 국민연금, 특수직역연금, 기초연금 중 국민연금과 특수직역연금은 사회보험에 해당하고, **기초연금은 공공부조**에 해당한다.

08 ③이 답인 이유
- 제시된 내용은 **자유주의 복지국가**에 해당하며, **미국, 캐나다, 오스트레일리아**가 이 유형에 해당한다.

09 ④가 답인 이유
- 이 문제는 1970년대 중반 이후 복지국가 위기가 도래한 배경을 묻고 있다.
- **노동자계급의 정치적 영향력과 연대의 확대는 1940년대 중반 복지국가가 확대·발전하는 과정에서 중심적인 역할을 했다.**
- 복지국가가 발달하는 과정에서 핵심적인 역할을 했던 노동자계급의 연대는 이후 자본주의가 발달하면서 점차 약화되게 되는데(노동자계급이 점차 화이트칼라 등으로 다양하게 분화되면서 복지국가를 뒷받침하던 기존의 노동자 연대는 갈수록 약화되었다), 이러한 **노동자의 연대 약화는 1970년대 복지국가 위기가 발생한 배경 중 하나로** 작용했다.

10 ①이 답인 이유

개별화
- 클라이언트마다 개별적인 독특한 특성이 있다는 것을 인정하고 이해하여 개별 클라이언트를 원조하는 내용과 방법을 차별적으로 사용하는 것
- 편견이나 고정관념 없이 클라이언트 개인의 경험을 존중하는 것
- 클라이언트의 개성과 상황에 따라 원칙을 융통성 있게 적용하는 것

오답 체크
② 클라이언트가 과거에 타인과의 관계에서 경험하였던 소망이나 두려움 등의 감정을 사회복지사에게 표출하는 것은 **전이(transference)**이다. 역전이(counter-transference)는 사회복지사가 클라이언트를 마치 자신의 과거 어떤 인물처럼 느끼고 무의식적으로 그 사람을 대하듯 반응을 보이는 것이다.
③ 전문적 관계의 기본 요소 중 사회복지사가 자기 인식을 바탕으로 자신의 감정 또는 반응을 있는 그대로 클라이언트에게 전달하는 능력을 의미하는 요소는 **진실성**이다. 이와 달리 **민감성은 특정한 단서 없이도 클라이언트의 내면 세계를 감지할 수 있는 능력**을 말한다.

전문적 관계의 기본 요소(혹은 사회복지사의 자질)
헌신과 의무, 클라이언트에 대한 관심과 도우려는 의지, 권위와 권한, 진실성과 일치성, 수용, 감정이입, 민감성, 사회복지사의 자기노출, 사회복지사의 자아인식, 직면 혹은 대응, 공감

④ 사회복지사가 자기노출을 할 때는 다음과 같은 점을 유의해야 한다.

- 사적인 대화 혹은 역전이가 유발되지 않도록 주의해야 한다.
- 자기노출의 초점을 사회복지사에게 맞추면 안 된다.
- 불안정한 성격, 무능력 등 **지나치게 솔직한 자기노출은 피한다.**
- 클라이언트가 보이는 반응을 고려하면서 자기노출의 양과 형태를 조절한다.
- 자기노출의 긍정적인 면과 부정적인 면 모두를 균형 있게 사용한다.
- 자기노출의 내용과 감정은 일치해야 한다.

11 ④가 답인 이유
- 제시된 원칙은 1834년 신구빈법(개정구빈법)에서 표방한 3대 원칙 중 하나인 **열등처우의 원칙**(principles of less eligibility)이다.
- 열등처우 원칙은 국가에 의한 구제수준은 자력으로 노력하는 사람보다는 낮아야 형평성 있다고 보는 비례적 평등 가치를 반영하며, 오늘날에도 공공부조 급여수준 결정의 암묵적 원칙으로 작용하고 있다.
- 열등처우의 원칙은 빈민에 대한 선별적인 공공부조와 관련된다. 따라서 보편적 제도의 할당 원리인 귀속적 욕구에 의한 할당은 열등처우의 원칙과 관련 없다.

12 ②가 답인 이유
층화 표본추출방법(층화표집방법)은 확률표집방법 중에서도 동일 모집단에서 동일한 수의 표본을 추출할 때 표집오차가 가장 작은(모집단에 대한 대표성이 가장 높은) 표집방법이다. 이를 위해 **집단 간 이질성, 집단 내 동질성**을 특징으로 한다.

13 ③이 답인 이유
ㄱ. 「아동수당법」: 2018년
ㄴ. 「장애인차별금지 및 권리구제 등에 관한 법률」: 2007년
ㄷ. 「국민기초생활 보장법」: 1999년
ㄹ. 「사회보장급여의 이용·제공 및 수급권자 발굴에 관한 법률」: 2014년

14 ①이 답인 이유
지역아동센터는 「아동복지법」에 근거한 보건복지부 소관의 **1차 기관**이자 이용시설이다.

15 ③이 답인 이유
공공부조 및 관계 법령에서 정하는 일정 소득 수준 이하의 국민에 대한 사회서비스에 드는 비용의 **전부 또는 일부는 국가와 지방자치단체**가 부담한다.

16 ②가 답인 이유
현금급여는 현물급여보다 운영효율성이 높고(=운영비용이 적게 들고), 수급자의 선택의 폭(선택권)을 넓혀준다는 장점이 있다. 그러나 현물급여에 비해 목표효율성(대상효율성)이 낮고, 규모의 경제 효과가 작다는 단점이 있다.

17 ④가 답인 이유
가족규모가 축소되고 가족구조가 갈수록 단순화되고 있지만, 한부모가족, 동거부부, 계약결혼, 무자녀가족, 독신자가족, 동성애가족, 비동거 가족 등 전통적 가족형태에서 벗어난 다양한 형태의 가족유형이 증가하면서 **가족생활주기의 구분이 갈수록 모호**해지고 있다.

18 ②가 답인 이유
- 사회수당도 소득재분배 기능(**수평적 소득재분배** 기능)을 갖는다.
- 사회수당은 공공부조와 마찬가지로 일반조세를 기반으로 하지만, 자산조사를 요하지 않아 운영효율성이 높고, 수급과정에서 낙인감을 유발하지 않는 보편적 급여라는 점에서 사회적 효과성(사회통합)이 높다.

19 ③이 답인 이유
- 독립변수 : 종속변수에 영향을 미치는 변수
- 종속변수 : 독립변수에 의해 영향을 받는 변수
- 조절변수 : 독립변수가 종속변수에 미치는 영향의 정도를 조절하는 변수. 독립변수가 종속변수에게 미치는 영향은 조절변수에 따라 달라진다.

오답 체크
- 매개변수 : 독립변수와 종속변수의 사이에서 독립변수에 영향을 받아 종속변수에 영향을 미치는 변수
- 외생변수 : 독립변수 이외에 종속변수의 변화에 영향을 미치는 변수

20 ②가 답인 이유
방어기제는 심리적 갈등과 불안에 대처하기 위해 자아가 무의식적으로 사용하는 심리적 기제이다.

오답 체크
① 인간의 정신세계는 **의식, 전의식, 무의식**의 세 차원으로 구분된다. 인간의 정신세계를 의식과 무의식의 두 차원으로만 구분한 학자는 융(C. Jung)이다.
③ 심리적 불안이 있을 때 배가 아픈 것은 **신체화** 방어기제에 해당한다.
④ 발달이 점성원리를 따른다고 본 학자는 **에릭슨(E. Erikson)** 이다.

제33회 동형 모의고사

1	2	3	4	5	6	7	8	9	10
②	③	①	②	③	①	④	③	①	①
11	12	13	14	15	16	17	18	19	20
④	②	③	③	④	②	②	④	②	①

01 ②가 답인 이유
- 사회통제이론(음모이론)에서는 사회복지정책을 사회안정과 질서유지를 위한 통제수단으로 본다. 국가는 자본주의 사회에서의 기득권을 보장하고, 사회안정과 질서를 해치지 않기 위해서 상대적 박탈감을 가진 계층을 통합하기 위한 목적의 복지정책들을 수립하게 되고, 이것이 점차 확대되면서 부수적으로 복지국가가 발달하게 되었다는 것이다.
- 결국 사회통제이론은 기득권 세력이 기득권을 유지하는 데 방해가 될 수 있는 불안요소를 통제하기 위한 수단으로 사회복지정책을 활용한다고 본다.

오답 체크
① 경제수준이 낮은 국가가 선진 복지국가의 영향을 받아 사회보장을 확대하는 사례를 설명하기에 적합한 이론은 **확산이론(위계적 확산에 해당)**이다.
③ **권력자원이론(사회민주주의이론)**은 노동자계급의 정치적 세력이 확대되면서 그 결과로 사회복지가 발달했다고 본다.
④ 시민권이론은 역사적으로 **18세기 공민권, 19세기 정치권**에 이어 20세기에 사회권이 확대되면서 사회복지가 발달했다고 본다.

02 ③이 답인 이유
다른 사회보험과 달리 **산업재해보상보험**은 산업재해 발생 정도를 반영하여 보험료를 차등적으로 정한다. 이를 위해 **업종별**로 산업재해 발생 정도에 따라 보험료율을 **차등화**하고, 또한 특정 업종 내에서도 **사업장별**로 산업재해 발생 정도에 따라 보험료율을 **차등화**(개별실적요율)하고 있다.

03 ①이 답인 이유
과학적 관리론은 조직이 처한 상황이나 환경이 아닌 조직 내부 요소에 치중한 **폐쇄체계이론에 속한다.** 따라서 '상황에 맞는 관리'는 과학적 관리론의 특징에 해당되지 않는다.

04 ②가 답인 이유
오답 체크
① 위험 분산을 목적으로 하며, 보험재정을 주된 재원으로 하지만 관계 법령에서 정하는 바에 따라 **국가가 그 비용의 일부를 부담할 수 있다.**
③ 공공부조의 수직적 소득재분배 효과가 사회보험보다 더 높다. 사회보험은 **수평적 소득재분배** 효과가 높다.
④ 자산조사를 통해 수급자를 선정하는 것은 사회보험이 아니라 **공공부조**이다.

05 ③이 답인 이유
조사대상자의 반응성은 내적 타당도가 아니라 **외적 타당도** 저해요인이다.

06 ①이 답인 이유
국민연금과 같은 사회보험은 민간보험과 달리 개인적 형평성뿐만 아니라 **사회적 적절성도 고려**하여 연금액을 산정한다. 국민연금에서는 연금액 산정 시 전체 가입자 평균소득을 반영해 저소득층에게 상대적으로 유리한 방식으로 연금액이 책정되도록 설계함으로써 사회적 적절성 및 수직적 소득재분배 효과를 도모한다.

07 ④가 답인 이유
웨일과 갬블이 제시한 지역사회복지 실천모델은 ① 근린지역(지리적) 지역사회 조직모델, ② 기능적 지역사회 조직모델, ③ 지역사회의 사회적·경제적 개발모델, ④ 사회계획모델, ⑤ 프로그램 개발과 지역사회 연계모델, ⑥ 정치·사회적 행동화 모델, ⑦ 연대(연합)모델, ⑧ 사회운동모델의 여덟 가지이다. 다른 학자들과 달리 지역사회조직을 '지리적 지역사회조직'과 '기능적 지역사회조직'으로 구분하여 모델을 제시하였다는 점이 특징 중 하나이다.

오답 체크
① 로스만의 지역사회개발모델은 **과정중심의 목표**를 강조한다. 과업중심 목표를 강조하는 모델은 사회계획모델이다.
② 로스만의 사회계획모델은 자료수집, 조사연구, 분석 등을 통해 주택이나 정신건강 등의 이슈를 명확히 하고, 이에 근거한 전문가의 기획과 실행에 따라 이를 해결하는 것에 1차적 목표를 두는 실천모델이다. 그러나 "**권력구조에 대항**"하는 것은 **사회행동모델**에 해당한다.
③ 후원자의 의사결정 영향 정도를 구체적으로 구분한 학자는 **테일러와 로버츠**이다.

08 ③이 답인 이유
공공조직의 조직 내부목표와 사회적 목표 사이의 괴리를 정부조직의 '**내부성**'이라 하며 이는 **정부실패**의 요인이다.

09 ①이 답인 이유
오답 체크
ㄷ. 클라이언트의 다양한 문제에 대한 광범위하고 포괄적인 접근을 위해 통합적 접근방법은 전문주의가 아니라 **일반주의 실천**을 강조한다.
ㄹ. 사례관리는 1980년 탈시설화 과정에서 등장한 게 맞지만, 통합적 접근방법은 **1950년대 후반 등장**해 특히 1970년대 들어 다양한 통합모델들이 제시되었다.

10 ①이 답인 이유
- 세계보건기구(WHO)에서는 국제장애분류로 1980년 채택했던 ICIDH(손상, 기능장애, 사회적 분리의 세 차원으로 분류)를 수정·보완한 ICIDH-2를 1997년 채택했다.
- ICIDH-2에서는 장애를 ① 손상(impairment : 기능구조의 손상), ② 활동(activities : 활동의 제한), ③ 참여(participation: 참여의 제약)의 세 차원으로 분류하였다.
- **환경** 요인(environmental factors)은 장애 개념에서 환경을 강조하는 2000년 이후의 추세를 반영하여 **2001년** 세계보건기구(WHO)에서 제시한 **ICF**(International Classification of Functioning, Disability and Health)에서 새롭게 추가한 요인이다.

11 ④가 답인 이유
우리나라의 무상보육, 의무교육, 아동수당, 부모급여(구, 영아수당) 등은 보편적 복지제도에 해당한다.

오답 체크
ㄱ. **장애아동을 위한 발달장애서비스 지원**의 대상은 모든 아동이 아니라 장애아동에 한정된다. 이는 길버트 & 테렐의 '진단적 구분'에 의한 할당 원리에 해당되며, **선별주의**에 속한다.
ㄴ. 드림스타트 사업은 모든 아동이 아니라 12세 이하 취약계층(수급자 및 차상위) 아동과 그 가족을 대상으로 한다. 이는 길버트 & 테렐의 '자산조사'에 의한 할당 원리에 해당되며, 선별주의에 속한다.
ㄷ. 저소득 한부모가족을 위한 자녀양육비 지원 역시 '자산조사'에 의한 할당 원리에 해당되며, 선별주의에 속한다.

12 ②가 답인 이유
- 브론펜브레너는 한 개인의 발달에 영향을 미치는 주요한 환경을 미시체계, 중간체계, 외체계, 거시체계, 시간체계로 구분하였다.
- 비공식 자연체계, 공식적 체계, 사회체계는 **핀커스와 미나한**(1973년)이 사람에게 도움을 줄 수 있는 세 가지 체계로 제시했던 체계들이다.

13 ③이 답인 이유
국내에 거주하는 외국인에게 사회보장제도를 적용할 때에는 **상호주의의 원칙**에 따르되, 관계 법령에서 정하는 바에 따른다(제8조).

옳은 지문 보충설명

> 「사회보장기본법」 제14조(사회보장수급권의 포기)
> ① 사회보장수급권은 정당한 권한이 있는 기관에 서면으로 통지하여 포기할 수 있다.
> ② 사회보장수급권의 포기는 취소할 수 있다.
> ③ 제1항에도 불구하고 사회보장수급권을 포기하는 것이 다른 사람에게 피해를 주거나 사회보장에 관한 관계 법령에 위반되는 경우에는 사회보장수급권을 포기할 수 없다.

14 ③이 답인 이유
지방분권화로 민간 부문 사회복지 종사자들의 직무능력을 개발하고 책임성을 강화할 필요성이 대두되어 **민간의 참여가 확대**되며 민관협력을 통해 양질의 사회복지서비스가 개발된다.

15 ④가 답인 이유
특수직역종사자는 국민연금, 산재보험, 고용보험에는 가입하지 않고 특수직역연금에 가입하지만, **국민건강보험과 노인장기요양보험에는 의무적으로 가입**한다. 아울러 이들은 기초연금과 장애인연금에서도 제외된다. 즉, 이들은 사회보험 및 공적연금 중 국민건강보험과 노인장기요양보험(국민건강보험 가입자는 노인장기요양보험 가입자가 됨)에만 가입되며, 나머지에서는 제외된다고 알아두자.

16 ②가 답인 이유
오답 체크
ㄱ. 신우파가 집권한 1980년대 영국(대처 정권)과 미국(레이건 정권)의 복지국가는 복지제도의 내용과 양적 측면에서의 **축소**를 특징으로 한다.
ㄹ. **자선조직협회**는 도움 받을 자격이 있는 빈민과 그렇지 않

은 빈민을 구별하여 구제를 요청한 빈민 중 구제 대상을 선정하였다.

17 ④가 답인 이유
해결중심모델의 질문기법에는 면담 전 변화질문, 예외질문, 기적질문, 척도질문, 대처(극복)질문, 관계성질문 등이 있다. ④는 이 중 **예외질문**에 해당한다.

해결중심모델 질문기법의 예

질문유형	예
면담 전 변화질문	"상담예약을 하신 후부터 지금까지 시간이 좀 지났는데 그동안 상황이 좀 바뀌었나요? 그렇다면 무엇이 어떻게 달라졌나요?"
예외질문	"두 분이 매일 싸우신다고 말씀하셨는데, 혹시 싸우지 않은 날은 언제였나요?"
기적질문	"밤새 기적이 일어나서 모든 문제가 해결되었다고 한다면 아침에 일어나서 무엇을 보고 기적이 일어났는지를 알 수 있을까요?"
척도질문	"처음 상담 시작하던 당시를 0점이라고 하고 당신이 생각하기에 문제가 해결된 상태를 10점이라고 가정한다면, 지금은 몇 점 정도 되는 것 같습니까?"
대처(극복)질문	"그런 상황에서도 어떻게 지금까지 버텨낼 수 있었습니까?"
관계성질문	"당신의 어머니는 이 상황에서 당신이 무엇을 해야 문제해결에 도움이 된다고 말씀하실까요?"

18 ②가 답인 이유
① 전국의 모든 동 단위에 맞춤형 복지팀 신설 – 2018년
② 주민생활지원서비스 전달체계 도입 – 2006년 7월부터 도입을 추진하여 2007년 7월 구축
③ '행복e음'이라는 별칭으로 사회복지통합관리망 개통 – 2010년
④ 동 주민센터의 명칭을 행정복지센터로 변경하고 동 단위 전달체계의 복지기능을 강화하는 '동 복지 허브화' 추진 – 2016년

19 ④가 답인 이유
공무원연금, 군인연금, 사학연금 등 특수직역연금 수급권자와 배우자는 **장애인연금과 기초연금 둘 다 수급대상에서 제외**된다.

20 ①이 답인 이유
이론을 토대로 척도의 타당도를 판단하는 것은 **개념타당도(구성타당도 혹은 구성체타당도라고도 함, contruct validity)**이다.

제34회 동형 모의고사

1	2	3	4	5	6	7	8	9	10
③	④	②	③	③	②	③	④	②	①
11	12	13	14	15	16	17	18	19	20
③	②	③	①	④	②	①	②	①	④

01 ③이 답인 이유
①의 우울증 환자를 위한 인지행동치료는 진단적 구분, ②의 아동수당은 귀속적 욕구, ③의 적극적 조치는 보상, ④의 저소득층을 위한 공공임대주택은 자산조사에 따른 대상 할당에 해당한다.

02 ④가 답인 이유
공공부조는 생활유지의 능력이 없거나 생활이 어려운 이들의 최저생활 보장을 목적으로 하는 **선별주의** 프로그램이다.

03 ②가 답인 이유
종결과 평가단계에서는 클라이언트의 변화 및 개입 목표의 달성 정도를 평가한다. 평가를 통해 성공과 실패의 원인을 검토하고, 해결되지 않은 문제 또는 초기 계약 시에 제시되지 않았던 문제 등에 대해 논의한다.

오답 체크
① 클라이언트의 변화를 촉진하는 단계는 **개입단계**이다.
③ 종결 후 **총괄평가**를 통해 개입의 전반적인 효과를 평가한다.
④ 기초선(baseline)은 개입 전 상태를 의미하므로, 기초선 자료의 수집은 개입 전 단계인 **계획단계**에서 수집되어야 한다.

04 ③이 답인 이유

> 「긴급복지지원법」 제2조(정의)
>
> 이 법에서 "위기상황"이란 본인 또는 본인과 생계 및 주거를 같이 하고 있는 가구구성원이 다음 각 호의 어느 하나에 해당하는 사유로 인하여 생계유지 등이 어렵게 된 것을 말한다.
> 1. 주소득자 사망, 가출, 행방불명, 구금시설에 수용되는 등의 사유로 소득을 상실한 경우
> 2. 중한 질병 또는 부상을 당한 경우
> 3. **가구구성원으로부터 방임 또는 유기되거나 학대 등을 당한 경우**
> 4. 가정폭력을 당하여 가구구성원과 함께 원만한 가정생활을 하기 곤란하거나 가구구성원으로부터 성폭력을 당한 경우
> 5. 화재 또는 자연재해 등으로 인하여 거주하는 주택 또는 건물에서 생활하기 곤란하게 된 경우

6. 주소득자 또는 부소득자의 휴업, 폐업 또는 사업장의 화재 등으로 인하여 실질적인 영업이 곤란하게 된 경우
7. 주소득자 또는 부소득자의 실직으로 소득을 상실한 경우
8. 보건복지부령으로 정하는 기준에 따라 지방자치단체의 조례로 정한 사유가 발생한 경우
9. 그 밖에 보건복지부장관이 정하여 고시하는 사유가 발생한 경우

오답 체크

① 「아동복지법」상 "아동학대"란 보호자를 포함한 성인이 아동의 건강 또는 복지를 해치거나 정상적 발달을 저해할 수 있는 신체적·정신적·성적 폭력이나 가혹행위를 하는 것과 아동의 보호자가 아동을 유기하거나 방임하는 것을 말한다. 제시된 정의(정서적·언어적 폭력과 경제적 착취까지를 포함한 학대의 정의)는 「장애인복지법」에서 정의하는 '장애인학대'의 정의에 해당한다. 「아동복지법」상 **아동학대 정의에는 정서적 폭력, 언어적 폭력, 경제적 착취가 포함되지 않는다.**

② 아동학대 예방의 날은 11월 19일이고(「아동복지법」에서 규정), 노인학대 예방의 날이 6월 15일이다(「노인복지법」에서 규정).

④ 법원이 아동학대, 노인학대, 장애인학대 관련범죄자에 대하여 취업제한명령을 하는 경우, 취업제한기간은 10년을 초과하지 못한다고 규정하고 있다. 즉, 취업제한기간의 최대 기한을 **10년**으로 규정하고 있다.

05 ③이 답인 이유

사회복지법인의 이사는 법인에서 설치한 **사회복지시설의 장은 겸할 수 있지만 직원을 겸할 수는 없다.**

「사회복지사업법」 제21조(임원의 겸직 금지)
① 이사는 법인이 설치한 사회복지시설의 장을 제외한 그 시설의 직원을 겸할 수 없다.
② 감사는 법인의 이사, 법인이 설치한 사회복지시설의 장 또는 그 직원을 겸할 수 없다.

오답 체크

① 사회복지법인의 설립은 **시·도지사의 허가**를 받아야 한다.
② 복지위원은 「사회복지사업법」 제8조 규정("시장·군수·구청장은 읍·면·동의 사회복지사업을 원활하게 수행하기 위하여 읍·면·동 단위로 복지위원을 위촉하여야 한다.")이었으나 2017년 3월 21일 「사회복지급여법」 제41조(지역사회보장협의체)에 읍·면·동 단위 지역사회보장협의체 규정이 신설되면서 기존 복지위원의 역할을 읍·면·동 단위 지역사회보장협의체 위원이 대신하게 되었기 때문에 이 기존 규정은 **2017년 10월 24일 삭제**되어 현재는 존재하지 않는다.

따라서 현행 「사회복지사업법」에는 복지위원 규정이 포함되지 않는다.

④ 「사회복지사업법」 제35조(시설의 장) 제1항에서 사회복지시설의 장은 **상근(常勤)하여야 한다**고 명시하고 있다.

06 ②가 답인 이유

제도적 복지에서는 사회문제가 불완전하고 불공평한 사회체계로 인해 발생한다고 본다. 잔여적 복지에서는 빈곤에 대한 개인의 책임을 강조한다.

07 ③이 답인 이유

사례관리자는 클라이언트의 욕구에 따라 직접적 개입을 할 수도 있고 간접적 개입을 할 수도 있다. 만일 클라이언트에게 치료나 상담과 같은 임상적 욕구가 있거나 위기개입을 요하는 클라이언트가 있다면, 사례관리자가 직접적으로 개입할 수도 있다.

08 ④가 답인 이유

- 문제에 대한 **외현화(외재화) 기법은 이야기치료**의 개입기법이다.
- 심리사회모델에는 직접적 개입과 간접적 개입이 있으며, 이 중 직접적 개입에는 ① 직접적 영향주기, ② 지지하기, ③ 탐색-기술-환기, ④ 인간-환경에 대한 고찰, ⑤ 유형-역동에 대한 고찰, ⑥ 발달적 고찰이 있다.

09 ②가 답인 이유

「국민기초생활 보장법」 제2조(정의) 제4호 : "보장기관"이란 이 법에 따른 급여를 실시하는 국가 또는 지방자치단체를 말한다.

오답 체크

① 부양의무자는 수급권자의 1촌의 직계혈족 및 그 배우자이다. 부, 모, 자, 녀, 계부, 계모, 사위, 며느리가 이에 해당하며, 장인과 장모는 해당하지 않는다.

③ 조건부수급이란 근로능력이 있다고 인정되어 자활에 필요한 사업에 참가하는 것을 조건으로 생계급여를 받는 것을 말한다. 즉, 모든 국민기초생활보장 수급자가 자활사업 참여를 조건으로 수급 대상이 되는 것은 아니다.

④ 근로능력이 있더라도 소득인정액이 선정기준액 이하면 자활에 필요한 사업에 참가할 것을 조건으로 생계급여를 제공할 수 있다(조건부수급자).

10 ①이 답인 이유

- 돌고프 등(Dolgoff, Loewenberg, & Harrington)은 윤리적 의사결정을 안내하기 위해 윤리적 규칙심사표와 윤리적 원칙심사표를 제시하면서, 항상 **윤리적 규칙심사표를 먼저** 살펴보고 여기에서 충분한 지침을 얻지 못할 때 윤리적 원칙심사표를 활용하도록 권고하고 있다.
- 예를 들어, 윤리강령을 살펴보고 자신이 당면한 윤리적 딜레마 상황에 적용할 수 있는 윤리강령 규칙이 있는지를 먼저 확인해본다. 만약 적용 가능한 윤리강령 규칙이 있다면 윤리적 원칙심사표보다 이 윤리강령의 규칙을 따르도록 한다. 주어진 문제에 적용할 수 있는 윤리강령이 없거나 몇 가지 윤리강령 규칙이 서로 상충된다면 그 때는 윤리적 원칙심사표를 활용한다.

11 ③이 답인 이유

라운트리가 영국 요오크 시의 빈곤조사에서 사용한 빈곤 측정 방식은 전물량 방식으로 **절대적 빈곤 개념을 적용**한 경우에 해당한다.

옳은 지문 보충설명]

④ 빈곤율은 빈곤층의 규모를 나타내고, 빈곤갭은 빈곤의 심도를 나타낸다. 빈곤선 이하 사람들의 평균소득과 빈곤선과의 차이는 빈곤율이 아니라 **빈곤갭을 통해 알 수 있다.**

12 ②가 답인 이유

통합적 방법론은 전통적 방법론의 한계를 극복하고자 대두되었다. 전통적 방법론의 가장 대표적인 한계는 지나친 분화와 전문화로 실천가가 자신의 전문분야에 해당하는 특정 문제만을 중심으로 개입하게 되면서 전문영역 간 상호교류의 부재와 서비스 파편화를 낳았다는 점이다. 따라서 ②는 통합적 방법론이 아니라 전통적 방법론의 특징에 해당한다.

13 ③이 답인 이유

- 구직급여는 고용보험의 급여 유형에 해당한다.
- 산업재해보상보험의 급여 유형은 [휴장장유 요상간직]으로 암기하자. **휴**업급여, **장**례비, **장**해급여, **유**족급여, **요**양급여, **상**병보상연금, **간**병급여, **직**업재활급여

암기 휴장장유 요상간직

14 ①이 답인 이유

②는 성과분석, ③과 ④는 산물(산출)분석에 해당한다(③은 전달체계, ④는 재정체계).

15 ④가 답인 이유

아이돌봄 지원사업은 **만 12세 이하 아동**을 둔 맞벌이 가정 등에 아이돌보미가 방문하여 아동을 돌봐주는 사업으로, '**국민행복카드**'를 통한 사회서비스 전자바우처 사업 중 하나이다. 「아이돌봄 지원법」(2012년 제정·시행)에 법적 근거를 두며 주관부처는 여성가족부이다. 2021년 4월 이후 모든 바우처사업은 국민행복카드로 통합되었다.

16 ②가 답인 이유

통제집단 없이 한 집단에 대해 독립변수(이 사례에서는 자존감 증진 프로그램에 해당) 개입 전후에 사전검사와 사후검사를 각 1회씩 실시했으므로 단일집단 사전사후검사설계에 해당한다. 단일사례설계는 개입 전후에 각각 3회 이상 반복 측정을 실시하는 것이 특징이므로 제시된 사례에는 해당하지 않는다.

17 ①이 답인 이유

- 근로장려세제는 일은 하지만 소득이 적어 생활이 어려운 근로자, 사업인(전문직 제외), 종교인 가구를 대상으로 한다.(2009년 최초 지급 때는 소득파악이 용이한 근로소득자 → 2012년 자영업자 중 보험설계사·방문 판매원이 추가 → 2015년 모든 자영업자(전문직 제외)로 확대 → 2019년 종교인 추가)
- 근로소득이 있는 모든 근로자가 아니라 **부부합산 총소득이 가구원 구성에 따라 정한 총소득기준금액 미만인 경우 신청할 수 있다.**

18 ②가 답인 이유

- 장애인을 전문적으로 상담·치료·훈련하거나 장애인의 일상생활, 여가활동 및 사회참여활동 등을 지원하는 장애인복지시설은 **장애인 지역사회재활시설**이다.
- 장애인 의료재활시설은 장애인을 입원 또는 통원하게 하여 상담, 진단·판정, 치료 등 의료재활서비스를 제공하는 장애인복지시설을 말한다.

19 ①이 답인 이유

오답 체크

ㄴ. **지역사회개발모델**에서는 클라이언트를 아직 완전히 개발되지 않은 잠재력을 가진 시민(혹은 주민)으로 간주한다. 사회행동모델에서는 클라이언트를 체제의 희생자, 특정

불이익집단으로 간주한다.
ㄷ. **지역사회개발모델**의 변화전술과 기법은 합의와 집단토의이다. 사회행동모델의 변화전술과 기법은 갈등, 투쟁, 이의제기, 성토, 시위, 농성, 보이콧, 대결, 직접행동, 협상(교섭) 등이다.

20 ④가 답인 이유
우리나라 사회보험 중 가장 먼저 도입된 제도는 **산업재해보상보험**이다.

제35회 동형 모의고사

1	2	3	4	5	6	7	8	9	10
④	①	①	②	④	④	②	①	③	①
11	12	13	14	15	16	17	18	19	20
①	③	④	②	④	②	③	①	③	②

01 ④가 답인 이유
응답환경에 대한 통제는 우편설문조사보다 대인면접조사가 더 용이하다.

우편설문조사와 대인면접조사 비교

	우편설문	대면면접
장점	• 시간, 비용 경제적 • 접근성 좋음 • 면접자로 인한 편향이 발생하지 않음 • **익명성 보장 → 민감한 질문에 더 유용** • 충분한 시간적 여유를 두고 응답 가능 • 자료입력 용이	• 유연한 질문과정 • **높은 응답률** • **응답환경 통제(구조화) 용이** • **심층탐구(probing) 가능** • 비언어적 행위 관찰 가능 • 낮은 대리응답 가능성 • 개방형 질문에 더 유리 • 어린이나 노인에게 우편설문보다 적합
단점	• 질문내용이 제한적 • 추가질문 통한 확인 어려움 • 대리응답 가능성이 면접조사보다 높음 • 응답상황 통제 어려움 • 낮은 회수율	• 시간, 비용 많이 소요 • 조사대상자에 대한 접근성이 떨어짐 • 면접자로 인한 편향이 발생 • 익명성을 보장할 수 없음

02 ①이 답인 이유
접수단계의 과업에는 클라이언트의 문제와 욕구 확인, 사례 적격여부 판단, 필요시 의뢰, 신뢰관계 형성, 양가감정과 저항감 감소, 동기부여 등이 포함된다.

오답 체크
- ②와 ④는 계획단계의 과업이다. 계획단계의 키워드는 표적문제, 우선순위, 목표, 과제, 개입계획 수립, 계약 등이다.
- ③은 개입단계의 과업이다.

03 ①이 답인 이유
ㄱ. 기초연금은 공공부조이고 노령연금은 사회보험(국민연금에 속함)이다. 공공부조는 사회보험보다 소득재분배 기능이 강하다.
ㄴ. 공무원과 군인 등 특수직역연금 수급권자와 그 배우자는 기초연금과 장애인연금 수급 대상에서 제외된다. 따라서 기초연금도 장애인연금도 받을 수 없다.

오답 체크
ㄷ. 국민기초생활 보장제도에서 생계급여의 선정기준(2024년 현재, 기준 중위소득의 32%)은 의료급여의 선정기준(기준 중위소득의 40%)보다 **낮게** 책정된다.
ㄹ. 장기요양급여는 노인 등이 가족과 함께 생활하면서 가정에서 장기요양을 받는 **재가급여를 우선적으로 제공**하여야 한다(「노인장기요양보험법」 제3조 제3항).

04 ②가 답인 이유
- 저소득층을 지원하는 **공공부조제도**가 사회보험이나 사회수당보다 소득재분배 효과가 크다.
- 제시된 보기 중 국민기초생활 보장제도만 공공부조이고, 아동수당은 사회수당, 국민연금과 국민건강보험제도는 사회보험에 해당한다.

05 ④가 답인 이유
자기노출의 초점은 사회복지사가 아니라 **클라이언트에게 맞춰져야** 한다.

06 ④가 답인 이유
- 자산조사를 통해 대상자 선별을 요하는 공공부조는 대표적인 선별주의(selectivism) 제도이다. 우리나라의 긴급복지지원제도는 공공부조에 해당하므로 보편주의가 아니라 선별주의 원칙과 관련된다.
- 보편주의 원칙과 연결될 수 있는 다른 개념들도 떠올려보자.
  - 사회보장제도들 중 기본소득, 사회수당, 사회보험, 영국의 NHS, 우리나라 아동수당 등
  - 사회적 효과성, 사회통합, 권리, 평등과 인간존엄, 더 많은 정치적 지지, 더 높은 운영효율성, 더 낮은 목표효율성 등

07 ②가 답인 이유
- 제시된 시설은 모두 보건복지부 소관의 사회복지시설로 다함께돌봄센터는 「아동복지법(소관부처 : 보건복지부)」에서 규정하고 있는 사회복지시설이다.
- 「아이돌봄 지원법」은 여성가족부 소관의 법으로 제19조에서 공동육아나눔터 설치·운영을 규정하고 있지만 이는 사회복지시설에 해당하지는 않는다.

08 ①이 답인 이유
카두신(A. Kadushin)은 슈퍼비전의 기능을 행정적 기능, 교육적 기능, 지지적 기능으로 분류하였다.

오답 체크
② **교육적** 기능 - 경험과 지식의 공유
③ **지지적** 기능 - 스트레스 유발상황의 방지
④ **행정적** 기능 - 업무에 대한 지시와 모니터링

카두신의 슈퍼비전 유형

구분	행정적 슈퍼비전	교육적 슈퍼비전	지지적 슈퍼비전
역할	사회복지사가 기관의 규정과 절차에 맞게 서비스를 제공하도록 관리	사회복지사의 전문적 지식과 기술 증진	사회복지사에게 스스로 업무할 수 있도록 장애요인을 제거해 주고 용기와 지지를 제공
내용	• 직원의 채용과 선발 • 사회복지사의 임명과 배치 • 업무계획 • 업무위임 • 업무에 대한 모니터링 • 업무의 협조 • 의사소통 촉진 • 행정적 수장	• 교수 • 학습의 촉진 • 훈련 • 경험과 지식의공유 • 정보제공 • 명확화 • 안내 • 문제해결법 원조	• 전문적 성장 제고 • 조언·제안·문제해결 원조 • 스트레스 유발상황 방지 • 사회복지사의 스트레스 해소 • 사회복지사와의 신뢰 형성 • 관점의 공유 • 결정에 대한 책임 공유 • 성공을 위한 기회 제공 • 동료를 통한 지지 제공 • 업무 관련 긴장의 완화

09 ③이 답인 이유
신뢰도는 동일 대상을 측정한 측정값들 사이의 일관성을 의미하고, 타당도는 측정값과 실제값 사이의 일치성(즉, 측정의 정확성)을 의미한다. 체중을 측정할 때마다 실제 체중보다 3kg이 더 무겁게 측정된다면, 이 체중계는 동일 대상을 측정한 값 사이에 일관성은 있기 때문에 신뢰도는 문제가 되지 않는다. 다만 실제값과 늘 3kg 차이가 나기 때문에 문제가 되는 것은 타당도이다.

오답 체크
① 낮 최고 기온(°C)은 **등간측정**에 해당한다.
② 신뢰도를 평가하기 위한 방법들 중 **반분법이나 크론바의 알파계수**는 다른 측정도구 없이도 해당 도구 내에서 신뢰도를 평가할 수 있다는 장점이 있다. 유사양식법은 같은 개념을 측정하는 유사한 다른 측정도구를 함께 사용하여 신뢰도를 평가하는 방법이므로 신뢰도 평가를 위해 다른 측정도구를 필요로 한다는 제한점이 있다.
④ **신뢰도가 높다고 해서 타당도가 높은 것은 아니다.**

10 ①이 답인 이유
성공적인 사회보장 프로그램의 전제조건을 아동수당, 포괄적 의료서비스, **완전고용**의 세 가지로 제시했다.

11 ①이 답인 이유

소극적 자유는 자유의 **기회** 측면을 강조하지만, 적극적 자유는 자유의 **능력** 측면을 강조한다.

12 ③이 답인 이유

단일사례설계는 개입효과 평가를 목적으로 하는 설계이다. 따라서 단일사례설계를 이용하여 개입방법의 효과성을 평가할 수 있다.

오답 체크

① **비용편익분석**은 프로그램을 위해 투입한 자원과 프로그램을 통해 얻게 된 성과를 모두 화폐적 가치로 환산하여 효율성을 분석한다.
② 프로그램 성과를 화폐 가치로 전환하지 않고, 동일한 목표를 달성하기 위한 서로 다른 프로그램의 투입비용을 각각 계산한 후 최소 비용으로 최대 효과를 내는 프로그램이 더 효율적이라고 평가하는 것은 **비용효과분석**이다.
④ 프로그램 평가설계에서 **프로그램은 독립변수**, 변화대상이 되는 표적문제는 종속변수에 해당한다.

13 ④가 답인 이유

국민연금 가입기간이 최소 10년 이상이면 연금수급 연령부터 사망 시까지 노령연금 수급이 가능하나, 연금수급 연령이 되어서도 소득활동을 하는 경우 수급개시 연령부터 **5년 동안** 감액된 기본연금액이 지급되며, **부양가족연금은 지급되지 않는다**.

옳은 지문 보충설명

③ 소득이 높을수록 연금의 절대 액수가 높아지지만, 소득대체율(이전 소득과 연금액의 비율. 이전 소득의 몇 %를 연금액으로 보장하는가를 의미하며 소득대체율이 높을수록 급여수준이 높음을 의미)은 소득이 높을수록 더 낮아진다. 즉, 소득이 낮은 계층이 더 높은 소득대체율로 연금을 수급하도록 하는 방식으로 저소득층에게 유리하게 설계함으로써 사회적 적절성을 유지하도록 하고 있다. 이러한 소득재분배 기능은 기본연금액 산식의 소득균등부문(A값: 전체 가입자 평균소득)에서 나타난다.

14 ②가 답인 이유

제시된 개입은 미누친의 구조적 가족치료모델에서 제시한 '**경계 만들기**' 기법이다. 구조적 가족치료는 가족의 **재구조화**를 목표로 하며, 이를 위해 가족의 **경계를 조정**함으로써 **하위체계의 기능을 강화**하고 가족의 **위계**를 바로잡고자 한다.

15 ④가 답인 이유

허용할 수 없는 욕망이나 충동, 실패 등에 대해 그럴듯한 변명이나 핑계를 대는 것은 합리화 방어기제이다.

오답 체크

① 수용할 수 없는 감정으로 인해 불안해하는 사람을 보호하기 위해 **자아**가 무의식적으로 사용하는 심리적 전략이다.
② 죽은 남편이 잠시 어디 가 있다고 믿는 것은 **부정(부인, denial)** 방어기제이다.
③ 억압된 무의식적 충동과 반대되는 행동이나 태도를 보이는 것은 **반동형성(reaction formation)** 방어기제이다.

16 ②가 답인 이유

중앙정부가 갖는 사회복지 전달체계로서의 상대적 장점

- 공공재적 성격이 강한 서비스 공급에 유리
- 기본적이고 보편적인 욕구충족에 유리
- **사회통합, 평등**, 사회적 적절성, 소득재분배 등의 가치를 구현하는 데 더 유리
- 대상이 되는 사람이 많을수록 중앙정부에서 담당하는 것이 기술적인 측면에서 유리
- 다양한 프로그램에 대한 통합 및 조정과 지속성 및 안정성 면에서 유리

17 ③이 답인 이유

시·도지사 또는 시장·군수·구청장은 **사회보장의 환경 변화**, 「사회보장기본법」에 따른 **사회보장에 관한 기본계획의 변경** 등이 있는 경우에는 지역사회보장계획을 **변경할 수 있다**.

18 ①이 답인 이유

- ①은 어떤 일에 도전하지 못하고 자꾸 회피하는 클라이언트의 마음속에 '실패에 대한 두려움'이라는 원인이 있음을 해석하고 있다.
- 어떤 행동의 원인이나 단서에 대한 가설을 제시하는 기법은 직면이 아니라 **해석**이다.
- 만일 이 사례를 직면기법에 해당하는 사례로 바꿔본다면, "말로는 도전할 거라고 하시면서 실제로는 자꾸 피하거나 미루기만 하시는군요."를 예로 들 수 있을 것이다.

19 ③이 답인 이유

ㄱ과 ㄷ은 '적극적 자유'에 해당하고, ㄴ과 ㄹ은 '소극적 자유'에 해당한다.

ㄱ. 페이비언 사회주의와 마르크스주의는 적극적 자유를, 신우파(반집합주의)와 중도파(소극적 집합주의)는 소극적 자유를 추구한다.
ㄴ. 자유주의 복지국가는 소극적 자유를, 사회민주주의 복

지국가는 적극적 자유를 추구한다.
ㄷ. 제도적 복지모형은 적극적 자유를, 잔여적 복지모형은 소극적 자유를 추구한다.
ㄹ. 신우파 정권의 바탕이 된 신자유주의(neoliberalism) 이념은 소극적 자유를 추구한다.

20 ②가 답인 이유

가계도는 가족 내 구조, 관계, 기능(중독, 신체나 정신적 장애 등), 가족의 지배적인 주제(예를 들어, 가족의 중심적인 문제), 세대 간 연결되는 특정의 패턴이나 유형 등 가족체계 내에 초점을 둔 사정도구로 가족을 둘러싼 환경과의 관계나 상호작용에는 초점을 두지 않는다.

오답 체크

ㄷ. 가족이 주변 관계에서 받고 있는 지지의 유형과 방향을 사정하기 적합한 사정도구는 **사회적 관계망표**이다.

제36회 동형 모의고사

1	2	3	4	5	6	7	8	9	10
②	②	④	④	③	③	④	④	①	①
11	12	13	14	15	16	17	18	19	20
④	①	①	③	③	①	③	②	②	②

01 ②가 답인 이유

사회문제가 특정범주에 속한 사람들에게 개인의 결함, 사고, 불행한 상황과 같이 예측할 수 없는 원인으로 인해 발생한다고 보는 이념은 **예외주의** 이념이다. 예외주의 이념을 따르는 것은 **잔여적 복지**이다. 제도적 복지는 사회문제가 불공정하고 불합리한 사회구조로 인해 누구나에게 보편적으로 발생할 수 있다고 본다.

02 ②가 답인 이유

초기아동기(2단계)의 심리사회적 위기인 자율성 대 수치심을 극복했을 때 강화되는 자아강점은 **의지**이다. 목적은 유희기(3단계)의 심리사회적 위기인 주도성 대 죄의식에 대응되는 자아강점이다.

에릭슨의 심리사회적 위기와 자아강점

단계		심리사회적 위기	자아강점
1	유아(乳兒)기	기본적 신뢰감 대 불신감	희망
2	초기아동기	자율성 대 수치심과 의심	의지
3	유희기(학령전기)	주도성(솔선성) 대 죄의식	목적
4	학령기	근면성 대 열등감	능력
5	청소년기	자아정체감 대 자아정체감 혼란	성실
6	성인초기(청년기)	친밀감 대 고립	사랑
7	성인기	생산성 대 침체	배려(돌봄)
8	노년기	자아통합 대 절망	지혜

03 ④가 답인 이유

ㄱ. 「자원봉사활동 기본법」 제정 : 2005년
ㄴ. 「기초연금법」 제정 : 2014년
ㄷ. 「장애인활동지원에 관한 법률」 제정 : 2011년
ㄹ. 「영유아보육법」 제정 : 1991년

04 ④가 답인 이유

심리사회모델에서 강조하는 실천원칙은 ① 클라이언트가 현재 있는 곳에서 시작하기(start where the client is), ② 수용, ③ 개별화, ④ 자기결정(혹은 자기지시)이다.

오답 체크

① 위기개입모델에서는 위기 사건 자체의 해결이 아니라 **위기에 대한(혹은 위기로 인해 유발된) 반응(혹은 증상)에 일차적 초점**을 두고 신속하게 개입한다.
② 인지행동모델에서는 대체 사고와 행동을 학습하기 위해 **교육적 접근**을 강조한다. 직접적 영향주기, 유형-역동 고찰 등은 **심리사회모델**의 개입기법이다.
③ 목표행동을 세분화하여 연속적, 단계적으로 강화하는 행동수정모델의 기법은 **행동조성(shaping)**이다. 체계적 둔감화(systematic desensitization)는 특정 자극에 대한 불안이나 공포 등의 반응을 단계적으로 경감·제거하는 개입기법이다.

05 ③이 답인 이유

델파이기법의 키워드는 전문가, 우편설문 반복, 합의, 익명성이다. 전문가 대상의 반복적 우편설문을 통해 합의를 도출하고자 하며, 조사대상인 전문가들은 한 자리에 모이지도 않고 서로 누가 참여하는지를 모른다.

06 ③이 답인 이유

국민기초생활 보장제도는 공공부조제도로서 **국가와 지방자치단체의 책임**하에 운영된다.

07 ④가 답인 이유

- 사회복지 대상자를 특정 사회복지제도의 운용과 관련된 각종 위원회에 참여시키는 것은 **권력**(power) 급여에 해당한다.
- 길버트와 테렐이 제시한 5가지 사회복지급여 형태 중 권력이란 사회복지 대상자에게 보다 많은 사회적 자원이 분배될 수 있도록 그들의 정치적·사회적 힘을 확대시키는 것을 말한다.
- 기회 급여의 대표적인 예로는 장애인의무고용제도가 있다.

08 ④가 답인 이유

오답 체크

① 기초연금의 선정기준액은 65세 이상인 사람 중 기초연금 수급자가 **100분의 70 수준**이 되도록 한다.
② 비기여-**자산조사** 제도이다.
③ 보건복지부장관은 **5년마다** 기초연금액의 적정성을 평가하고 그 결과를 반영하여 기준연금액을 조정하여야 한다.

09 ①이 답인 이유

2015년에 교육급여, 2018년에 주거급여에 대한 부양의무자 기준 적용이 폐지되었고, 2021년 10월부터 생계급여에 대한 부양의무자 기준이 폐지되었다(교육급여, 주거급여와는 달리 일부 예외 있음). 그러나 **2024년 현재 의료급여에 대해서는 부양의무자 기준이 유지**되고 있다.

10 ①이 답인 이유

클라이언트의 변화를 위한 교육자, 상담자, 치료자 등의 역할은 **직접적 개입**에서 사회복지사가 주로 수행하는 역할이다.

11 ④가 답인 이유

베버리지는 소득과 관계없이 모든 국민에 대한 정액 갹출, 정액 급여를 주장하였다. 그리고 국가가 사회보험 제도를 정비하여 영국사회를 가로막는 5대 악에 대항해야 하며, 사회보험으로 불가능할 경우에는 공공부조를 설계해야 한다고 주장했다.

오답 체크

① 베버리지가 제시한 5대 악은 궁핍(want), 질병(disease), 무지(ignorance), **불결(squalor)**, 나태(idleness)이다.
② 베버리지가 제시한 사회보험에 대해서 6대 원칙은 다음과 같다.
  - 정액급여(Flat rate of subsistence benefit)의 원칙
  - 정액기여(Flat rate of contribution)의 원칙
  - 행정책임 **단일화**(Unification of administrative responsibility)의 원칙
  - 급여의 적절성(Adequacy of benefit)의 원칙
  - 포괄성(Comprehensiveness)의 원칙
  - 대상 **분류**(Classification)의 원칙
③ 사회보험의 성공을 위한 3대 전제 조건은 완전고용, 포괄적 보건의료서비스, **보편적 가족수당(아동수당)**이다.

12 ①이 답인 이유

- '인간의 **소비욕구**에 대한 직접적 관심'이 옳은 표현이다.
- 윌렌스키와 르보(Wilensky & Lebeaux)가 제시한 사회복지 활동 구분 기준 : ① 공식적 조직, ② 사회적 승인(후원)과 사회적 책임성, ③ 이윤동기의 부재, ④ 기능적 보편성(=인간의 욕구에 대한 통합적 관심), ⑤ 인간의 소비욕구에 대한 직접적 관심

13 ①이 답인 이유
장애판정위원회는 보건복지부에 둔다.

오답 체크

② 「장애인복지법」상 장애인의 정의에 '사회적 장애'는 포함되지 않는다.
③ **중앙행정기관의 장**은 해당 기관의 장애인정책을 효율적으로 수립·시행하기 위하여 소속공무원 중에서 장애인정책책임관을 지정할 수 있다(제12조 제1항).
④ 결혼이민자나 난민인정자도 장애인 등록을 할 수 있다. 다만, 장애인복지사업의 지원을 제한할 수 있다.

14 ③이 답인 이유
- ③은 **중도노선(중도파, 소극적 집합주의)** 이념에 해당한다. 중도노선에서는 시장이 경기변동에 불안정하며 생산과 분배 기능에 있어 일정한 한계를 가지고 있기 때문에, 국가 개입을 통해 시장의 부정적인 효과를 통제하거나 보완해야 한다고 주장한다. 다만, 복지에서 국가 역할이 일정 정도 필요하다고 인정하지만, 국가 역할의 범위와 성격은 빈곤과 불평등의 해소 수준에 머물러야지 본질적인 평등의 실현을 위한 그 이상의 국가 역할에 대해서는 반대한다.
- **마르크스주의**는 자유시장의 논리는 착취와 억압을 정당화하므로 자유시장체제는 사회통합과 경제적 평등이라는 목적달성에 전혀 도움이 되지 않는다고 본다. 따라서 국가 개입을 통해 시장을 보완하는 수준이 아니라 **시장체계가 아닌 국가관리 경제로 전환**해야 한다고 본다.

15 ③이 답인 이유
- 운영효율성은 공공부조가 가장 **낮고**, 목표효율성은 사회수당이 가장 낮다.
- 운영효율성이 높은 순서 : 사회수당 > 사회보험 > 공공부조
- 목표효율성이 높은 순서 : 공공부조 > 사회보험 > 사회수당

16 ①이 답인 이유
목적, 목표, 과업, 방법의 결정은 기획(planning) 과정의 핵심 키워드이다.

사회복지행정의 과정(POSDCoRB)

기획	조직의 목적/목표 달성을 위한 과업/수행방법 결정
조직	작업(직무, 과업)이 규정(할당, 배분)되고 조정되는 공식적 구조 설정
인사	직원 채용과 해고, 교육훈련, 호의적인 업무조건의 유지
지시	조직의 관리자로서 여러 의사결정을 내리고, 그 결정을 명령, 지시, 위임 등의 형태로 구체화
조정	부서 간, 직원 간 효과적인 의사소통 망을 만들어 업무의 다양한 부분들을 상호 연결
보고	기록, 조사연구, 감독과정(정기감사)을 통해 직원, 이사회, 지역사회, 행정기관, 후원자 등에게 업무의 진행 상황을 알림
재정	예산편성 및 결산과 관련된 업무 수행

17 ③이 답인 이유
사회복지관의 지역조직화 기능은 다음과 같다.

복지네트워크 구축	지역사회연계사업, 지역욕구조사, **실습지도**
주민조직화	주민복지증진사업, 주민조직화 사업, 주민교육
자원개발 및 관리	**자원봉사자 개발·관리**, 후원자 개발·관리

오답 체크

① 협동조합의 발기인은 **5인 이상**의 조합원 자격을 가진 자가 된다.
② 시·군·구 및 시·도는 수급자의 자활을 체계적으로 지원하기 위해 지역자활지원계획을 **매년** 수립한다.
④ 국가기관 및 지방자치단체는 자원봉사센터를 설치할 수 있으며, 이 경우 자원봉사센터를 법인으로 하여 운영하거나 **비영리법인**에 위탁하여 운영하여야 한다. 자원봉사활동을 효율적으로 추진하기 위하여 필요하다고 인정할 경우에는 **국가기관 및 지방자치단체가 운영할 수 있다.**

18 ②가 답인 이유
- 탐색적 조사, 기술적 조사, 설명적 조사는 조사의 목적에 따른 구분이다. 인과관계를 규명하는 것을 목적으로 하는 조사는 설명적 조사이다. 조사의 목적이 기초연금이 노인의 빈곤 감소에 미치는 영향을 알아보는 데 있으므로 기초연금(원인 역할을 하는 독립변수)과 빈곤 감소(결과 역할을 하는 종속변수) 간 인과관계를 규명하는 것을 목적으로 하는 **설명적 조사**에 해당한다.
- 경향분석, 동류집단조사, 패널조사는 종단조사에 속하며, 이 중 매 시점 동일한 사람들을 대상으로 조사하면 패널조사이다. 제시된 사례에서는 '동일한 노인'을 표본으로 10년간 매년 조사했다고 하였으므로 **패널조사**에 해당한다.

19 ②가 답인 이유
서비스 연계는 사례관리 기능에 해당한다.

오답 체크

사회복지관의 서비스 제공 기능에는 가족기능 강화, 지역사회보호, 교육문화, 자활지원 등 기타 사업이 포함되는데 ①은 자활지원, ③과 ④는 지역사회보호 사업에 해당한다.

사회복지관 3대 기능

사례관리		사례발굴, 사례개입, 서비스 연계
서비스 제공	가족기능 강화	가족관계증진사업, 가족기능보완사업, 가정문제 해결, 부양가족지원사업, 다문화가정이나 북한이탈주민 등 지역 내 이용자 특성을 반영한 사업
	지역사회보호	**보**건의료서비스, **경**제적 지원, **재**가복지봉사서비스, **일**상생활 지원, **급**식서비스, **일**시보호서비스, **정**서서비스 🔑암기 보경이의 재일 급한 일정
	교육문화	아동·청소년 사회교육, 성인기능교실, 노인 여가·문화, 문화복지사업
	자활지원 등 기타	직업기능훈련, 취업알선, 직업능력개발, 그 밖의 특화사업
지역 조직화	복지네트워크 구축	지역사회연계사업, 지역욕구조사, 실습지도
	주민조직화	주민복지증진사업, 주민조직화사업, 주민교육
	자원개발 및 관리	자원봉사자 개발·관리, 후원자 개발·관리

20 ②가 답인 이유

①은 학교변화모델, ②는 사회적 상호작용모델, ③은 전통적 임상모델, ④는 지역사회-학교모델에 해당하는 학교사회복지실천 활동이다.

제37회 동형 모의고사

1	2	3	4	5	6	7	8	9	10
②	②	①	④	①	②	④	③	①	④
11	12	13	14	15	16	17	18	19	20
②	③	③	③	①	①	④	③	①	②

01 ②가 답인 이유

법인은 대표이사를 포함한 이사 7명 이상과 감사 2명 이상을 두어야 하며, 임원을 임면하는 경우 지체 없이 **시·도지사에게 보고**하여야 한다.

02 ②가 답인 이유

공무원연금, 군인연금, 사립학교교직원연금, 별정우체국직원연금 등 특수직역연금 수급권자와 그 배우자는 기초연금 수급대상에서 제외되지만, 국민연금은 그렇지 않다. 즉, **국민연금 수급권자도 기초연금은 받을 수 있다.** 다만, 국민연금액에 따라 기초연금액에 일부 감액이 적용될 수 있다.

03 ①이 답인 이유

- "우울한 생각이 들 때마다 집안 대청소를 하루 종일 해보세요."는 **전략적 가족치료모델**의 역설적 개입기법 중 **시련기법**(고된 체험 기법이라고도 함)에 해당한다. 시련기법은 변화를 원하는 사람에게 증상보다 더 고된 체험을 하도록 과제를 주어 증상을 포기하도록 하는 것이다.
- ②는 이야기치료모델의 외재화, ③은 경험적 가족치료모델의 가족조각, ④는 해결중심 가족치료모델의 예외질문 기법에 해당한다.

04 ④가 답인 이유

서베이를 통해 어떤 프로그램이 필요한지를 묻는 경우 응답자는 자신들이 생각하는 욕구대로 응답할 것이다. 이는 브래드쇼(Bradshaw)가 제시한 욕구 유형 중 **인지된(인지적, 감지적, 감촉적, 느끼는) 욕구**에 해당한다. 그러나 프로그램이 개설되어 신청자를 받을 때 실제로 신청을 한다거나 대기자에 이름을 올리는 등의 구체적인 행위로 프로그램에 대한 욕구를 표현한다면 이는 **표현된(표출된) 욕구**에 해당된다.

05 ①이 답인 이유

- 시설명에 '복지관', '기관', '재가', '주간보호', '야간보호',

'단기보호', '지원센터', '상담소' 등이 들어가면 이용시설이다.
- 장애인복지시설명에 '재활'이라는 단어가 들어가면 모두 이용시설이다(장애인지역사회재활시설, 장애인직업재활시설, 장애인의료재활시설). 정신재활시설에는 생활시설도 있고 이용시설도 있다. 노숙인재활시설과 노숙인자활시설은 둘 다 생활시설이다.

오답 체크

② 보호대상아동을 입소시켜 보호, 양육 및 취업훈련, 자립지원 서비스 등을 제공하는 아동복지시설은 **아동양육시설**이다. 자립지원시설은 아동복지시설에서 퇴소한 사람을 취업준비기간 또는 취업 후 일정 기간 동안 보호함으로써 자립을 지원하는 아동복지시설이다.
③ 지역사회복지협의회는 민간의 대표적인 협의·조정기구이고, **지역사회보장협의체**는 민간과 공공이 함께 참여하는 대표적인 심의·자문기구로 지방자치단체의 사회보장 업무를 담당하는 공무원이 위원으로 참여한다.
④ 정신질환자 또는 정신건강상 문제가 있는 사람 중 대통령령으로 정하는 사람(정신질환자 등)의 사회적응을 위한 각종 훈련과 생활지도를 하는 시설은 **정신재활시설**이다. 정신건강복지센터는 정신건강증진시설, 사회복지시설, 학교 및 사업장과 연계체계를 구축하여 지역사회에서의 정신건강증진사업 및 정신질환자 복지서비스 지원사업(정신건강증진사업 등)을 하는 기관 또는 단체를 말한다.

06 ②가 답인 이유

오답 체크

① 미국의 복지체제 유형은 탈상품화 수준이 가장 **낮다**.
③ **사회민주주의** 복지체제는 최소한의 생활수준 보장을 넘어 가능한 한 최대한의 수준에서 평등을 추구한다.
④ **자유주의** 복지체제에서는 자산조사에 의한 공공부조 프로그램이 상대적으로 중시된다.

복지국가 유형별 특징

구분	자유주의 복지국가	조합주의 복지국가	사회민주주의 복지국가
탈상품화정도	매우 낮음	높음/제한적임	매우 높음
계층화정도	매우 높음 (계층간 대립심화)	높음 (계층간 차이유지)	낮음 (계층간 통합강화)
국가역할	주변적	보조적	중심적
시장역할	중심적	주변적	주변적
전형적 국가	미국, 캐나다, 오스트레일리아	프랑스, 독일, 오스트리아 (유럽 대륙국가들)	스웨덴, 덴마크, 핀란드, 노르웨이(스칸디나비아 국가들)

07 ④가 답인 이유
집단에 대한 의존성 감소시키기는 **종결단계**의 과업이다.

08 ③이 답인 이유
통합적 방법은 전문주의 실천(특정 대상자의 특정 문제에 대한 특정 기법 중심의 고도의 전문성 강조)이 아니라 일반주의 실천(클라이언트의 다양한 욕구에 맞춰 다양한 체계에 대한 다각적 개입을 강조)을 지향한다.

09 ①이 답인 이유
「사회복지사업법」에서 사회복지사업의 범위에 포함되는 법률 중 '노인'이 들어가는 법은 「노인복지법」과 「장애인·노인·임산부 등의 편의증진 보장에 관한 법률」 두 가지이다. 노인 관련 법 중에서 공공부조인 「기초연금법」은 포함되지만, 사회보험인 「노인장기요양보험법」은 포함되지 않는다. 아울러 「치매관리법」, 「고독사예방법」도 포함되지 않는다.

10 ④가 답인 이유
보편주의는 급여를 모든 국민의 사회적 권리라고 간주하지만, 선별주의는 취약계층에 대한 시혜와 자선이라고 간주한다.

오답 체크

① **보편주의**는 집합주의 가치에 기반을 둔다.
② **보편주의**는 인간존엄성의 보호와 사회통합 등의 사회적 효과를 가져온다.
③ **선별주의**는 자산조사를 통해 자원을 배분한다.

11 ②가 답인 이유
사회복지사는 클라이언트와 함께 문제에 대한 해결책을 탐색하면서 선택 가능한 대안(해결책)의 폭을 넓히고, 각 대안의 장단점을 고려하는 과정에 **적극 관여해야 한다**. 그렇게 선택 가능한 대안과 각각의 장단점을 함께 고려한 후 클라이언트가 결정을 내릴 수 있도록 원조한다.

12 ③이 답인 이유
「국민기초생활 보장법」상 급여의 종류는 [해주 교생의 장자]로 암기하자. **해**산급여, **주**거급여, **교**육급여, **생**계급여, **의**료급여, **장**제급여, **자**활급여의 7가지 급여 유형이 해당된다.

오답 체크

ㄱ. 장해급여는 「산업재해보상보험법」상의 급여 유형에 해당한다.
ㄴ. 요양급여는 「국민건강보험법」과 「산업재해보상보험법」

상의 급여 유형이다.

13 ③이 답인 이유
인보관 운동은 활동 목표를 사회의 변화(사회개혁)에 두었고, 자선조직협회는 활동 목표를 개인(빈민)의 변화에 두었다.

오답 체크
① **자선조직협회**는 사회진화론 이념에 기반을 두고 빈곤문제에 개입하였다. 인보관 운동은 민주주의 이념을 기반으로 활동했다.
② **자선조직협회**는 민간 주도적인 구빈활동을 강조했다.
④ 1869년 런던에 최초로 설립된 것은 **자선조직협회**였다. 최초의 인보관은 1884년 런던에 설립된 토인비 홀이다.

14 ③이 답인 이유
- 크레딧제도는 국민연금 가입기간을 추가 인정해주는 제도이다.
- 현재 우리나라에서 시행되고 있는 크레딧제도의 종류 : **출산크레딧, 군복무크레딧, 실업크레딧**

우리나라 국민연금의 크레딧 제도

출산 크레딧	• 아이를 둘 이상 낳거나 입양한 사람에게 국민연금 가입기간을 추가로 인정 • 둘째 자녀를 낳거나 입양하면 기존 가입기간에 12개월을 더해주고, 셋째부터는 자녀 1인당 18개월을 추가해 최대 50개월까지 가입 기간을 인정 • 시행일 2008. 1. 1.
군복무 크레딧	• 현역병, 전환복무자, 상근예비역, 사회복무요원, 공익근무요원 등으로 6개월 이상 복무한 사람은 6개월의 가입기간을 추가로 인정 • 시행일 2008. 1. 1.
실업 크레딧	• 직장을 구하면서 구직급여를 받고 있는 사람(18세 이상~60세 미만)이 그 기간만큼을 국민연금 가입 기간으로 인정받고 싶다고 할 경우에 국가에서 일부 보험료를 지원 • 연금보험료의 75%를 지원. 나머지 25%는 본인 부담 • 생애 기간 중 최대 1년 동안 받을 수 있음 • 시행일 2016. 8. 1.

오답 체크
연금 사각지대 해소를 위해 나라마다 다양한 크레딧제도를 시행하고 있는데, 장애크레딧은 우리나라에서는 현재 시행되고 있지 않으나 스웨덴에서는 시행되고 있는 크레딧제도이다. 참고로 스웨덴, 독일, 프랑스에서 시행되는 크레딧제도에는 다음과 같은 것들이 있다.
- 스웨덴의 크레딧제도 : 양육크레딧, 의무봉사크레딧, 학업크레딧(장학금을 받으며 공부하는 학생을 위한 연금 크레딧제도), 장애크레딧(장애연금 수급기간을 가입기간으로 인정해주는 크레딧제도)
- 독일의 크레딧제도 : 자녀양육기간, 군복무기간, 질병급여 또는 상해급여 수급기간, 실업급여 수급기간, 간병인의 돌봄기간 등을 가입기간으로 인정해주는 크레딧제도 시행
- 프랑스의 크레딧제도 : 자녀양육기간, 다양한 소득보장 급여 수급기간, 실업급여 수급기간, 돌봄기간

15 ①이 답인 이유
- 하나의 기초선 자료에 대해 여러 개의 각기 다른 개입방법을 연속적으로 도입하는 설계 유형은 ABCD설계 혹은 **다중요소설계(혹은 복수요소설계)**이다.
- 다중기초선설계(혹은 복수기초선설계)는 둘 이상의 클라이언트 혹은 둘 이상의 상황이나 문제에 대해 AB설계를 적용하되 각 기초선 기간을 달리하는 설계 유형이다.

16 ①이 답인 이유

비밀보장의 한계
- 비밀유지가 클라이언트를 보호하거나 제대로 돕는 것이 아닌 경우
- 클라이언트나 제3자의 생명이나 안전의 위협과 관련되는 경우(②와 ④가 여기에 해당)
- 사례회의나 의뢰, 슈퍼비전 등 전문가 모임에서 클라이언트의 문제를 해결하기 위해 정보를 공유해야 할 경우(③이 여기에 해당)
- 클라이언트의 정보를 공개하라는 법원의 명령을 받을 경우(②는 여기에도 해당)
- 불법적인 일인 경우 등

17 ④가 답인 이유
폐쇄체계적 관점의 사회복지조직이론에는 관료제이론, 과학적 관리론, 행정관리론, 인간관계이론, X이론, Y이론 등이 있다. 정치경제이론, 구조주의이론, 제도이론, 조직군생태학이론은 개방체계적 관점의 사회복지조직이론에 속한다.

18 ③이 답인 이유
공적연금제도 중 가장 먼저 도입된 것은 1960년에 도입된 공무원연금이다. 4대 공적연금이 도입된 순서는 공무원연금(1960년) → 군인연금(1963년) → 사립학교교직원연금(1973년) → 국민연금(1986년/시행은 1988년) 순이다.

오답 체크
① **고구려**에는 춘궁기에 곡식을 빌려주는 진대법이 있었다.
② 1973년 제정된 「국민복지연금법」은 경제적인 상황 변화로 시행되지 못했고, 국민연금제도가 본격적으로 시행된 것은 **1986년 제정된 「국민연금법」**을 통해서이다.
④ **2003년 「사회복지사업법」** 개정으로 지역사회복지계획 수립이 지방자치단체의 의무가 되고, 지역사회복지협의체가 도입되었다.

19 ①이 답인 이유

엘리자베스 구빈법(1601년)이 사회복지역사에서 갖는 의의는 선언적인 의미에서 **"빈곤구제의 책임"이 국가**에 있다는 것을 천명했다는 점에 있다. 그러나 **빈곤의 원인과 책임 자체는 빈민**에게 있다고 보았다.

20 ②가 답인 이유

층화표집과 할당표집의 차이점과 공통점

	층화표집	할당표집
차이점	확률표집	비확률표집
공통점	1. 이질적 집단보다 동질적 집단에서 추출한 표본의 표집오차가 작다는 이론에 기초 2. 전체 모집단이 아니라 여러 하위집단에서 각각 표본을 추출	

오답 체크

① **체계적(계통) 표집**에서는 표집틀의 주기성(periodicity)이 문제가 될 수 있다.
③ **층화표집과 할당표집**은 이질적 집단보다 동질적 집단에서 추출한 표본의 표집오차가 작다는 이론에 기초한다.
④ 확률표집으로 선정된 조사대상에 대한 연구결과는 비확률표집으로 선정된 경우에 비해 **일반화 가능성이 높다**.

제38회 동형 모의고사

1	2	3	4	5	6	7	8	9	10
①	①	②	④	①	③	②	④	①	③
11	12	13	14	15	16	17	18	19	20
③	①	②	③	④	①	③	②	④	②

01 ①이 답인 이유

① 엔트로피(entropy)
② 동등종결성(equifinality)
③ 적합성(goodness of fit) 혹은 적합수준(level of fit)
④ 균형(equilibrium)

02 ①이 답인 이유

노인장기요양보험의 재가급여 및 시설급여는 둘 다 현물급여이다.

우리나라 사회보장제도에서 현금급여 및 현물급여의 예

현금급여	국민기초생활보장제도	생계급여, 해산급여, 장제급여
	건강보험	요양비, 장애인보조기기 구입비 등
	국민연금	노령연금, 장애연금, 유족연금, 반환일시금
	산재보험	휴업급여, 장해급여, 장례비, 유족급여, 상병보상연금, 간병급여, 직업재활급여
	고용보험	실업급여(구직급여, 취업촉진수당)
	공공부조	장애인연금, 기초연금, 근로장려금, 자녀장려금
현물급여	건강보험	요양급여, 건강검진
	노인장기요양보험	재가급여, 시설급여
	산재보험	요양급여

03 ②가 답인 이유

ㄱ. 월 소득은 비율수준에 해당한다. 비율수준은 낮은 수준으로 변환이 가능하므로 등간, 서열, 명목 수준으로 측정수준을 낮춰서 측정하는 것이 가능하다.
ㄴ. 리커트척도는 각 문항의 중요도가 동일하다고 전제하고, 각 문항에 동일한 값을 부여한다.
ㄷ. 측정과정에서 발생하는 문화적 편향(bias)에는 응답군(고정응답)의 편향, 사회적 적절성(바람직성)의 편향, 문화적 편향 등이 있으며, 측정과정에서 발생하는 이러한 편향은 체계적 오류를 유발하여 타당도를 저해한다.

오답 체크

ㄹ. 크론바 알파계수는 측정의 **신뢰도**를 확인하는 방법이다.

04 ④가 답인 이유

성과(outcome)는 프로그램이나 서비스 이용을 통해 **클라이언트에게 나타난 변화**로, 산출에 영향을 받는다. 비행행동의 감소, 자기효능감의 향상, 우울의 감소, 가족관계의 향상, 학업성취도의 증가 등을 예로 들 수 있다.

오답 체크

① 클라이언트 참여율은 **산출(output)**에 해당한다.
② 프로그램에 소요된 비용은 **투입(input)**에 해당한다.
③ 프로그램에 참여한 사회복지사와 자원봉사자의 수는 **투입(input)**에 해당한다.

05 ①이 답인 이유

보편적인 사회복지정책은 선별적인 정책에 비해 **운영효율성은 높고 목표효율성은 낮다.**

06 ③이 답인 이유

자아분화, 삼각관계, 가족투사, 융합, 가계도 등은 보웬(M. Bowen)이 제시한 다세대 가족치료의 핵심 개념들이다. 다세대 가족치료는 가족성원의 **자아분화와 탈삼각화**를 목표로 한다.

오답 체크

① **경험적 가족치료** – 개인과 가족의 성장 (사티어의 경험적 가족치료는 성장모델로도 불린다.)
② **구조적 가족치료** – 가족의 재구조화
④ **경험적 가족치료** – 직접적이고 일치된 의사소통(경험적 가족치료자인 사티어는 가족 의사소통을 일치형, 비난형, 회유형, 초이성형, 산만형으로 구분하고, 가족이 보다 직접적이고 일치된, 즉 일치형 의사소통을 할 수 있도록 돕고자 하였다.)

07 ②가 답인 이유

- ①은 노인복지주택, ②는 노인요양시설, ③은 양로시설, ④는 노인공동생활가정에 대한 설명이다.
- ①, ③, ④은 노인주거복지시설이고, ②의 노인요양시설은 노인의료복지시설이다.

08 ④가 답인 이유

사회민주주의 복지국가는 여성의 노동시장 참여를 적극적으로 장려하고, 각종 가족복지정책과 가족복지서비스를 구축하여 가족문제 해결에 대한 국가의 책임을 다하고자 노력한다. 보수주의 복지국가와 달리 가족의 기능을 보완하는 정책이 아니라 가족의 역할을 적극적으로 공유하고 가족기능의 사회화에 국가가 앞장선다.

한걸음 더

에스핑-안데르센은 '가구의 복지와 돌봄 책임이 국가의 서비스 제공 또는 시장의 서비스 제공을 통해 완화되는 정도'를 의미하는 탈가족화 개념을 이후에 새롭게 제시하였는데, 그의 이 후속 연구에 의하면 사회민주주의 복지국가의 탈가족화 정도는 세 복지국가 유형 중 가장 높다.

오답 체크

① 탈상품화 정도가 가장 높은 유형은 **사회민주주의** 복지국가이다. 자유주의 복지국가는 탈상품화 정도가 가장 낮다.
② 스웨덴은 사회민주주의, **독일과 프랑스는 보수주의(조합주의)**, 미국은 자유주의 복지국가에 해당한다.
③ 산업별로 분절된 사회보험제도는 **보수주의(조합주의)** 복지국가의 특징에 해당한다.

09 ①이 답인 이유

- 국민취업지원제도는 2020년 제정된 「구직자 취업촉진 및 생활안정지원에 관한 법률」에 근거를 두고 2021년 1월부터 시행되었다.
- 상병수당 시범사업은 2022년부터 실시되고 있다.
- 영아수당은 2022년 도입되었고, 2023년부터 부모급여로 전환되었다.
- 제1차 사회서비스 기본계획 기간은 2024년~2028년으로 2023년 12월에 보건복지부장관에 의해 발표되었다.

10 ③이 답인 이유

③은 개방집단이 아니라 폐쇄집단의 특징에 해당한다.

개방집단과 폐쇄집단

	개방집단	폐쇄집단
개념	집단이 진행되는 동안 새로운 성원이 참여할 수 있는 집단	집단 개시 이후 새로운 성원이 참여할 수 없는 집단
장점	• 원할 때 집단참여가 가능해 당장 도움이 필요한 사람들에게 유용 • 새로운 성원의 유입 → 새로운 아이디어와 자원 유입 • 폐쇄집단보다 창조적 성격	• 시작부터 종결까지 동일 성원으로 유지 → 집단에 연속성 있음 • **성원 간 신뢰감 형성과 자기개방이 용이** • 성원들 간 강한 응집력
단점	• 새로운 성원으로 인해 집단 성격이 변화될 수 있음 • 동일한 집단 과정 되풀이 → 집단발달·진전에 저해 • 집단 성원이 자주 교체되므로 소속감을 느끼거나 응집력 형성이 어려울 수 있음	• 중도에 성원 수가 줄어 의미 있는 상호작용이 일어나기 어려울 수 있음 • 새로운 사고, 관점, 기술 등의 유입이 없어서 집단 운영에 위기가 올 수 있음 • 외부의 의견에 대해 거부·회피하는 집단사고가 생겨서 집단효율성이 떨어질 수 있음
예	알코올중독자회복집단(AA)	중간에 새로운 성원을 받아들이지 않는 분노조절 훈련집단

11 ③이 답인 이유
윤리강령은 법적인 제재의 힘을 갖지 않는다. 즉, 전문가들이 지켜야 할 전문적인 행동기준과 원칙을 기술하고 전문가 스스로가 전문직 가치와 윤리에서 벗어나지 않게 스스로 조절할 수 있도록 돕지만 윤리강령을 어겼더라도 그로 인해 법적 처벌을 받는 것은 아니다. 마찬가지로 전문직 관계에서 겪을 수 있는 갈등을 법적으로 보호하는 기능 또한 갖지 않는다.

12 ①이 답인 이유
- 조세지출(tax expenditure)은 조세를 거둬 직접적인 사회복지 급여를 제공하지 않고 그 대신 사람들이 내야 할 조세를 감면시켜 사회복지의 목표를 이루는 방법이다.
- 조세지출의 장점 : 조세를 부과하고 이것을 다시 대상자를 선별해 급여하는 데 드는 많은 시간적, 물질적, 인적 비용을 줄임으로써 **운영효율성을 높일 수 있다**는 장점이 있다.
- 조세지출의 단점 : 일반적으로 고소득층일수록 누진세율이 높기 때문에 조세지출 혜택의 대부분은 고소득층에게 돌아간다. 특히 세금을 내지 않는 저소득층은 이러한 조세지출 제도를 통하여 아무런 혜택도 받지 못한다. 따라서 일반조세나 사회보장성 조세에 비해 **소득재분배 효과가 떨어진다.**

13 ②가 답인 이유
(ㄱ)은 2016년, (ㄴ)은 2015년, (ㄷ)은 1997년, (ㄹ)은 2007년이다. 따라서 ㄷ-ㄹ-ㄴ-ㄱ 순이다.

14 ③이 답인 이유
「청소년복지 지원법」에서 규정하는 청소년복지시설에는 청소년쉼터, 청소년자립지원관, 청소년치료재활센터, 청소년회복지원시설이 있다.

오답 체크
ㄱ. 청소년이용시설은 「청소년활동진흥법」에서 규정하는 청소년활동시설에 해당한다.
ㄴ. 청소년보호·재활센터는 「청소년보호법」에서 규정하는 청소년보호시설에 해당한다.

15 ④가 답인 이유
가족을 둘러싼 환경과의 관계역동과 상호작용을 사정하기에 적합한 도구는 생태도이다.

오답 체크
①은 **생활력도표**, ②는 **가계도**, ③은 **사회관계망표**가 적합하다.

16 ①이 답인 이유
수익사업에서 생긴 수익을 법인 또는 법인이 설치한 사회복지시설의 운영 외의 목적에 사용하는 것은 불가하지만, 법인의 운영 혹은 법인에서 설치한 사회복지시설의 **운영 목적으로 사용하는 것은 가능하다.**

> 「사회복지사업법」 제28조(수익사업)
> ① 법인은 목적사업의 경비에 충당하기 위하여 필요할 때에는 법인의 설립 목적 수행에 지장이 없는 범위에서 수익사업을 할 수 있다.
> ② 법인은 제1항에 따른 수익사업에서 생긴 수익을 **법인 또는 법인이 설치한 사회복지시설의 운영 외의 목적에 사용할 수 없다.**
> ③ 제1항에 따른 수익사업에 관한 회계는 법인의 다른 회계와 구분하여 회계처리하여야 한다.

17 ③이 답인 이유
ㄴ. 혼합모형은 정책결정을 근본적인 결정과 세부적 결정으로 구분하여, 전자는 합리모형을 따르고 세부적 결정은 점증모형에 따라 수행되어야 한다고 본다.
ㄷ. 최적모형에서는 합리성뿐만 아니라 초합리성도 정책결정의 중요한 요인으로 강조한다. 정책결정자의 직관적 판단은 초합리성에 해당한다.

오답 체크
ㄱ. 점증모형은 과거의 정책을 약간 수정한 정책결정이 이루어지고, 여론의 반응에 따라 정책 수정을 반복한다. 따라서 정치적 갈등을 줄여준다는 장점이 있지만, **혁신적인 정책대안 발굴은 어렵다.**
ㄹ. 쓰레기통모형에서는 정책결정을 위해 필요한 요소를 **문제, 해결책, 참여자, 기회의 네 가지로** 제시한다.

18 ②가 답인 이유
통합적 방법은 1950년대 후반 등장하였고, 사례관리는 1970년대 후반에 등장해 1980년대에 확대되었다.

19 ④가 답인 이유
①은 적절성(혹은 충분성)의 원칙, ②는 책임성의 원칙, ③은 전문성의 원칙에 해당한다.

20 ②가 답인 이유
사례관리는 아웃리치(사례개발 혹은 사례발굴) → 자료수집과 사정 → 계획 → 연계 및 조정(혹은 개입) → 점검 → 재사정 → 평가와 종결 순으로 진행된다.

제39회 동형 모의고사

1	2	3	4	5	6	7	8	9	10
②	①	①	③	②	②	③	①	②	④
11	12	13	14	15	16	17	18	19	20
③	④	③	④	①	①	②	③	④	④

01 ②가 답인 이유
외적 타당도는 **조사결과의 일반화 가능성**을 의미하며, 특정 표본이나 상황에서 얻은 결과를 일반화할 수 있으려면, 조사대상 표본의 대표성이 높아야 한다. 표본의 크기가 클수록 표본의 대표성은 높아지는 경향이 있으므로 표본의 크기는 외적 타당도와 관련이 있다.

오답 체크
내적 타당도는 독립변수 변화가 종속변수 변화를 유발했다고 확신할 수 있는 정도, 즉 인과관계 추정의 확실성을 의미하며 이를 위해서는 종속변수 변화에 영향을 주었을 대안적 설명요인을 통제할 수 있어야 한다.
① 실험요인 이외의 대안적 설명을 배제하고자 하는 것은 **내적 타당도**를 높이기 위해서이다.
③ 조사대상을 실험집단과 통제집단에 무작위로 할당하는 것은 **내적 타당도**를 높이기 위해서이다.
④ 특정 프로그램이 참여자들의 변화에 미친 개입효과를 평가하는 조사는 **내적 타당도**를 확보해야 한다.

02 ①이 답인 이유
엘리자베스 구빈법(1601년)에서는 노동능력이 있는 빈민, 노동능력이 없는 빈민, 요보호아동으로 빈민을 구분하고, 노동능력이 있는 빈민은 **교정원이나 작업장에 수용하여 노동하게 하였다.**

03 ①이 답인 이유
개방형 질문인지 폐쇄형 질문인지를 확인하는 가장 빠른 방법은 각 질문에 '예'라는 대답을 해보는 것이다. '예' 혹은 '아니오'라는 답변이 가능한 질문은 폐쇄형, 그렇지 않으면 개방형이라고 판단하면 된다. ①만 개방형 질문이고, 나머지는 폐쇄형 질문이다.

04 ③이 답인 이유
• 훈습은 장기개입모델에 속하는 **정신역동모델**(정신분석모델)의 대표적인 기법이다.
• 과제중심모델은 대표적인 단기개입모델로, 특정 이론이나 모델의 기법에 국한하지 않고 경험적 증거에 기반하여 다양한 기법을 사용하는 절충적이고 통합적인 접근을 특징으로 한다.

05 ②가 답인 이유
2000년 10월에 국민기초생활보장제도가 시행될 당시에는 모든 급여 유형이 최저생계비라는 동일한 선정기준을 사용했지만, **2015년 7월부터**는 맞춤형 급여체계로 전환되어 급여별로 선정기준을 다층화하였다.

옳은 지문 보충설명
① 기존의 「생활보호법」에서는 빈곤선 이하의 경제수준 이외에도 근로능력 유무의 기준을 적용하여 18세 미만이거나 65세 이상의 연령 기준을 충족해야 했다. 그러나 「국민기초생활 보장법」이 제정되면서 **근로능력에 상관없이** 빈곤선 이하 모든 저소득층의 최저생활을 보장하는 계기를 마련하였다.

06 ②가 답인 이유
• 어린이집은 「아동복지법」이 아니라 「**영유아보육법**」을 법적 근거로 한다.
• 「아동복지법」상 아동복지시설에는 아동양육시설, 공동생활가정, 아동일시보호시설, 아동보호치료시설, 자립지원시설, 아동상담소, 아동전용시설, 가정위탁지원센터, 아동보호전문기관, 지역아동센터, 아동권리보장원, 자립지원전담기관 등이 있다.

07 ③이 답인 이유
서비스를 제공한 총 시간, 프로그램 참가자 수, 출석률은 산출 요소에 해당하지만, 프로그램 운영에 소요된 총예산은 투입 요소에 해당한다.

08 ①이 답인 이유
오답 체크
ㄴ. 소극적 집합주의 – 베버리지, 케인즈
ㄷ. 페이비언 사회주의 – 토오니, 티트무스

09 ②가 답인 이유

> 「사회보장급여의 이용·제공 및 수급권자 발굴에 관한 법률」
> 제36조(지역사회보장계획의 내용) 제1항
> 시·군·구 지역사회보장계획은 다음 각 호의 사항을 포함하여야 한다.

1. 지역사회보장 수요의 측정, 목표 및 추진전략
2. 지역사회보장지표의 설정 및 목표
3. 지역사회보장의 분야별 추진전략, 중점 추진사업 및 연계협력 방안
4. 지역사회보장 전달체계의 조직과 운영
5. **사회보장급여의 사각지대 발굴 및 지원 방안**
6. 지역사회보장에 필요한 재원의 규모 및 조달 방안
7. 지역사회보장에 관련한 통계 수집 및 관리 방안
8. **지역 내 부정수급 발생 현황 및 방지대책**
9. 그 밖에 대통령령으로 정하는 사항

오답 체크

ㄱ. 지역사회보장계획의 수립 및 지역사회보장조사의 시기·방법 등에 필요한 사항은 **대통령령**으로 정한다(「사회보장급여의 이용·제공 및 수급권자 발굴에 관한 법률」 제35조 제9항).

ㄹ. 읍·면·동 단위 지역사회보장협의체의 조직·운영에 필요한 사항은 보건복지부령으로 정하는 바에 따라 **해당 특별자치시 및 시·군·구의 조례**로 정한다(「사회보장급여의 이용·제공 및 수급권자 발굴에 관한 법률」 제41조 제8항).

10 ④가 답인 이유

전문적인 실천관계에서 자기결정과 비밀보장은 가급적 존중되어야 하지만, 그럼에도 불구하고 제한이 되는 경우가 있다. 그 중 하나가 법이나 윤리에 저촉되는 경우이다. 부정수급과 같은 **위법적 행위에 대한 자기결정이나 비밀보장은 허용되지 않는다**.

11 ③이 답인 이유

가족조각은 가족의 상호작용 양상을 공간 속에 배치하는 방법으로, 가족조각을 통해 가족 내 숨겨져 표현되지 못했던 감정, 가족 간의 친밀도, 가족 규칙 등을 파악할 수 있다.

오답 체크

① **가계도** - 세대 간 반복된 가족 특성
② **사회적 관계망표** - 주변인과의 접촉 빈도 및 가족이 주변으로부터 받고 있는 사회적 지지의 유형과 정도
④ **생태도** - 가족에 영향을 미치는 주요 환경체계 확인

12 ④가 답인 이유

1989년 「주택건설촉진법」에서 저소득층 영구임대아파트 건립 시 사회복지관 건립을 의무화하였다. 따라서 **1980년대 후반**이라고 해야 옳다.

옳은 지문 보충설명

① 근대적 공공부조의 효시라고 볼 수 있는 「조선구호령」은 1944년에 제정되었다.
② 사회복지전문요원 제도는 1987년에 시행되었다.

③ 1995년에 「고용보험법」이 시행됨에 따라 산업사회에서 가장 대표적인 4대 사회보험 체계가 구축되었다.

13 ③이 답인 이유

- 사회복지실천의 과정 : 접수단계 → 자료수집 및 사정단계 → 계획단계 → 개입단계 → 평가 및 종결단계
- ㄱ은 자료수집과 사정단계, ㄴ은 개입단계, ㄷ은 계획단계, ㄹ은 접수단계의 과업에 해당한다.
- 따라서 순서대로 나열하면 ㄹ-ㄱ-ㄷ-ㄴ이다.

14 ④가 답인 이유

면접조사의 장점은 응답률이 높고, 질문과정이 유연하며, 비언어적 자료에 대한 관찰과 심층질문(심층규명, probing)이 가능하다는 점이다.

오답 체크

익명성 보장과 조사대상에 대한 접근성은 면접조사보다 우편설문조사가 상대적으로 갖는 장점이다.

15 ①이 답인 이유

소득인정액이 상대적으로 높아 소득인정액에 기초연금액을 합했을 때 선정기준액을 초과하게 되는 경우 소득역전 방지를 위해 기초연금액을 일부 감액하게 된다. 또한 부부가 모두 기초연금을 받는 경우 부부 모두의 기초연금액에서 각각 20%의 감액이 이루어진다.

오답 체크

② 1973년 「국민복지연금법」은 당시 경제상황이 안 좋아 시행되지 못했고, **1986년 「국민연금법」이 제정**되면서 1988년부터 우선적으로 10인 이상 사업장에 근무하는 18세 이상 60세 미만의 근로자 및 사업주를 대상으로 국민연금 제도를 시행하였다. 그리고 1999년에 이르러 도시지역으로 확대 적용됨으로써 비로소 '전 국민 연금시대'가 열리게 되었다.
③ 국민연금의 급여산식에 **가입자 전체의 평균소득**을 포함시킴으로써 고소득층으로부터 저소득층으로 소득이 이전되는 소득재분배 효과를 도모한다.
④ 우리나라의 노후소득보장체계는 다층적 구조를 가지고 있으며, 크게 연금(국민연금, 퇴직연금, 사적연금)과 공공부조(기초연금, 국민기초생활 보장제도)로 구성된다.

16 ①이 답인 이유

사례관리는 복지에 대한 기존의 중앙정부 주도적 역할과 책

임을 지역사회 중심으로 전환하는 과정에서 등장했다.

17 ②가 답인 이유
사회복지정책 발달에 대한 권력자원이론(사회민주주의이론)의 핵심 키워드는 '노동자계급'이다. 복지국가의 발달 혹은 사회복지정책의 발달을 '노동자계급의 정치세력화' 혹은 '노동자계급의 자본가계급에 대한 투쟁의 산물'로 바라본다.

오답 체크
① 신마르크스주의이론 : "사회복지정책은 자본가계급의 이익을 대변하며, 자본가계급에 의한 노동자계급의 착취를 정당화시키는 수단으로 기능한다."
③ 산업화이론:" 사회복지정책은 산업화에 따른 사회적 욕구와 문제에 대응하기 위해 발생했다."
④ 이익집단정치이론 : "사회복지정책은 한정된 자원의 배분을 둘러싼 이익집단 간 경쟁을 국가가 중재한 결과물이다."

18 ③이 답인 이유
- **권력의 편재에 따른 분배적 불공평은** 시장실패가 아니라 **정부실패** 요인에 해당한다.
- 권력의 편재에 따른 분배적 불공평이란, 시장실패를 교정하고 공공후생의 증진을 위해 정부가 시장에 개입할 때, 정부정책의 결정 권한이 소수의 의사결정권자들에게 집중되어 특정 계층이나 특정 지역만이 혜택(보조금이나 세제상의 우대조치)을 보는 불공정 문제가 발생하는 것을 말한다. 이러한 경우 분배의 정의를 실현하기 위한 정부 개입이 오히려 분배의 불공평을 초래하게 된다.

시장실패와 정부실패 요인

시장실패 요인	불완전 경쟁, 긍정적/부정적 외부효과, 공공재(비경쟁성과 비배타성을 갖는 재화), 정보비대칭, 역선택, 도덕적 해이, 규모의 경제 등
정부실패 요인	비용과 수익(혜택, 편익)의 분리, 정부조직의 내부성, 파생적 외부효과(파생적 외부성), X-비효율성, 권력의 편재에 따른 분배적 불공평

19 ④가 답인 이유
보편주의적인 제도를 순서대로 나열하면 기본소득 > 사회수당 > 사회보험 > 공공부조 순이다. **사회수당이 사회보험보다 보편주의적**인 제도이다.

20 ④가 답인 이유
성과주의 예산은 예산집행의 **효율성**을 강조하며, 목표달성 정도를 의미하는 효과성은 보여주지 못한다는 한계가 있다. **효과성을 강조하는 예산모형은 기획예산**이다.

제40회 동형 모의고사

1	2	3	4	5	6	7	8	9	10
④	②	④	③	②	④	①	②	③	③
11	12	13	14	15	16	17	18	19	20
④	①	②	③	①	④	②	②	③	①

01 ④가 답인 이유
ㄱ. 건강보험과 같은 사회보험은 기여에 대한 '보상'의 원리를 따른다.
ㄴ. 국민기초생활 보장제도와 같은 공공부조는 '자산조사'를 통한 경제적 기준을 따른다.
ㄷ. 아동수당, 부모급여, 노인 지하철 무임승차, 의무교육, 무상보육 등은 '귀속적 욕구'의 원리를 따른다.
ㄹ. 장애연금의 등급에 따른 차등지원, 장기요양등급에 따른 차등적인 급여 제공은 '진단적 구분'의 원리를 따른다.

02 ②가 답인 이유
지역조직화 기능에는 복지네트워크 구축사업, 주민조직화사업, 자원개발 및 관리사업이 포함되며, **지역사회보호사업은 서비스 제공 기능**에 해당한다.

03 ④가 답인 이유
말과 말 사이, 말과 행동 사이, 가치관이나 지향과 행동 사이의 차이 등 클라이언트가 자신 안의 모순이나 불일치를 인식할 수 있도록 돕는 기법을 직면이라 한다. ④는 말과 행동 사이의 불일치를 직면시키는 사례에 해당한다.

오답 체크
①은 공감, ②는 재명명, ③은 명확화(혹은 명료화) 기법에 해당한다.

04 ③이 답인 이유
다양한 욕구를 가진 클라이언트를 지역사회 내에서 지속적이고 비용효율적으로 관리하기 위해 출현한 것은 권한부여모델이 아니라 **사례관리**(case management)이다.

05 ②가 답인 이유
학교-지역사회-학생관계모델에서는 학생들이 경험하는 문제를 사회적 상황의 한 특성으로 간주한다. 따라서 개별적인 성격특성보다는 **특정 학생집단과 그들이 속한 상황에 관심**

을 둔다.

06 ④가 답인 이유
장기요양보험사업은 보건복지부장관이 관장하며, 장기요양보험사업의 보험자는 국민건강보험공단으로 한다.

오답 체크
① 급여의 종류는 크게 재가급여, 시설급여, **특별현금급여**로 나눌 수 있다. 반환일시금은 국민연금의 급여 유형 중 하나이다.
② 보건복지부장관은 노인 등에 대한 장기요양급여를 원활하게 제공하기 위하여 **5년 단위**로 장기요양기본계획을 수립·시행하여야 한다.
③ 보건복지부장관은 장기요양사업의 실태를 파악하기 위하여 **3년마다** 조사를 정기적으로 실시하고 그 결과를 공표하여야 한다.

07 ①이 답인 이유
- **아동수당은** 양육수당, 무상보육, 유아학비 지원, 아이돌봄 지원 등과 무관하게 **8세 미만의 모든 아동에게 지급**된다. 따라서 어린이집을 다니든 다니지 않든 아동수당은 받는다.
- 양육수당은 어린이집 또는 유치원을 이용하지 않는 24개월 이상 86개월 미만 아동을 대상으로 지원된다. (2세 미만의 경우 부모급여로 통합하여 지원하기 때문에 별도의 양육수당을 추가 지급하지는 않는다.)
- 따라서 어린이집을 이용하는 40개월 아동은 아동수당은 받지만 양육수당은 받지 않는다. 대신 국민행복카드를 통한 바우처 방식으로 보육료 지원을 받는다.

08 ④가 답인 이유
①~③은 인보관 운동에 해당하고, ④는 자선조직협회에 해당한다.

09 ③이 답인 이유
기초연금은 별도의 보험료를 걷지 않고 정부의 일반예산으로 운영되는 제도로서, 중앙정부와 지방자치단체가 재정을 분담한다.

오답 체크
① 기초연금은 자산조사를 통해 수급대상을 선별하는 공공부조제도이므로 **선별주의적** 노후소득보장제도라고 해야 옳다.
② 기초연금은 65세 이상인 사람으로서 소득인정액이 선정기준액(2024년 기초연금 선정기준액: 단독가구 월 213만원 / 부부가구 월 340.8만원) 이하인 사람에게 지급하며, 보건복지부장관은 선정기준액을 정하는 경우 65세 이상인 사람 중 기초연금 수급자가 100분의 70 수준이 되도록 한다.
④ 공적연금 중 국민연금 급여와 기초연금을 동시에 받는 것은 가능하다. 다만, 특수직역연금인 공무원연금, 사립학교교직원연금, 군인연금, 별정우체국연금 수급권자 및 그 배우자는 원칙적으로 기초연금 수급대상에서 제외된다.

10 ③이 답인 이유
기록·정보 관리는 '기본적 윤리기준'이 아니라 '클라이언트에 대한 윤리기준'을 구성하는 내용 중 하나이다.

기본적 윤리기준	전문가로서의 자세	1. 인간 존엄성 존중 2. 사회정의 실현
	전문성 개발을 위한 노력	1. 직무 능력 개발 2. 지식기반의 실천 증진
	전문가로서의 실천	1. 품위와 자질 유지 2. 자기 관리 3. 이해 충돌에 대한 대처 4. 경제적 이득에 대한 실천
클라이언트에 대한 윤리기준		1. 클라이언트의 권익옹호 2. 클라이언트의 자기결정권 존중 3. 클라이언트의 사생활 보호 및 비밀보장 4. 정보에 입각한 동의 5. **기록·정보 관리** 6. 직업적 경계 유지 7. 서비스의 종결

11 ④가 답인 이유
④는 보편적이고 제도적인 복지서비스의 단점에 해당한다. 선별적이고 잔여적 복지는 운영효율성이 떨어지는 데 비해, 보편적이고 제도적인 복지는 목표효율성이 떨어질 수 있다.

12 ①이 답인 이유
ㄱ은 스핀햄랜드법(1795년), ㄴ은 정주법(1662년), ㄷ은 엘리자베스 구빈법(1601년), ㄹ은 길버트법(1782년)에 해당한다. 따라서 ㄷ-ㄴ-ㄹ-ㄱ이 옳은 순서이다.

13 ②가 답인 이유
연령은 비율수준에 해당한다. 비율수준에서의 0은 실제적 의미를 갖는 절대 영이다.

옳은 지문 보충설명
① 교육연수는 비율변수, 교육수준은 서열변수이다. 비율변수는 서열변수보다 측정수준이 높다.
③ 소득은 비율변수이다. 측정수준이 가장 높기 때문에 낮

은 수준으로 전환이 가능하다. 따라서 다양한 측정수준으로 측정할 수 있다.
④ 성별, 종교, 거주지역은 명목변수에 해당한다. 명목변수에서의 측정값은 단순히 서로 다른 속성을 분류하는 기능만을 가지며 연산에 이용하는 것은 불가하다.

14 ③이 답인 이유
ㄷ. 슈퍼비전이나 교육적 목적을 위해서는 과정기록이 유용하다.
ㄹ. 이야기체기록(narrative recording)은 사회복지사가 클라이언트 및 그 상황이나 서비스에 대하여 이야기를 풀어가듯이 서술체로 기록하는 방법으로, 사회복지사는 사회복지실천 활동에 대해 자신이 중요하다고 생각하는 쟁점을 부각하면서 자신의 말로 기술하게 된다. 기록이 표준화되어 있지 않기 때문에 중요하다고 생각되는 모든 것을 기록할 수 있는 융통성이 있지만, 서비스의 질보다 사회복지사의 문장력에 따라 기록의 질이 좌우될 수 있고, 이야기를 재구성하여 작성하므로 **원래대로 정보를 복구하기 어렵다**는 단점이 있다.

오답 체크
ㄱ. 문제중심기록에서는 SOAP 형식을 사용하며, 클라이언트의 문제에만 초점을 둘 뿐 클라이언트와 주변환경의 **역량, 강점, 자원 등에는 초점을 두지 않는다.**
ㄴ. 다양한 분야의 전문가들 사이의 소통과 협조를 용이하게 해주는 기록유형은 **문제중심기록**이다.

15 ①이 답인 이유
빈곤문제에 대한 사회적 책임감과 인도주의에 기반해 사회복지제도나 정책을 도입했다고 보는 관점은 복지국가발달이론 중 사회양심이론에 해당한다. 엘리자베스 구빈법의 제정은 사회양심론이 아니라 사회통제이론(음모이론)에 더 적합한 사례로, 사회안정과 질서 유지를 위해 거리에서 부랑하는 **빈민들을 통제하고자 하는 의도로 제정**되었다. 이런 맥락에서 기출문제에서는 엘리자베스 '빈민통제법'으로 출제된 적도 있다.

16 ④가 답인 이유
ㄱ은 쓰레기통모형, ㄴ은 합리모형에 해당한다.

17 ②가 답인 이유
우리나라에서 전자바우처 방식의 사회서비스를 도입한 해는 2007년으로, 사회복지통합관리망(행복e음)을 도입한 2010년보다 시기적으로 앞선다.

18 ②가 답인 이유
개인의 기본적 복지권(인간행위의 필수적인 조건 포함)은 타인의 자기결정권에 우선한다.

옳은 지문 보충설명
① 개인의 자기결정권은 그 자신의 기본적 복지권에 우선한다.
③ 자발적이고 자유롭게 동의한 법률, 규칙, 규정을 준수해야 하는 의무는 이들 법률, 규칙, 규정과 갈등을 일으키는 방식으로 행동하는 개인의 권리에 통상적으로 우선한다.
④ 기아와 같은 기본적 위해를 예방하고 주택, 교육, 공공부조와 같은 공공재를 증진시킬 의무는 개인의 완전한 재산관리권에 우선한다.

19 ③이 답인 이유
• 제시된 사례에 대응하는 관계 원칙은 다음과 같다.
  – 출산지원시설에 입소한 청소년 한부모에 대한 편견과 선입견을 배제한다. → 개별화
  – 부모를 비난하는 클라이언트의 감정에 과도하게 반응하지 않고 적절히 조절한다. → 통제된 정서적 관여
  – 클라이언트의 성별이나 직업, 나이에 따라 면접 시간 조정한다. → 개별화
  – 너무 살기 힘들어 동반자살을 시도했던 클라이언트가 그렇게까지 할 수밖에 없었던 마음을 있는 그대로 이해하고 클라이언트를 비난하지 않는다. → 수용, 비심판적 태도
• 따라서 제시된 사례들에 대응하는 관계 원칙은 수용, 개별화, 비심판적 태도, 통제된 정서적 관여이며, 의도적 감정표현은 해당되지 않는다.

20 ①이 답인 이유
노인여가복지시설에 속하는 노인복지시설은 경로당, 노인교실, 노인복지관의 세 가지이다. 노인주간보호시설은 재가노인복지시설에 해당한다.

제41회 동형 모의고사

1	2	3	4	5	6	7	8	9	10
④	④	④	①	③	②	③	②	①	①
11	12	13	14	15	16	17	18	19	20
①	②	③	③	②	②	①	②	③	④

01 ④가 답인 이유
각 법의 제정연도는 다음과 같다.
ㄱ. 「장애인복지법」: 1989년
ㄴ. 「노인복지법」: 1981년
ㄷ. 「정신건강증진 및 정신질환자 복지서비스 지원에 관한 법률」: 2016년
ㄹ. 「사회복지공동모금회법」: 1999년

02 ④가 답인 이유
출산크레딧은 **둘 이상의 자녀**가 있는 경우 적용된다. 출산크레딧에 대한 「국민연금법」의 규정은 다음과 같다.

> **둘 이상의 자녀**가 있는 가입자 또는 가입자였던 자가 노령연금 수급권을 취득한 때에는 가입기간에 추가로 산입한다. 다만, 추가로 산입하는 기간은 50개월을 초과할 수 없다.
> 1. 자녀가 2명인 경우: 12개월
> 2. 자녀가 3명 이상인 경우: 둘째 자녀에 대하여 인정되는 12개월에 2자녀를 초과하는 자녀 1명마다 18개월을 더한 개월 수

옳은 지문 보충설명
③ 국민연금 가입자 또는 가입자였던 사람이 60세가 되어서 신청한 경우 65세까지 임의계속가입자가 될 수 있다.

03 ④가 답인 이유
- 사회양심이론은 사회복지정책의 발달에 영향을 미친 핵심 요인을 이타심, 사회적 양심이나 사회적 책임감의 증대, 국가의 자선활동 등으로 본다.
- 사회양심이론의 대표적인 한계는 ① **국가가 개선의 책임을 져야 할 사회구조적 문제를 간과**하고, 사회문제의 해결을 단순히 양심의 문제로 돌린다는 점, ② 사회복지정책의 발전 과정에서의 사회적 맥락이나 정치적 요인 같은 제반 여건을 고려하지 못한다는 점에 있다.

04 ①이 답인 이유
메리 리치몬드가 『사회진단(Social Diagnosis)』을 출간한 해는 1917년이며, 이는 **20세기 초**에 해당한다.

05 ③이 답인 이유
인간관계이론은 조직 내 요소를 중심으로 조직의 생산성을 설명하는, **폐쇄체계적 관점**에 속하는 조직이론이다. 따라서 조직에 영향을 미치는 외부 환경의 영향력을 무시한다는 한계가 있다. 폐쇄체계적 관점의 조직이론에는 관료제 이론, 과학적 관리론, 행정관리이론, 인간관계이론, X-Y이론 등이 해당한다.

옳은 지문 보충설명
② 인간을 엄격한 통제와 지시로 관리하는 관료제이나 과학적 관리론(맥그리거의 X이론과 유사)과 달리 인간관계이론에서는 인간을 다양한 가치와 감정을 가진 복합적 존재로 보고, 조직 내 비공식적 소집단활동, 스스로 작업동기를 설정하는 자율성 등을 강조한다(맥그리거의 Y이론과 유사).

06 ②가 답인 이유
지역사회개발모델에서는 지역사회의 아노미를 문제상태로 간주하고 지역주민들이 지역사회의 문제에 관심을 가지고 함께 협력하여 문제를 해결할 수 있는 역량을 증진하는 것을 목적으로 한다.

오답 체크
① 이 문제는 ①의 '과정'지향적이라는 부분이 함정에 해당하며, 주의를 요하는 부분이다. 로스만의 지역사회개발모델은 과정목표를 강조하지만, 변화의 매개는 '과업'지향적 소집단을 통해서이다. 즉, 지역사회의 문제해결을 위해(이를 '과업'지향적이라고 표현함) 지역주민들이 함께 모여 토의하고 협력하는 소집단을 매개로 한다는 것이다.
③④는 사회계획모델에 해당하는 설명이다.

로스만 지역사회복지 실천모델의 주요 특징과 전제

구분	지역사회개발 모델	사회계획/정책모델	사회행동모델
목표	• 자조 • 지역사회의 능력 배양 • 전체적 조화 • 과정목표에 중점	• 지역사회의 문제 해결 • 과업목표에 중점	• 권력관계의 변화, 자원의 재분배 • 제도의 변화 • 과정목표, 과업목표, 관계목표 모두 포함
지역사회 구조와 문제 상황에 대한 전제(가설)	• 지역사회의 상실, 아노미(무법·무질서) • 사회적 관계와 민주적 문제해결능력의 결여 • 정태적이고 전통적인 지역사회	• 정신건강, 신체건강, 주택, 고용, 범죄, 교통, 여가 등 해결해야 하는 지역사회 내 여러 가지 문제들	• 불리한 입장에 놓인 주민 • 사회적 부정, 박탈, 불평등

07 ③이 답인 이유
가족조각을 주로 활용하는 가족치료모델은 **경험적** 가족치료모델이다.

08 ②가 답인 이유
- 측정하고자 하는 개념에 대해 개별 문항의 기여도가 다르다고 보아 문항마다 서로 다른 척도치를 부여하는 것은 **써스톤 척도(hurstone scale)**이다.
- 이와 달리 리커트 척도에서는 한 개념의 속성을 나타내는 데 모든 문항이 동일한 기여를 한다고 보고 각 문항에 동일한 값을 부여한다.

09 ①이 답인 이유
우리나라에서는 장애인의 유형을 **15가지로 분류**하고 있다.

10 ①이 답인 이유
현물급여는 정책목표 달성에 용이하지만(높은 목표효율성), 구입, 보관, 운반, 전달 등의 절차에서 행정적인 비용이 많이 소요되는 단점이 있다(낮은 운영효율성). ②, ③, ④는 현금급여의 특징에 해당한다.

11 ①이 답인 이유
지역사회전환시설은 「정신건강증진 및 정신질환자 복지서비스 지원에 관한 법률」에서 규정하고 있는 **정신재활시설의 한 유형**으로, 지역 내 정신질환자 등에게 일시보호 서비스 또는 단기보호 서비스를 제공하고, 퇴원했거나 퇴원계획이 있는 정신질환자 등의 안정적인 사회복귀를 위한 기능을 수행하며, 이를 위한 주거제공, 생활훈련, 사회적응훈련 등의 서비스를 제공하는 시설이다.

옳은 지문 보충설명
- 점자도서 및 녹음서 출판시설, 장애인 생활이동지원센터는 장애인 지역사회재활시설에 해당한다.
- 장애인보호작업장은 장애인 직업재활시설에 해당한다.

장애인복지시설(「장애인복지법」에서 규정)

거주시설	장애유형별 거주시설, 중증장애인 거주시설, 장애영유아 거주시설, 장애인 단기거주시설, 장애인 공동생활가정
지역사회 재활시설	장애인복지관, 장애인 주간보호시설, 장애인 체육시설, 장애인 수련시설, 장애인 생활이동지원센터, 한국수어 통역센터, 점자도서관, 점자도서 및 녹음서 출판시설, 장애인 재활치료시설
직업재활시설	장애인보호작업장, 장애인근로사업장, 장애인직업적응훈련시설
장애인의료재활시설	
장애인생산품판매시설	
장애인쉼터, 피해장애아동쉼터	

정신재활시설(정신건강복지법에서 규정)

	생활시설
재활훈련시설	주간재활시설, 공동생활가정, 지역사회전환시설, 직업재활시설, 아동·청소년정신건강지원시설
중독자재활시설 생산품판매시설 종합시설	

12 ②가 답인 이유
자선조직협회는 빈곤을 개인의 도덕적 결함이나 나태에 기인한 것으로 간주했고, 인보관 운동에서는 사회환경 및 사회구조의 문제라고 보았다. 따라서 인보관 운동에 비해 자선조직협회는 빈곤발생의 사회적 기반을 도외시했다는 비판을 받는다.

오답 체크
① **자선조직협회**에서는 자선단체를 조직화하여 자선활동의 중복과 누락 등의 문제를 해소하고자 설립되었다.
③ 인보관 운동은 지식인과 대학생 등이 중심이 되어 전개되었으며 대표적인 인보관으로 **영국의 토인비 홀(Toynbee Hall), 미국의 헐 하우스(Hull House)**가 있다.
④ **인보관 운동**의 주된 활동가들은 구빈에 대한 공공의 책임과 역할을 강조했다. 자선조직협회는 구빈은 민간이 주도해야 한다고 강조했다.

13 ③이 답인 이유
자주 다툰다고 말하는 부부에게 "자주라면 어느 정도 빈도를 말하는 건가요?"라고 묻는 것은 면접기법 중 **명확화(명료화)**에 해당한다.

14 ③이 답인 이유
ㄴ. 생계급여 최저보장수준은 생계급여와 소득인정액을 포함하여 생계급여 선정기준 이상이 되도록 하여야 한다.
ㄷ. 2015년 7월부터 급여 종류별로 선정기준과 최저보장수준이 차등화 되었다. 법에서는 다음과 같이 규정하고 있다. '보건복지부장관 또는 소관 중앙행정기관의 장은 급여의 종류별 수급자 선정기준 및 최저보장수준을 결정하여야 한다.'

옳은 지문 보충설명
수급자뿐만 아니라 차상위자에게도 가구별 여건을 고려하여 자활급여를 지급할 수 있다. 따라서 시험 선지에 자활근로, 자활사업, 자활기업, 자산형성지원 등이 나오면 차상위자도 지원 가능하다고 생각하자.

15 ②가 답인 이유

1662년 정주법은 빈민의 소속 교구를 명확히 하고, 도시로 유입되는 농촌의 빈민들을 막기 위해 제정되었다.

오답 체크

① **1795년 스핀햄랜드법**은 저임금 노동자들에 대한 생활비 보조제도를 실시하였다.
③ **1722년 작업장법**은 빈민의 노동력을 활용한 국부의 증진을 목적으로 제정되었다.
④ 1834년 신구빈법에서는 열등처우 원칙을 천명하며 노동능력 있는 빈민에 대한 원외구제를 **금지**하였다.

16 ②가 답인 이유

같은 목적을 달성하기 위해 다양한 방법이 있을 수 있다는 **동등종결성**을 특징으로 한다.

17 ①이 답인 이유

- 클라이언트의 문제해결을 위해 클라이언트를 변화시키는 상담, 교육, 치료, 훈련, 보호 등의 실천은 직접실천이다.
- 클라이언트의 문제해결을 위해 클라이언트의 환경에 영향을 미치거나 환경을 변화시키는 실천은 간접실천이다. ②, ③, ④는 간접실천에 해당한다.

18 ①이 답인 이유

- 생태학적 오류와 개인주의적 오류는 분석단위와 관련한 오류이고, 제1종 오류와 제2종 오류는 가설검증과 관련한 오류이다.
- 생태학적 오류는 집단 단위의 분석결과에 기초해 개인 단위 결론을 내리는 오류이고, 이와 반대로 개인주의 오류는 개인 단위의 분석결과에 기초해 집단 단위 결론을 내리는 오류이다.
- 제1종 오류는 옳은 영가설을 기각하는 오류이고, 제2종 오류는 틀린 영가설을 채택하는 오류이다.

19 ③이 답인 이유

신속한 단기개입은 과거 탐색이나 원인에 대한 이해가 아니라 현재의 문제해결 자체에 초점을 맞춘다.

20 ④가 답인 이유

시·군·구 지역사회보장계획은 다음 각 호의 사항을 포함하여야 한다.

---

1. 지역사회보장 수요의 측정, 목표 및 추진전략
2. 지역사회보장의 목표를 점검할 수 있는 지표(이하 "지역사회보장지표"라 한다)의 설정 및 목표
3. 지역사회보장의 분야별 추진전략, 중점 추진사업 및 연계협력 방안
4. 지역사회보장 전달체계의 조직과 운영
5. 사회보장급여의 사각지대 발굴 및 지원 방안
6. 지역사회보장에 필요한 재원의 규모와 조달 방안
7. 지역사회보장에 관련한 통계 수집 및 관리 방안
8. 지역 내 부정수급 발생 현황 및 방지대책

제42회 동형 모의고사

1	2	3	4	5	6	7	8	9	10
④	③	④	③	②	①	①	③	③	②
11	12	13	14	15	16	17	18	19	20
①	②	①	④	④	②	③	④	②	①

01 ④가 답인 이유
ㄱ. 사회보험은 **중앙정부가 공단을 통해** 관리·감독·운영하며, 공공부조와 사회서비스는 중앙정부와 지방정부의 혼합체계로 이루어져 있다.
ㄴ. 대부분의 사회복지시설 운영에 대한 지도·감독 권한은 지방자치단체에 있다.
ㄷ. 지방분권화는 지방자치발전을 위해 그동안 중앙정부가 독점하고 있던 크고 작은 권한과 책임을 지방정부 또는 지역사회에 이전하는 것을 골자로 한다. 국고보조 사업이 대거 지방으로 이양되기 시작한 2005년 이후 지방자치단체의 역할이 과거에 비해 확대되었다.
ㄹ. 사회보장정보시스템 관리는 보건복지부에서 담당하지만 정보의 범위와 활용은 범정부적으로 이루어지는 복지정보 통합시스템이다.

02 ③이 답인 이유
보편적 복지는 기여자와 수혜자를 구별하지 않아 사회통합효과(사회적 효과성)가 높다. 반면 선별적 복지는 기여자와 수여자가 구별되기 때문에 사회통합을 저해한다.

오답 체크
① 아동수당(사회수당에 해당)과 국민건강보험(사회보험에 해당)은 보편적 복지지만, **장애수당(공공부조에 해당)은 선별적 복지**에 해당한다.
② **보편적 복지**는 일정 범주에 속하는 모든 사람에게 사회적 권리로 급여를 제공한다.
④ **선별적 복지는 예외주의 및 개인주의 이념**을, 보편적 복지는 집합주의 이념을 따른다.

03 ④가 답인 이유
발급대상자뿐만 아니라 발급대상자의 친족이나 법정대리인이 신청할 수도 있고, 담당 공무원이 직권으로 신청할 수도 있다.

> 「사회서비스 이용 및 이용권 관리에 관한 법률」
> 제9조(사회서비스이용권의 발급 신청)
> ① 다음 각 호의 어느 하나에 해당하는 사람은 사회서비스 제공계획에 따른 사회서비스이용권을 발급하여 줄 것을 시장·군수·구청장에게 신청할 수 있다.
>   1. 발급대상자
>   2. 발급대상자의 친족
>   3. 발급대상자의 법정대리인
> ② 사회서비스이용권 발급 담당 공무원은 이 법에 따른 사회서비스 이용을 필요로 하는 사람이 누락되지 아니하도록 하기 위하여 관할 지역에 거주하는 발급대상자에 대한 사회서비스이용권의 발급을 직권으로 신청할 수 있다. 이 경우 발급대상자의 동의를 받아야 하며, 동의를 받은 경우에는 발급대상자가 신청한 것으로 본다.
> ③ 제2항 후단에도 불구하고 발급대상자가 심신미약 또는 심신상실 등 대통령령으로 정하는 경우에 해당하면 발급대상자의 동의를 생략할 수 있다. 이 경우 사회서비스이용권 발급 담당 공무원은 직권 신청한 사실을 시장·군수·구청장에게 지체 없이 보고하여야 한다.

04 ③이 답인 이유
• 바우처는 **현물급여**보다는 소비자의 선택권을 보장할 수 있고, **현금급여**보다는 급여의 사용처를 통제할 수 있다.

- 선택권/자유/존엄 : 현금 > 바우처 > 현물
- 운영효율성 : 현금 > 바우처 > 현물
- 목표효율성 : 현물 > 바우처 > 현금
- 정치적 선호 : 현물 > 바우처 > 현금

05 ②가 답인 이유
후원자와 클라이언트의 영향력이 각각 50%인 모델은 **지역사회연계모델**이다. 지역사회개발모델은 지역사회의 자체 역량을 개발하여 지역사회 문제를 해결하고자 하는 모델로, 클라이언트(지역주민)의 영향력이 7/8 정도인 모델이다.

06 ①이 답인 이유
우리나라는 의료보험 도입 당시부터 의료기관에서 의료인이 제공한 의료서비스(행위, 약제, 치료재료 등) 하나하나에 대해 가격(수가)을 정해 사용량과 가격에 의해 진료비를 지불하는 **행위별 수가제를 채택**하고 있고, 이러한 행위별 수가제를 보완하고 의료자원을 효율적으로 활용하기 위해 **7개 질병군에 대하여 포괄수가제(DRG)도 병행**하고 있다. 7개 질병군에 대한 포괄수가제가 전국 **모든 의료기관**(의원, 병원, 종합병원, 상급종합병원)에 **적용되기 시작한 시기는 2013년** 7월부터이다.

오답 체크
② 우리나라에서는 2013년 7월부터 전국 모든 의료기관에서 **7개 질병군**(백내장수술, 편도수술, 맹장수술 등)에 대해 포괄수가제를 시행하고 있다.

③ 포괄수가제는 새로운 약이나 의학기술의 적용에 적합하지 않다.
④ 포괄수가제는 진료비 상승 억제 효과가 행위별 수가제보다 **높다.**

07 ①이 답인 이유
문제중심기록은 서로 다른 학문적 배경을 가진 전문가들이 다학제적 팀으로 접근(예를 들어, 병원에서 의사, 간호사, 의료사회복지사가 팀으로 접근)하는 경우 의사소통을 용이하게 해주는 장점을 갖는다.

오답 체크
② 이야기체기록은 기록내용을 개별적으로 구성하기 때문에 **추후 원하는 정보를 쉽게 찾기 어렵다**는 단점이 있다.
③ **요약기록**은 기록에 소요되는 시간을 절감해준다.
④ **과정기록**은 슈퍼비전이나 교육을 위한 수단으로 유용하다.

08 ③이 답인 이유
오답 체크
① 항문기 – 자율성 대 수치심/의심
② 생식기 – 자아정체감 대 역할 혼란
④ 남근기 – 주도성 대 죄의식

에릭슨의 8단계 발달과업(심리사회적 위기)

단계		심리사회적 위기(발달과업)	프로이트
1	유(乳)아기	기본적 신뢰감 대 불신감	구강기
2	초기아동기	자율성 대 수치심과 의심	항문기
3	유희기 (학령전기)	주도성(솔선성) 대 죄의식	남근기
4	학령기	근면성 대 열등감	잠복기
5	청소년기	자아정체감 대 자아정체감 혼란(역할 혼란)	생식기
6	성인초기	친밀감 대 고립	
7	중년기	생산성 대 침체	
8	노년기	자아완성(자아통합) 대 절망	

09 ③이 답인 이유
사회민주주의이론에서는 노동계급을 대변하는 정치적 세력이 커질수록 복지국가가 발전한다고 본다.

오답 체크
①은 이익집단이론(=이익집단정치이론, 다원주의이론), ②는 신마르크스주의(독점자본이론), ④는 산업화이론(수렴이론)에서 복지국가발달의 핵심 요인으로 제시한 것들이다.

10 ②가 답인 이유
① 「노인복지법」은 1981년에 제정되었다.
② 「노인장기요양보험법」은 2007년에 제정되었다.
③ 「청소년복지 지원법」은 2004년에 제정되었다.
④ 「긴급복지지원법」은 2005년에 제정되었다.

11 ①이 답인 이유
무작위할당으로 조사대상자를 실험집단과 통제집단으로 나누는 이유는 내적타당도를 높이기 위해서이다.

오답 체크
② 관찰은 자연적인 환경에서 조사하기 때문에 외생변수를 통제하기 어렵다는 한계가 있다.
③ 조사설계의 내적타당도는 종속변수의 변화가 독립변수로 인해 유발되었다고 확신할 수 있는 정도(독립변수와 종속변수 사이의 인과관계에 대한 확신의 정도)를 의미한다. 조사결과의 일반화 가능성을 의미하는 개념은 조사설계의 **외적타당도**이다.
④ 단일사례설계에서 **개입은 독립변수**이고, 종속변수는 클라이언트의 표적행동(혹은 표적문제)이다.

12 ②가 답인 이유
• 체계이론을 토대로 하는 모델 : 다세대, 전략적, 구조적, 경험적 가족치료모델
• 사회구성주의를 토대로 하는 모델 : **해결중심 가족치료모델** (해결중심모델), 이야기치료모델

13 ①이 답인 이유
• 목표효율성이 높은 순서는 현물＞바우처＞현금이지만, 운영효율성이 높은 순서는 현금＞바우처＞현물이다.
• 따라서 현물급여는 바우처 방식보다 운영효율성이 떨어진다.

14 ④가 답인 이유
• 로마니쉰(Romanyshyn)이 제시한 변화 방향은 다음의 일곱 가지이다.
① 잔여적 개념 ⇨ 제도적 개념
② 자선 ⇨ 시민의 권리
③ 특수성 ⇨ 보편성
④ 최저수준 ⇨ 적정수준 (최저생활보장 ⇨ 최적생활보장)
⑤ 개인의 변화 ⇨ 사회개혁
⑥ 자발적 자선 ⇨ 공공활동 (민간지원 ⇨ 공공지원)

⑦ 빈민에 대한 복지 ⇨ 복지사회
• 복지국가에서 근로연계복지국가로 전환해야 한다고 주장했던 학자는 제솝(B. Jessop)이다.

15 ④가 답인 이유
제시된 기록유형은 직접인용 방식(대화체)로 기록된 과정기록이다. ④는 과정기록의 장점에 해당하고, 나머지 ①, ②, ③은 모두 문제중심기록에 해당한다.

16 ②가 답인 이유
ㄱ은 사회계획모델, ㄹ은 사회행동모델에 해당한다.

17 ③이 답인 이유
재가급여 이용자는 장기요양급여비용의 15%, 시설급여 이용자는 20%를 본인이 부담한다.

오답 체크
① 장기요양보험료는 건강보험료와 **통합하여** 징수한다. 이 경우 공단은 장기요양보험료와 건강보험료를 구분하여 고지하여야 한다.
② 국가는 매년 예산의 범위 안에서 당해 연도 장기요양보험료 예상수입액의 **20%**에 상당하는 금액을 건강보험공단에 지원한다.
④ 의료급여 수급권자에게 제공한 장기요양은 노인장기요양보험의 재정을 사용하지 않고 **국가와 지방자치단체가 비용을 부담**한다.

18 ④가 답인 이유
• 제시하고 있는 내용은 사회복지 전달체계의 포괄성 원칙을 위해 활용할 수 있는 네 가지 접근방법으로 각각 일반적 접근(generalist approach), 전문화 접근(전문적 접근, specialist approach), 집단적 접근(team approach), 사례관리 접근(case management)에 해당하는 내용이다.
• 포괄성은 클라이언트의 복합적이고 다양한 욕구의 해결을 위해 필요한 서비스를 종합적·다각적으로 제공하는 것을 말한다. 이를 위해 이러한 접근방법들을 활용할 수 있다.

19 ②가 답인 이유
ㄱ. 자립지원시설은 보건복지부 소관의, 「아동복지법」상의 생활시설이다.
ㄴ. 청소년자립지원관은 여성가족부 소관의, 「청소년복지지원법」상의 생활시설이다.
ㄹ. 노인요양시설은 보건복지부 소관의, 「노인복지법」상의 생활시설이다.

오답 체크
ㄷ. 장애인직업재활시설(장애인보호작업장, 장애인근로사업장, 장애인직업적응훈련시설이 포함됨)은 보건복지족부 소관의, 「장애인복지법」상의 이용시설이다.

20 ①이 답인 이유
클라이언트와의 관계형성에서 '통제된 정서적 관여'를 위해 클라이언트 감정에 대한 민감성, 공감적 이해, 의도적이고 적절한 반응이 무엇보다 중요하다. 이 중 클라이언트의 감정에 대한 민감성은 클라이언트의 언어적 표현뿐만 아니라 비언어적 표현에 대한 민감성까지를 포함한다.

오답 체크
② 클라이언트가 침묵하는 경우 그 또한 의사표현의 한 방법이라고 생각하고 기다려줄 필요가 있다.
③ 의도적 감정표현이란 클라이언트가 자신의 감정을 표현할 수 있도록 원조하는 것이다.
④ 비밀보장의 원칙은 법정으로부터 클라이언트의 정보공개를 명령받았을 때는 예외가 될 수 있다.

제43회 동형 모의고사

1	2	3	4	5	6	7	8	9	10
④	②	②	①	④	①	②	③	④	③
11	12	13	14	15	16	17	18	19	20
②	①	③	④	①	③	④	①	①	③

01 ④가 답인 이유
다른 구빈법과 달리 길버트법과 스핀햄랜드법은 인도주의적인 성격의 법이었다.

02 ②가 답인 이유
①은 접수단계, ②는 계획단계, ③과 ④는 개입단계의 과업에 해당한다.

03 ②가 답인 이유

빈곤 측정	빈곤율	빈곤의 규모
	빈곤갭	빈곤의 심도
	센 지수	0~1. 1에 가까울수록 심각한 빈곤
소득불평등 (빈부격차) 측정	5분위 배율	클수록 불평등
	10분위 분배율	클수록 평등
	지니계수	0~1. 클수록 불평등

오답 체크

① 빈곤율과 빈곤갭은 **빈곤 측정 지표**이고, 지니계수는 **소득불평등 측정 지표**이다.
③ **지니계수 0**은 사회구성원의 소득이 동일한 **완전한 평등**을 의미한다.
④ 10분위 분배율은 최하위 40% 소득계층의 소득액이 최상위 20% 소득계층의 소득에서 차지하는 비율을 의미하며, 이 값이 **작을수록** 소득불평등 정도가 심각함을 의미한다.

04 ①이 답인 이유
사회복지 전달체계에는 민간체계와 공공체계 모두가 포함된다.

05 ④가 답인 이유
다문화 역량은 문화적 다양성을 존중하는 자세를 강조한다. 동화(assimilation)는 클라이언트로 하여금 모국의 문화적 가치를 따르기보다 주류 사회의 문화에 따르도록 하는 것으로 이는 문화적 다양성을 존중하는 자세와 상반되는 개념이다.

사회복지사의 다문화 역량 증진을 위해 필요한 노력

- 문화적 상이성에 대한 수용과 존중
- 사회복지사 자신의 문화적 정체성과 편견에 대한 분석
- 사회복지사가 속한 문화와는 상이한, 다문화 클라이언트의 문화가 보이는 역동에 대한 인식
- 다문화 클라이언트와의 실천을 위해 필요한 부가적인 지식이나 자원 등을 위한 노력

06 ①이 답인 이유
- 잔여적 개념에서는 문제의 원인이 개인에게 있다고 본다.
- 제도적 개념에서는 문제의 원인이 불공정하고 불합리한 사회구조에 있다고 본다.

07 ②가 답인 이유
①은 대처질문(극복질문), ②는 관계성질문, ③은 면담 전 변화질문, ④는 척도질문에 해당한다.

해결중심모델 질문기법의 예

질문유형	예
면담 전 변화질문	"상담예약을 하신 후부터 지금까지 시간이 좀 지났는데 그동안 상황이 좀 바뀌었나요? 그렇다면 무엇이 어떻게 달라졌나요?"
예외질문	"두 분이 매일 싸우신다고 말씀하셨는데, 혹시 싸우지 않은 날은 언제였나요?"
기적질문	"밤새 기적이 일어나서 모든 문제가 해결되었다고 한다면 아침에 일어나서 무엇을 보고 기적이 일어났는지를 알 수 있을까요?"
척도질문	"처음 상담 시작하던 당시를 0점이라고 하고 당신이 생각하기에 문제가 해결된 상태를 10점이라고 가정한다면, 지금은 몇 점 정도 되는 것 같습니까?"
대처(극복)질문	"그런 상황에서도 어떻게 지금까지 버텨낼 수 있었습니까?"
관계성질문	"당신의 어머니는 이 상황에서 당신이 무엇을 해야 문제해결에 도움이 된다고 말씀하실까요?"

08 ③이 답인 이유
소거란 특정 행동의 발생을 감소시키기(혹은 제거하기) 위해 해당 행동을 강화시키는 요인을 차단하는 기법이다. ③의 사례에서 아이의 투정이 계속되는 것은 엄마가 반응을 해주거나 받아주기 때문이다. 따라서 계속되는 투정을 줄이거나 제거하기 위해 아이의 투정을 강화하는 반응을 더 이상 하지 않는 전략은 소거에 해당한다. 만일 아이가 투정할 때마다 혼내는 전략을 사용했다면 이 경우는 정적 처벌에 해당한다. 양자의 차이를 잘 구별하도록 하자.

오답 체크

① 성적이 오른 아이에게 숙제를 면제해주는 것은 **부적 강화**에 해당한다. 숙제를 면제받는 것은 좋은 결과니까 '강화', 왜 좋으냐면 숙제가 '면제(마이너스)'돼서 좋은 거니까 '부적' 강화가 된다는 걸 생각하자.

② 인간 행동에 대한 정신 내적 요인의 영향을 강조하는 것은 정신역동이론들(프로이트, 에릭슨, 아들러, 융 등)이며, 행동주의이론(파블로프, 스키너, 반두라 등)에서는 **외적 환경의 영향을 강조**한다.

④ 모방과 관찰학습은 둘 다 **반두라 사회학습이론**의 주요 개념으로 조작적 조건화가 아니라 대리적 조건화 원리를 따른다. 반두라는 **대리적 조건화**, 스키너는 조작적 조건화임을 잘 구분하도록 하자.

09 ④가 답인 이유
①, ②, ③이 공통으로 설명하고 있는 정책결정모형은 최적모형(optimal model)이지만, ④는 합리모형과 점증모형을 결합한 형태인 혼합모형(mixed scanning model)을 설명하고 있다.

10 ③이 답인 이유
신뢰도 확인을 위해 의도적으로 유사한 문항을 짝을 이루어 설문문항 안에 배치하는 경우가 있는데, 이런 경우 이 문항들은 **서로 떨어뜨려 배치**해야 한다.

11 ②가 답인 이유
1997년 「사회복지사업법」 주요 개정 : ① 사회복지사 1급 국가시험 신설(제1회 시험은 2003년 실시), ② 사회복지시설 신고제 전환, ③ 사회복지시설 평가제 도입

오답 체크

① 사회복지전담공무원은 사회복지전문요원이라는 별정직 형태로 **1987년부터** 공공행정기관에 배치되기 시작했다.

③ 「사회복지사업법」에 사회복지사라는 명칭이 명시된 시점은 **1983년 개정**에서이다.

④ 이전에는 민간자격증이었던 학교사회복지사와 의료사회복지사는 **2020년 12월부터 법정 국가자격이 되었다.** 정신건강사회복지사는 「정신건강증진 및 정신질환자 복지서비스 지원에 관한 법률」에 따른 정신건강전문요원 중 정신건강사회복지사 자격을 인정(1997년부터 국가자격으로 발급. 당시 「정신보건법」에 근거)한다.

12 ①이 답인 이유
타운젠트의 빈곤 측정 방식은 **상대적 빈곤** 개념을 따른다.

13 ③이 답인 이유
S-O-A-P는 각각 주관적 정보, 객관적 정보, 사정, 계획을 의미한다. ㄱ은 객관적 정보, ㄴ은 주관적 정보, ㄷ은 사정, ㄹ은 계획에 해당된다.

문제중심기록의 SOAP

S	(Subjective information) 주관적 정보	클라이언트나 가족으로부터 얻은 주관적 정보. 기본적인 자료, 클라이언트가 느끼는 자신의 상황에 대한 인식과 감정 등
O	(Objective information) 객관적 정보	검사와 관찰로부터 얻은 객관적 정보. 전문가의 관찰, 검사 결과, 체계적 정보 등
A	(Assessment) 사정	주관적 정보와 객관적 정보를 검토해서 추론된 전문가의 해석이나 결론
P	(Plans) 계획	문제를 해결하기 위한 방법이나 계획

14 ④가 답인 이유
시장에서 재화의 배분이 효율적으로 이루어지려면 사회구성원들 사이의 위험발생이 상호 독립적이어야 한다. 그렇지 않을 경우 시장의 민간보험사에서 적정 보험료를 책정하여 위험을 분산하기 어려워지면서 시장실패가 발생하게 되므로 강제가입식 사회보험을 통해 국가가 개입할 필요가 있다.

오답 체크

① **공공재가 갖는 비경합성과 비배제성의 특징으로** 무임승차 문제가 유발되어 적정 수준의 공급이 시장에서 이루어지기 어려우므로 (무임승차 문제는 공공재의 두 특징으로 인해 유발되며, 정보 비대칭이 유발하는 문제는 역 선택과 도덕적 해이임.)

② **긍정적 외부효과 발생으로** 사회구성원들에게 유익한 재화의 과소공급 문제가 유발될 수 있으므로 (긍정적 외부효과는 과소공급 문제를, 부정적 외부효과는 과대공급 문제를 유발함.)

③ 사회복지에 대한 국가 개입의 대표적인 형태는 시장에서의 분배결과에 대한 재분배이다. 그러나 이러한 국가의 소득재분배는 자칫 근로동기를 약화시킬 수 있다. 따라서 ③은 국가개입이 필요한 이유라기보다는 국가개입으로 인해 유발될 수 있는 부작용에 해당한다.

15 ①이 답인 이유
2019년부터 사회서비스의 공공성 강화를 위해 **시·도 단위**에 사회서비스원을 설립하기 시작하였다.

16 ③이 답인 이유
③은 임파워먼트(역량강화) 기술에 해당한다.

17 ④가 답인 이유

기초연금제도는 소득 외에도 연령(65세 이상) 조건을 따져서 급여를 지급한다.

18 ①이 답인 이유

핀커스와 미나한은 클라이언트가 자발적으로 찾아왔는지 아닌지를 구분하지 않고 클라이언트체계라는 말을 사용했지만, 콤튼과 갤러웨이(Compton & Galaway)는 자발적으로 도움을 요청한 클라이언트체계와 구분하여, 법원이나 경찰 등에 의해 비자발적으로 의뢰된 응답체계를 별도 추가하였다. 따라서 ①의 설명은 콤튼과 갤러웨이의 6체계모델에 해당하는 내용이다.

옳은 지문 보충설명

② 행동체계 : 사회복지사가 목표 달성을 위해 협력하는 체계로, 경우에 따라 행동체계=클라이언트체계=표적체계일 수 있다.

③ 변화매개체계 : 클라이언트체계에게 도움을 제공하는 사회복지사와 사회복지사가 속한 기관을 말하며, 경우에 따라 변화매개체=표적체계일 수 있다.

④ 자녀의 스마트폰 중독 문제로 어머니가 전문가에게 도움을 요청하는 사례의 경우, 전문가는 변화매개체계, 전문가에게 도움을 요청한 어머니는 클라이언트체계, 변화가 필요하여 개입대상이 된 자녀는 표적체계이다. 이 사례에서 전문가가 목표 달성을 위해 어떤 체계와 상호작용(혹은 협력)했는지를 알 수 없으므로 행동체계에 대해서는 알 수 없다.

19 ①이 답인 이유

- 실업보험은 1911년에 영국에서 세계 최초로 도입되었다.
- 독일의 비스마르크는 1883년에 질병보험을, 1884년에 산재보험을, 1889년에 노령연금을 세계 최초로 도입하였다.

20 ③이 답인 이유

사정과정에서는 수집된 자료의 분석에 기초해 전문적인 판단이 이루어진다.

제44회 동형 모의고사

1	2	3	4	5	6	7	8	9	10
①	③	③	④	④	②	④	①	③	④
11	12	13	14	15	16	17	18	19	20
②	③	②	②	①	④	③	①	②	①

01 ①이 답인 이유

- 생태체계관점은 말 그대로 문제와 맥락을 바라보는 '관점'이지 문제해결의 구체적 기법을 제시하는 실천모델이 아니다. 따라서 문제를 환경과의 상호작용 속에서 순환적으로 바라볼 수 있도록 돕는 관점과 준거 틀을 제시해주지만 **구체적 개입기법까지 제시하는 것은 아니다.**
- 또한 생태체계관점에서는 문제를 특정 개인의 역기능에 초점을 두고 바라보지 않는다. 우리가 흔히 누군가에게 문제가 있다고 말할 때, 이는 생태체계관점에서 해석하면 '그는 그를 둘러싼 환경에 그런 방식으로 적응한 것이지 그 자체가 역기능적인 건 아니다.' 그런 점에서 생태체계관점은 역기능을 개인의 문제로 치부하지 않고 환경과의 상호작용에서의 적응 형태로 바라본다.

02 ③이 답인 이유

사회보험은 **사회적** 효과성이, 공공부조는 **경제적** 효율성이 상대적으로 더 크다.

03 ③이 답인 이유

- 공공재원 : 일반조세(일반예산), 사회보험료(사회보장성조세), 조세지출
- 민간재원 : 수익자부담, 자발적 기여, 기업복지, 비공식부문의 재원
- **사회복지공동모금회의 모금액은 민간재원 중 자발적 기여에** 해당한다.

04 ④가 답인 이유

보건복지부장관은 부정수급 실태조사를 **3년마다 실시**하고, 그 결과를 공개하여야 한다.

05 ④가 답인 이유

- ㄱ은 최소손실의 원칙(4순위), ㄴ은 자율과 자유의 원칙(3순위), ㄷ은 사생활 보호와 비밀보장의 원칙(6순위), ㄹ은

평등과 불평등의 원칙(2순위)에 해당한다.
• 따라서 더 우선되는 원칙부터 순서대로 나열하면, ㄹ-ㄴ-ㄱ-ㄷ이다.

06 ②가 답인 이유
• 다른 조건이 동일할 때 확률표집은 비확률표집보다 표집오차가 작다. 따라서 제시된 보기 중 비확률표집에 해당하는 할당표집의 표집오차는 가장 크다.
• 확률표집 중에서는 층화표집의 표집오차가 가장 작고, 집락표집의 표집오차가 가장 크다.
• 따라서 제시된 표집방법 중 표집오차가 가장 작은 것부터 순서대로 나열하면 층화표집, 체계적 표집, 집락표집, 할당표집 순이다.

07 ④가 답인 이유
구직급여는 이직(퇴직) 시 연령과 고용보험 가입기간에 따라 최대 270일까지 받을 수 있으며, 취업이 특히 곤란하고 생활이 어려운 경우 구직급여를 연장하여 받을 수 있다. 연장급여에는 훈련연장급여, 개별연장급여, 특별연장급여가 있다.

옳은 지문 보충설명
①② 구직급여 수급요건은 다음과 같다.

구직급여 수급요건(고용보험법 제40조)
1. 이직일 이전 18개월간 피보험단위기간이 통산하여 180일 이상일 것
2. 근로의 의사와 능력이 있음에도 불구하고 취업하지 못한 상태에 있을 것
3. 재취업을 위한 노력을 적극적으로 할 것
4. 이직사유가 비자발적인 사유일 것

③ 구직급여 지급액은 [퇴직 전 평균임금의 60%×소정급여일수]로 계산된다.

08 ①이 답인 이유
각 서비스의 산출물에 대한 투입비용의 적절성을 근거로 예산을 편성하는 것은 **성과주의 예산모형**이다.

09 ③이 답인 이유
① 맞춤형 급여 안내(복지멤버십) 제도 : 2021년 일부 도입 → 2022년에 전 국민 대상으로 확대
② 상병수당 시범사업 : 2022년
③ 전자바우처 방식을 이용한 사회서비스 제도 : 2007년
④ 취업취약계층을 위한 국민취업지원제도 : 2021년

10 ④가 답인 이유
자유, 개인주의, 불평등을 중심 가치로 추구하는 신우파에서는 복지국가를 자유로운 시장활동의 걸림돌이라고 간주한다. 그러나 모든 종류의 정부개입을 반대하는 것은 아니다. 국가(정부)는 **최소한의 역할만 수행**하고 시장이 더 많은 역할을 수행해야 한다고 주장한다.

11 ②가 답인 이유
지방분권화로 인해 사회복지서비스 공급주체가 **중앙정부에서 지방정부로 변화**하면서 사례관리가 등장하였다.

12 ③이 답인 이유
• ③은 양로시설이 아니라 **노인요양시설**에 해당하는 설명이다.
• 양로시설과 노인요양시설에 대한 「노인복지법」의 정의는 다음과 같이 구분된다.

양로시설과 노인요양시설

양로시설	노인요양시설
• 노인주거복지시설에 해당 • 노인을 입소시켜 급식과 그 밖에 일상생활에 필요한 편의를 제공함을 목적으로 하는 시설	• 노인의료복지시설에 해당 • 치매·중풍 등 노인성질환 등으로 심신에 상당한 장애가 발생하여 도움을 필요로 하는 노인을 입소시켜 급식·요양과 그 밖에 일상생활에 필요한 편의를 제공함을 목적으로 하는 시설
두 시설 모두 생활시설이자 1차 현장이며, 300명 초과하여 수용 가능하다는 공통점이 있음	

13 ②가 답인 이유
오답 체크
ㄴ. 전략적 가족치료모델에서는 문제의 원인을 파악하여 수정하는 것보다는 **증상 자체를 해결하는 데 초점**을 둔다.
ㄷ. **경험적** 가족치료모델에서는 비난형이나 회유형과 같은 역기능적인 의사소통 유형을 보다 명확하고 분명한 기능적 의사소통으로 변화시키고자 한다.

14 ②가 답인 이유
①, ③, ④는 모두 간접적 개입에 해당하고, ②는 직접적 개입에 해당한다.

15 ①이 답인 이유
지역사회보장협의체는 2014년 제정된 「사회보장급여의 이용·제공 및 수급권자 발굴에 관한 법률」에 근거한다.

16 ④가 답인 이유
①, ②, ③은 면접조사가 갖는 장점이고, ④는 우편설문조사(자기기입식 설문조사)의 장점이다.

17 ③이 답인 이유
ㄱ. 사회복지전문요원제도는 1987년에 시행되었다.
ㄴ. 전문사회복지사제도는 2020년에 시행되었다.
ㄷ. 정신보건사회복지사제도는 1997년에 시행되었다.
ㄹ. 사회복지사 자격등급제도는 1983년 「사회복지사업법」 개정에서 처음 법제화되어 그 해부터 시행되었다.

18 ①이 답인 이유
개입목표의 설정은 **계획단계**에서 사회복지사가 수행하는 과업이다.

19 ②가 답인 이유
제도 성숙기에 자원(누적된 적립금)의 활용이 가능한 장점은 적립방식에 해당한다.

20 ①이 답인 이유
6개의 장기요양등급을 판정하여 등급별로 급여제공을 차등화하는데, 이는 길버트와 테렐(Gilbert & Terrell)이 제시한 급여할당의 원리들 중 '진단적 구분'을 적용한 경우에 해당한다.

오답 체크
② 재가급여는 당해 장기요양급여비용의 15%를, 시설급여는 20%를 수급자 본인이 부담한다.
③ 장기요양보험사업의 보험자는 국민건강보험공단이다. 공단은 장기요양보험료를 건강보험료와 통합하여 징수하되, 두 보험료를 구분하여 고지하여야 한다. 통합 징수한 장기요양보험료와 건강보험료를 **각각의 독립회계로 관리**한다.
④ 보건복지부장관은 장기요양사업의 실태를 파악하기 위하여 **3년마다** 조사를 정기적으로 실시하고 그 결과를 공표하여야 한다.

제45회 동형 모의고사

1	2	3	4	5	6	7	8	9	10
③	②	③	①	②	④	④	④	③	③
11	12	13	14	15	16	17	18	19	20
④	④	④	③	②	①	①	③	②	②

01 ③이 답인 이유
- 잔여적 복지는 보수주의, 예외주의, 개인주의 이념을 바탕으로 한다.
- ①, ②, ④는 모두 제도적 개념의 복지에 해당하는 특징이다.

02 ②가 답인 이유
전략적 가족치료모델의 주요 개입기법은 역설적 개입(증상처방, 시련기법, 제지기법), 순환적 질문, 재명명(재구성) 등이다.

오답 체크
① 빙산기법 : 경험적 가족치료모델의 주요 개입기법
③ 경계 만들기 : 구조적 가족치료모델의 주요 개입기법
④ 외재화 기법 : 이야기치료모델의 주요 개입기법

03 ③이 답인 이유
노인요양시설은 치매·중풍 등 노인성질환 등으로 심신에 상당한 장애가 발생하여 도움을 필요로 하는 노인을 입소시켜 급식·요양과 그 밖에 일상생활에 필요한 편의를 제공함을 목적으로 하는 노인**의료**복지시설이다.

04 ①이 답인 이유
ㄱ. 마을기업 : 지역주민 또는 단체가 해당 지역의 인력, 향토, 문화, 자연자원 등 각종 자원을 활용하여 생활환경을 개선하고 지역공동체를 활성화하며 소득 및 일자리를 창출하기 위하여 운영하는 마을 단위의 기업
ㄷ. 협동조합 : 재화 또는 용역의 구매·생산·판매·제공 등을 협동으로 영위함으로써 조합원의 권익을 향상하고 지역사회에 공헌하고자 하는 사업조직. 조합원의 권익 향상과 지역사회 공헌을 목적으로 한다.

오답 체크
ㄴ. 사회적 기업은 취약계층에게 사회서비스 또는 일자리를 제공하거나 지역사회에 공헌함으로써 지역주민의 삶의 질을 높이는 등의 사회적 목적을 추구하면서 재화 및 서비스의 생산·판매 등 **영리활동을 하는 기업**이다. 영리기

업과 비영리기업의 중간 형태로, 사회적 목적을 우선적으로 추구하면서 재화·서비스의 생산·판매 등 영업활동을 수행하는 기업이다.

ㄹ. 지역자활센터의 지정 대상은 지역사회복지사업 및 자활지원사업의 수행능력과 경험 등이 있는 사회복지법인 등 비영리법인과 단체이다. 다만 사회복지법인 등 비영리법인이 없거나 자활사업수행이 어렵다고 판단되는 지역의 경우, 지방자치단체에서 직접 운영할 수 있다.

05 ②가 답인 이유

조세와 사회복지정책을 통한 소득재분배는 시장에서의 1차적 분배에 대한 재분배(혹은 2차적 분배)라고 할 수 있다. 시장에서는 능력에 비례한 배분을 강조하지만, **사회복지정책에서는 욕구(need)에 따른 배분**을 원칙으로 한다.

06 ④가 답인 이유

- 일반환경에는 경제적 조건, 사회인구학적 조건, 문화적 조건, 정치적·법적 조건, 기술적 조건 등이 해당된다.
- 제시된 사례는 각각 다음 조건에 해당하며 모두 일반환경에 속한다.
  - ㄱ. 국민기초생활 보장제도에서의 부양의무자 기준 완화 - 정치적·법적 조건
  - ㄴ. 경기호황이나 경기침체 - 경제적 조건
  - ㄷ. 지역 내 모자 세대, 소년소녀가장 세대, 노인단독 세대 분포 - 사회인구학적 조건
  - ㄹ. 정보통신 기술의 발달 - 기술적 조건

07 ④가 답인 이유

①은 둘 다 명목수준, ②는 둘 다 서열수준, ③은 둘 다 비율수준이다. ④에서 0~10점 사이로 측정된 서비스 만족도는 등간수준이고 가정의 경제수준(상, 중, 하)은 서열수준이다.

08 ④가 답인 이유

국제노동기구(ILO) '사회보장 최저기준에 관한 조약(1952년)'의 급여 유형 중 질병급여(sickness benefit)는 근로자가 업무와 상관없이 아프거나 다쳤을 때 일정기간 동안 소득을 보장해주는 급여로, 이에 해당하는 우리나라 사회보장제도의 급여는 「국민건강보험법」에서 임의규정으로 규정만 하고 있다가 2022년 7월 처음으로 시범 도입된 **상병수당**이다.

오답 체크

① 휴업급여는 산재보험의 급여 유형 중 하나로 상병수당과 내용은 같지만 업무 중 업무가 원인이 되어 아프거나 다친 경우를 대상으로 한다는 점에서 상병수당과 다르다.
② ILO '사회보장 최저기준에 관한 조약(1952년)'에서는 질병급여로 표현되나, 우리나라 사회보장제도의 급여 명칭은 상병수당이다.
③ 상병급여는 고용보험의 실업급여 유형 중 하나이다. 「고용보험법」 제63조(질병 등의 특례) 제1항에서는 수급자격자가 실업의 신고를 한 이후에 질병·부상 또는 출산으로 취업이 불가능하여 실업의 인정을 받지 못한 날에 대하여는 그 수급자격자의 청구에 의하여 구직급여일액에 해당하는 금액(상병급여)을 구직급여를 갈음하여 지급할 수 있다고 규정하고 있다.

09 ③이 답인 이유

1973년 **석유파동**으로 인한 경제성장 둔화(경제위기)는 정부의 재정위기를 초래함으로써 복지국가의 성장이 침체기(**복지국가 위기**)를 맞는 결정적인 계기가 되었다.

10 ③이 답인 이유

- 사회복지정책의 형성과정 : 정책문제 형성 → 정책어젠다 형성(공공어젠다 → 정부어젠다) → 대안 형성 → 정책결정 → 정책집행 → 정책평가
- ㄱ은 정부어젠다, ㄴ은 정책평가, ㄷ은 정책문제 형성, ㄹ은 정책결정 및 정책집행, ㅁ은 공공어젠다에 해당한다.
- 따라서 옳은 순서는 ㄷ→ㅁ→ㄱ→ㄹ→ㄴ 순이다.

11 ④가 답인 이유

ㄱ. 이 사례의 포인트는 ① 한 사례라는 점, ② 표적행동에 대한 개입효과 평가를 목적으로 한다는 점이다. 부합하는 방법은 단일사례설계이다.
ㄴ. 같은 해 출생한 사람들, 같은 해 입학(혹은 입사)한 사람들, 같은 해 졸업한 사람들을 동년배집단이라 하며, 이 사례의 포인트는 2020년 초등학교 입학생이라는 동년배집단을 대상으로 6년 동안의 종단연구가 진행된다는 점이다. 동년배집단에 대한 종단조사는 동년배집단조사이다.
ㄷ. 이 사례의 포인트는 경험적 자료에 근거를 둔 이론의 개발에 있다. 이를 목적으로 하는 질적조사를 근거이론(grounded theory)이라 한다.

12 ④가 답인 이유

- 비밀보장의 원칙에는 예외가 있는데, 자해나 타해의 위험

이 있는 경우, 불법적인 일인 경우, 법원의 명령이 있는 경우, 치료적 목적을 위한 사례회의나 슈퍼비전의 경우 등이 그러한 예외에 해당된다.
- ①은 불법적인 일, ②는 자해 위험, ③은 타해 위험에 해당되는 사례로, 이 경우 비밀보장의 예외가 된다. ④는 이러한 예외에 해당되지 않으므로 비밀을 보장해야 옳다.

13 ④가 답인 이유
ㄱ, ㄴ, ㄹ은 모두 옳은 내용이다. ㄷ에서 가족수당 제도의 시초로 불리는 것은 나치블법(1722)이 아니라 스핀햄랜드법(1795)이라고 해야 옳다.

14 ③이 답인 이유
- 최근에 사회서비스에 대한 체계적인 정비가 진행되고 있는 만큼 사회서비스 변천에 대해서도 이 문제를 계기로 정리해두도록 하자.
  ㄱ. 사회서비스정보시스템(희망e음) 개통 : 2022년
  ㄴ. 시·도 단위 사회서비스원 설립 : 2019년부터 설립되기 시작
  ㄷ. 사회서비스 전자바우처제도 도입 : 2007년 (목적 : 이용자의 선택권 보장과 사회서비스 제공기관 간 경쟁 유도)
  ㄹ. 「사회서비스 이용 및 이용권 관리에 관한 법률」제정: 2011년
- 추가적으로, 2024년부터 제1차 사회서비스 기본계획이 시작되었다는 것도 알아두도록 하자(제1차 계획: 2024년 ~ 2028년)

15 ②가 답인 이유
자선조직협회에서는 자조와 근면의 가치를 강조하였고, 도덕적인 잣대를 적용하여 빈민을 구제받을 자격 유무로 구분한 후 **구제받을 가치가 없는 빈민에게는 도움을 제공하지 않았다.**

16 ①이 답인 이유
①의 내용은 「사회보장기본법」이 아니라 「사회복지사업법」에서 규정하고 있는 사회복지서비스 제공의 원칙이다.

「사회보장기본법」상 사회보장제도 운영원칙
① 국가와 지방자치단체가 사회보장제도를 운영할 때에는 이 제도를 필요로 하는 모든 국민에게 적용하여야 한다.
② 국가와 지방자치단체는 사회보장제도의 급여 수준과 비용 부담 등에서 형평성을 유지하여야 한다.
③ 국가와 지방자치단체는 사회보장제도의 정책 결정 및 시행 과정에 공익의 대표자 및 이해관계인 등을 참여시켜 이를 민주적으로 결정하고 시행하여야 한다.
④ 국가와 지방자치단체가 사회보장제도를 운영할 때에는 국민의 다양한 복지 욕구를 효율적으로 충족시키기 위하여 연계성과 전문성을 높여야 한다.
⑤ 사회보험은 국가의 책임으로 시행하고, 공공부조와 사회서비스는 국가와 지방자치단체의 책임으로 시행하는 것을 원칙으로 한다. 다만, 국가와 지방자치단체의 재정 형편 등을 고려하여 이를 협의·조정할 수 있다.

17 ①이 답인 이유
지역사회보장협의체는 **시·군·구와 읍·면·동**에 둔다. 시·도에는 지역사회보장협의체가 아니라 시·도사회보장위원회를 둔다.

18 ③이 답인 이유
우선되는 순서대로 나열하면, ③(평등과 불평등의 원칙) – ①(최소 손실의 원칙) – ②(삶의 질의 원칙) – ④(성실의 원칙) 순이다.

로웬버그와 돌고프의 윤리원칙 심사표

1	생명보호의 원칙
2	평등과 불평등의 원칙
3	자율과 자유의 원칙
4	최소 해악(=손실)의 원칙
5	삶의 질의 원칙
6	사생활 보호와 비밀보장의 원칙
7	진실성과 정보 공개의 원칙(성실의 원칙)

19 ②가 답인 이유
- 동일한 검사로 사전사후검사를 실시할 때 사전검사가 사후검사에 미치는 영향은 도구요인이 아니라 **검사(testing) 요인**이다.
- 도구요인은 조사도구가 바뀌거나 도구 자체의 신뢰도가 낮아서 내적 타당도를 저해하는 경우를 말한다.

20 ②가 답인 이유
- (ㄱ)은 사회화 기능에, (ㄴ)은 상부상조 기능에 해당한다.
- 사회화 기능을 일차적으로 담당하는 사회제도는 가족제도이고, 상부상조 기능을 일차적으로 담당하는 사회제도는 사회복지제도이다.

제46회 동형 모의고사

1	2	3	4	5	6	7	8	9	10
②	①	③	②	②	③	③	②	①	②
11	12	13	14	15	16	17	18	19	20
①	④	①	③	③	④	④	④	①	②

01 ②가 답인 이유
자산형성지원사업에는 「국민기초생활 보장법」에 근거하여 수급자 및 차상위자를 대상으로 2010년부터 실시하고 있는 자산형성지원사업도 있지만(2024년 현재, 희망저축계좌Ⅰ, 희망저축계좌Ⅱ, 청년내일저축계좌의 세 유형으로 구분됨), 보호대상아동이나 기초생활수급가구 아동 등을 대상으로 「아동복지법」에 근거하여 2007년부터 실시하고 있는 자산형성지원 사업('디딤씨앗통장')도 있다.

02 ①이 답인 이유
사회복지공동모금회는 민간의 모금·배분 전문기관으로 **간접 서비스 기관**에 해당한다.

03 ③이 답인 이유
산업화 과정에서 발생한 필요에 의해 사회복지정책과 제도가 발전했다고 보는 입장은 수렴이론(산업화이론)에 해당한다.

04 ②가 답인 이유
ㄴ. 아동수당은 8세 미만이면 누구나 다른 조건과 관계없이 받을 수 있는 현금급여이다.
ㄷ. 양육수당은 24개월부터 85개월까지에 속하는 아동 중 어린이집이나 유치원을 다니지 않는 경우 지급되는 현금급여이다.

오답 체크
ㄱ. 부모급여는 2세 미만에게만 제공되므로 35개월 아동은 해당되지 않는다.
ㄹ. 2세 이상이면서 어린이집 다니는 경우 보육료 지원 대상이 된다.
ㅁ. 3세 이상이면서 유치원을 다니는 경우 유아학비 지원 대상이 된다.

05 ②가 답인 이유
ㄱ. 사회복지직의 전문성에 대한 플렉스너의 비판 – 1915년
ㄴ. 리치몬드(M. Richmond)「사회진단」출간 – 1917년
ㄷ. 펄만(H. Perlman) 문제해결모델 제시 – 1957년
ㄹ. 기능주의 학파 등장 – 1930년대 대공황 이후

06 ③이 답인 이유
에스핑-앤더슨(Esping-Andersen)의 복지국가 유형 중 **보수주의(조합주의) 복지국가**는 직업집단별로 구분된 사회보험체계를 중심으로 하며, 직업집단들 간 급여 차이가 커서 복지급여에서의 계층화 정도도 크게 나타난다.

07 ③이 답인 이유
단일사례설계는 욕구조사방법이 아니라 개입효과에 대한 평가조사방법이다.

08 ②가 답인 이유
①은 중도파(소극적 집합주의), ②는 신우파(반집합주의), ③은 사회민주주의와 마르크스주의, ④는 녹색주의에 해당한다.

09 ①이 답인 이유
①은 총괄평가가 아니라 **형성평가**에 해당한다.

10 ②가 답인 이유
- '모든 국민은 인간으로서의 존엄과 가치를 가지며, 행복을 추구할 권리를 가진다.'는 헌법 제10조의 규정이다.
- 헌법 제34조는 다음과 같다.

> ① 모든 국민은 인간다운 생활을 할 권리를 가진다.
> ② 국가는 사회보장·사회복지의 증진에 노력할 의무를 진다.
> ③ 국가는 여자의 복지와 권익의 향상을 위하여 노력하여야 한다.
> ④ 국가는 노인과 청소년의 복지향상을 위한 정책을 실시할 의무를 진다.
> ⑤ 신체장애자 및 질병·노령 기타의 사유로 생활능력이 없는 국민은 법률이 정하는 바에 의하여 국가의 보호를 받는다.
> ⑥ 국가는 재해를 예방하고 그 위험으로부터 국민을 보호하기 위하여 노력하여야 한다.

11 ①이 답인 이유
①은 유사실험설계, ②와 ③은 실험설계, ④는 원시실험설계에 해당한다.

한걸음 더
제시된 조사설계를 내적타당도가 높은 순서대로 나열하면 솔로몬 4개집단설계 > 통제집단 사전사후검사 설계 > 비동일 통제집단 설계 > 단일집단 사전사후검사 설계 순이다. 왜냐하면 내적타당도가 높은 순서는 실험설계 > 유사실험설계 > 원시실험설계 순이고, 실험설계 중에서는 솔로몬 4

개집단 설계의 내적타당도가 가장 높기 때문이다.

12 ④가 답인 이유

- 제시된 내용은 「아동학대범죄의 처벌 등에 관한 특례법」 제8조(형벌과 수강명령 등의 병과) 제1항("법원은 아동학대행위자에 대하여 유죄판결을 선고하면서 200시간의 범위에서 재범예방에 필요한 수강명령 또는 아동학대 치료프로그램의 이수명령을 병과할 수 있다.")에서 규정하고 있는 이수명령에 해당한다.
- 이 경우 법원은 의뢰체계, 아동학대 범죄자 A는 응답체계, 보호관찰소가 지정한 전문기관은 변화매개체계이다. 행동체계는 제시되지 않았다.

13 ①이 답인 이유

1950년대 후반 등장한 통합적 방법에서는 다양한 사회복지 실천의 공통 요소(공통 기반)를 마련하고자 하였으며, 중요한 것은 사회복지사의 전문성이라기보다 클라이언트의 문제해결에 있다고 보았다.

오답 체크

② 통합적 방법은 강점관점에 기초한 **일반주의 실천**을 지향한다.
③ 전통적 방법론의 한계를 비판하며 **1950년대 후반**에 등장했다.
④ **생태체계관점**에 토대를 두고 발전했다.

14 ③이 답인 이유

개인이 가지는 불가침의 기본적 인권을 확인하고 이를 보장할 국가의 의무를 명시하고 있는 법은 「**대한민국헌법**」이다.

15 ③이 답인 이유

오답 체크

ㄴ. **사회진화론**은 사회통제의 기능을 갖는다.
ㄹ. 개인주의는 문제에 대한 개인의 책임을 강조하면서 최소한의 수혜자격 원칙을 **강화**하는 데 영향을 주었다. 아울러 클라이언트의 개별적 특성을 강조하는 개별화 경향에 영향을 주었다.

16 ④가 답인 이유

- 학교 밖 청소년을 위한 직업체험 및 취업지원과 자립지원은 「학교 밖 청소년 지원에 관한 법률」에서 규정하고 있다.
- 학교 밖 청소년 지원에 대해서는 「청소년복지 지원법」이 아니라 별도로 규정하고 있는 법이 따로 있다는 것을 꼭 기억하자.

17 ④가 답인 이유

프로그램의 통합·조정이나 안정성은 **공공 전달체계가 유리**하다.

18 ④가 답인 이유

ㄴ. 1920년대 미국 사회복지실천은 프로이트 정신분석이론에 영향을 받는 **진단주의 학파**가 주도했으며, 대표적인 인물로는 메리 리치몬드(M. Richmond)가 있다.
ㄷ. **1940년대 초반(1942년)**에는 영국이 나아가야 할 복지국가의 청사진을 제공한 베버리지 보고서가 제출되었다.
ㄹ. 1970년대 말에는 복지국가의 확대에 따른 국가의 재정적자 누적, 비대해진 국가 관료제, 국민의 노동의욕 감소, 국가경쟁력 하락 등을 비판하며 **신자유주의 이념**이 대두되었다. 제3의 길 이념이 대두된 시기는 1990년대 중반이다.

19 ①이 답인 이유

노인장기요양보험의 시설급여 제공기관에는 노인의료복지시설인 노인요양시설과 노인요양공동생활가정이 포함된다. 요양병원은 「의료법」에서 규정(노인요양병원이 아니라 요양병원이 법률상 정식 명칭임)하고 있으며 노인의료복지시설에 해당되지 않는다.

20 ②가 답인 이유

UN의 분류에 따르면 65세 이상 인구가 전체 인구의 7% 이상 14% 미만인 국가는 **고령화(aging)** 사회이다.

제47회 동형 모의고사

1	2	3	4	5	6	7	8	9	10
②	④	①	①	②	②	③	③	④	③
11	12	13	14	15	16	17	18	19	20
③	①	②	①	④	④	②	③	①	④

01 ②가 답인 이유

ㄱ. 1883년(독일의 질병보험 도입)
ㄴ. 1884년(영국의 토인비 홀 설립)
ㄷ. 1942년(영국의 베버리지 보고서 제출)
ㄹ. 1935년(미국의 「사회보장법」 제정과 사회보험 도입)

02 ④가 답인 이유

정책의 내용이 수급권자에게 유리하게 결정될 수 있도록 수급권자에게 정책결정에 참여할 기회를 제공하는 것은 기회가 아니라 '**권력**' 급여에 해당한다.

03 ①이 답인 이유

「주거급여법」과 「노인장기요양보험법」은 해당되지 않는다. 나머지 법들은 모두 해당된다.

04 ①이 답인 이유

- 기능주의 학파는 치료(therapy)라는 말을 거부하고, 대신 원조 과정(helping process)이라는 표현을 사용했다.
- 기능주의 학파는 문제해결모델과 클라이언트중심모델에 영향을 주었다.

05 ②가 답인 이유

외국인도 사회복지법인의 이사가 될 수 있다. 다만, 외국인인 이사는 이사 현원의 2분의 1 미만이어야 한다.

오답 체크

① 대표이사를 포함한 이사 **7명 이상**과 감사 2명 이상을 두어야 한다.
③ 사회복지법인의 이사는 법인이 설치한 사회복지시설의 장을 제외한 그 시설의 직원을 겸할 수 없다. 즉, **사회복지시설의 장은 겸직 가능**하다.
④ 사회복지법인을 설립하려는 자는 **시·도지사**의 허가를 받아야 한다.

06 ②가 답인 이유

- **중앙생활보장위원회는 보건복지부 소속**으로 위원장은 보건복지부장관이다. 나머지는 모두 국무총리 소속 위원회로 위원장은 국무총리이다.
- 그 외 국무총리 소속 위원회(위원장 : 국무총리)로 다문화가족정책위원회, 자살예방정책위원회, 학교폭력대책위원회 등이 있다.
- 저출산·고령사회위원회는 대통령 소속의 위원회로 대통령이 위원장이라는 것도 기억하자.

07 ③이 답인 이유

- 역 선택 : 보험가입자와 보험회사 간 정보 비대칭(보험가입자들은 자신의 위험도에 대해 많은 정보를 가지는 데 비해 보험회사는 보험가입자에 관해 적은 정보를 가지는 것)으로 인해 보험시장에서 고위험집단의 가입률은 높아지고, 저위험집단의 가입률은 낮아지는 현상. 보험시장에 고위험집단만 남게 만들어 보험시장의 비효율성을 증대시키는 시장실패를 초래한다.
- 도덕적 해이 : 보험계약이 가입자들의 동기와 행동에 영향을 끼쳐 어떤 사람이 보험에 가입했다 하여 보험 가입 전에 비해 위험 발생 예방 노력을 덜하게 되는 현상. 도덕적 해이 발생 가능성이 특히 높은 것은 건강보험과 실업보험이다. 특히 실업보험의 경우 그것이 자발적 실업인지 아닌지 제3자가 구별하기 어렵다는 점에서 이 역시 정보 비대칭과 관련된다.

오답 체크

외부효과는 어떤 한 개인이나 기업의 행동이 제3자에게 의도되지 않은 이득이나 손해를 주는데도 이에 대한 이득을 받지도 않고 또 손해를 지불하지도 않는 것을 말한다. 외부효과도 시장실패 요인에 해당되지만 보험과 관련된 시장실패 요인은 아니다.

08 ③이 답인 이유

오답 체크

ㄴ. 장애인의무고용제도는 **조건의 평등 정책**에 해당한다.
ㄹ. 드림스타트(Dream Start)는 **취약계층 아동에게 맞춤형 통합서비스**를 제공하여 아동의 건강한 성장과 발달을 도모하고 공평한 출발기회를 보장함으로써 건강하고 행복한 사회구성원으로 성장할 수 있도록 지원하는 사업을 말하며, **기회의 평등 정책**의 대표적 사례이다.

09 ④가 답인 이유

- 조사대상이 전체 모집단을 대표하지 못할 때, 조사대상이 조사에 대해 의식적으로 반응하는 조사반응성을 보일 때, 조사상황이 일반적인 상황을 대표하지 못할 때 외적 타당도가 저해된다.
- ㄷ은 조사대상이 전체 모집단을 대표하지 못하는 경우에 해당한다. 조사대상자가 전체 모집단을 잘 대표하기 위해서는 표본의 크기가 크거나 모집단으로부터 확률표집방법으로 조사대상을 선정해야 하는데, 비확률표집방법으로 소수의 조사대상자를 선정했기 때문이다.
- ㄹ은 조사대상자의 반응성 문제에 해당한다. 호손효과나 플라시보효과는 대표적인 조사반응성 문제에 해당되며, 외적타당도를 높이려면 이러한 효과가 조사에 개입되지 않도록 통제해야 한다.

오답 체크

ㄱ(통계적 회귀)와 ㄴ(사전검사와 동일한 측정도구로 사후검사 실시)는 내적타당도 저해요인에 해당한다. ㄴ은 검사효과(testing)를 의미한다.

10 ③이 답인 이유

- 치료의 핵심을 실천가에 의해 고안된 치료계획이라고 보는 관점은 병리적 관점이다.
- 강점관점에서는 개입의 초점을 클라이언트(개인, 가족, 지역사회 등)의 참여와 열망에 둔다.

11 ③이 답인 이유

사례관리는 철저히 클라이언트의 욕구에 기반을 둔다. 따라서 클라이언트의 욕구에 따라 필요한 자원을 지역사회 내에서 비용 효율적으로 연계하고자 하며, 따라서 욕구와 무관하게 무조건 많은 자원을 연결하는 것은 사례관리의 성격이나 목적에 위배된다.

12 ①이 답인 이유

- 윤리적 딜레마의 유형에는 가지 상충, 의무 상충, 클라이언트체계의 다중성, 결과의 모호성, 권력의 불평등이 있다.
- 이 중 클라이언트체계의 다중성은 둘 이상의 클라이언트가 시급한 개입을 요하고 있어 누구를 먼저 개입해야 할지 결정하기 힘든 상황이거나 둘 이상의 클라이언트가 서로 다른 요구를 하여 누구의 입장을 우선으로 하여 결정해야 하는지가 혼돈스러운 상황에서 사회복지사가 경험하게 되는 윤리적 딜레마를 말한다.
- ①에서는 정신장애인과 가족이 서로 다른 요구와 입장을 보이고 있어 갈등하는 상황이므로 이것은 클라이언트체계의 다중성(혹은 다중 클라이언트체계)에서 오는 윤리적 딜레마에 해당한다.

오답 체크

②는 기관의 규정과 클라이언트의 요구 사이의 상충이므로 '의무 상충'으로 인한 윤리적 딜레마에 해당한다.
③은 '권력의 불평등'에서 오는 윤리적 딜레마에 해당한다.
④는 입양의 결과에 대한 예측이 어렵기 때문에 겪는 딜레마이므로 '결과의 모호성'으로 인한 윤리적 딜레마에 해당한다.

13 ②가 답인 이유

세부 사항에 대해 별도의 법에서 정하고 있는 급여는 주거급여(「주거급여법」)와 의료급여(「의료급여법」)이며, 교육급여는 별도의 법을 따로 두고 있지 않다.

14 ①이 답인 이유

- 장애인 보호작업장, 장애인 근로사업장, **장애인 직업적응 훈련시설**은 **장애인 직업재활시설**에 해당한다.
- 장애인 지역사회재활시설 : **장애인복지관, 장애인 주간보호시설**, 장애인 체육시설, 장애인 수련시설, 장애인 생활이동지원센터, 한국수어통역센터, 점자도서관, 점자도서 및 녹음서 출판시설, **장애인 재활치료시설**

15 ④가 답인 이유

가장 도움이 필요한 사람에 한정하여 혹은 가장 도움이 필요한 사람을 선별하여 급여를 제공하는 것은 **선별주의 원리**에 의거한 할당으로 가장 대표적인 것이 **자산조사에 의한 할당**이다.

16 ④가 답인 이유

구체적이고 명확한 목표 설정과 책임 부여에 초점을 두어 생산성을 높이고자 하는 조직관리 기법은 **목표관리(MBO: Management by Objective)기법**이다.

17 ②가 답인 이유

자선조직협회는 원조의 대상을 '도울 만한 가치가 있는 빈민'에 한정하고 클라이언트를 제한적으로 선택하였다. 따라서 원조의 대상 확대는 자선조직협회의 성격과 맞지 않는 표현이다.

18 ③이 답인 이유

사회복지사의 의무채용(시행령 제6조 제1항) : 사회복지법인 또는 사회복지시설을 설치·운영하는 자는 해당 법인 또는 시설에서 다음에 해당하는 업무에 종사하는 자를 사회복지사로 채용하여야 한다.
1. 사회복지 프로그램의 개발 및 운영업무
2. 시설 거주자의 생활지도업무
3. 사회복지를 필요로 하는 사람에 대한 상담업무

오답 체크

① 사회복지법인의 설립을 위해서는 **시·도지사의 허가**를 받아야 하는 것이 맞지만, 사회복지시설의 설치를 위해서는 시·도지사가 아니라 **시장·군수·구청장에게 신고**하여야 한다.
② 「사회복지사업법」 제41조(시설 수용인원의 제한)에 따르면, 각 시설의 수용인원은 300명을 초과할 수 없다. 다만, 「노인복지법」에 따른 노인주거복지시설 중 양로시설과 노인복지주택, 노인의료복지시설 중 **노인요양시설은 그러하지 아니하다.**
④ 사회복지법인 또는 사회복지시설에 종사하는 사회복지사는 **연간 8시간 이상의 보수교육을 받아야** 한다.

19 ①이 답인 이유

보편적인 국가 복지의 증대는 그만큼 국민들의 복지에 대한 국가의 개입을 늘리는 것이므로 소극적 자유는 줄이고 국민의 적극적 자유를 늘린다.

오답 체크

② **적극적** 자유는 자유를 누릴 수 있는 능력을 중요하게 여긴다.
③ **소극적** 자유는 자유의 '기회' 측면을 강조한다.
④ 신자유주의 이념은 **소극적** 자유를 더 중시한다.

20 ④가 답인 이유

- 경험적 가족치료모델에서는 가족들이 자신들이 사용하는 역기능적인 의사소통을 인식하고 보다 분명하고 직접적인 일치형 의사소통으로 자신의 생각이나 감정을 전달할 수 있도록 돕는다.
- 사티어(V. Satir)가 제시한 역기능적 의사소통 유형은 비난형, 회유형(아첨형), 초이성형(계산형), 산만형(혼란형)이다.
- 그 외 경험적 가족치료모델의 핵심 키워드에는 성장, 자아존중감, 가족조각, 빙산기법 등이 있다.

오답 체크

① 전략적 가족치료모델 – **증상의 원인보다 증상의 해결 자체에 초점**을 두는 단기개입 모델이다.
② 구조적 가족치료모델 – **유리된 가족**은 경직된 하위체계 경계를 침투성 있고 융통성 있게 만들어 가족원들 간의 상호작용을 증가시킨다.
③ 다세대 가족치료모델 – 가족 내에 형성되어 있는 삼각관계를 벗어나게 함으로써 가족구성원의 자아분화를 촉진하기 위해 탈삼각화, 가계도 기법 등을 활용한다. **빙산기법은 경험적 가족치료모델의 기법**이다.

제48회 동형 모의고사

1	2	3	4	5	6	7	8	9	10
①	③	④	②	③	④	①	①	①	①
11	12	13	14	15	16	17	18	19	20
②	③	②	②	①	③	②	④	③	④

01 ①이 답인 이유

전략적 가족치료모델의 특징

- 단기개입
- 과거가 아닌 현재 중심
- 원인이 아닌 증상 해결에 초점
- 역설적 개입(증상처방, 시련기법, 제지기법)
- 재명명 기법 – 제시된 내용 중 세 번째 내용은 '재명명(재구성)' 기법에 해당하는 내용이다.
- 순환적 질문

02 ③이 답인 이유

- 유엔장애인권리협약은 모든 생활영역에서 장애인의 권리를 보장하기 위한 국제연합(UN) 인권협약으로, 우리나라에서는 2008년 12월 국회 비준을 거쳐 2009년 1월부터 발효됐다.
- 협약 발효 후 2년 이내에 협약 이행상황에 관한 1차 국가보고서를 UN 장애인권리위원회에 제출하고, 이후 2차 보고서부터는 4년마다 제출한다.
- 우리나라의 「장애인복지법」은 1981년 제정된 「심신장애자복지법」에서 1989년 「장애인복지법」으로 법명을 변경하였으므로, **장애인권리협약 채택 이전에 이미 제정**된 상태였다.
- **이 협약에 입각해 「장애인 차별금지 및 권리구제에 관한 법률(장애인차별금지법)」이 제정**되었다(2007.4.10. 제정, 2008.4.11. 시행).

출제의도) 이미 문제의 지시문에 UN에서 이 협약을 채택한 해가 2006년이라고 명시하고 있기 때문에, 우리나라의 「장애인복지법」이 1989년에 제정된 것만 알고 있으면 당연히 ③이 답이라는 것을 알 수 있는 문제이다. 겉으로 보기에는 기출 외에서 이상한 문제를 낸 것처럼 보이지만, 이 문제는 1989년 「장애인복지법」 제정이라는 단서 하나로 쉽게 답을 찾을 수 있는 문제일 뿐, 장애인권리협약을 알고 모르고는 전혀 중요하지 않다. 어려워보이는, 쉬운 문제일 뿐이다. 이런 식의 순발력을 발휘할 수 있는지를 확인하고자 하는 의도로 이 문제를 출제하였다.

03 ④가 답인 이유

오답 체크

ㄱ. 사회복지서비스에 대한 홍보가 부족해 해당 서비스를 필요로 하는 클라이언트가 서비스를 이용하지 못했다면 이는 사회복지서비스 전달체계의 문제점들 중 **비접근성**의 문제에 해당한다.

ㄴ. 클라이언트가 자신의 문제해결에 충분한 양과 질의 서비스를 제공받을 수 있어야 한다는 것은 사회복지서비스 전달체계 구축의 원칙 중 **적절성(충분성)** 원칙에 해당한다.

04 ②가 답인 이유

①은 기회, ②는 권력, ③은 증서(바우처 혹은 이용권), ④는 현물급여에 대한 설명이다.

05 ③이 답인 이유

「아동복지법」 제44조의2(다함께돌봄센터)

① 시·도지사 및 시장·군수·구청장은 초등학교의 정규교육 이외의 시간 동안 다음 각 호의 돌봄서비스(이하 "방과 후 돌봄서비스"라 한다)를 실시하기 위하여 다함께돌봄센터를 설치·운영할 수 있다.
  1. 아동의 안전한 보호
  2. 안전하고 균형 있는 급식 및 간식의 제공
  3. 등·하교 전후, 야간 또는 긴급상황 발생 시 돌봄서비스 제공
  4. 체험활동 등 교육·문화·예술·체육 프로그램의 연계·제공
  5. 돌봄 상담, 관련 정보의 제공 및 서비스의 연계
  6. 그 밖에 보건복지부령으로 정하는 방과 후 돌봄서비스의 제공
② 시·도지사 및 시장·군수·구청장은 다함께돌봄센터의 설치·운영을 보건복지부장관이 정하는 법인 또는 단체에 위탁할 수 있다.
③ 국가는 다함께돌봄센터의 설치·운영에 필요한 비용의 일부를 지방자치단체에 지원할 수 있다.
④ 다함께돌봄센터의 장은 시·도지사 및 시장·군수·구청장이 정하는 바에 따라 아동의 보호자에게 방과 후 돌봄서비스 제공에 필요한 비용의 일부를 부담하게 할 수 있다.

06 ④가 답인 이유

- 사회계획모델에서는 지역주민 주도가 아니라 **전문가 주도**로 지역사회의 문제를 합리적으로 해결하는 것(과업목표)에 초점을 둔다.
- 지역주민 주도의 자주적 문제해결 과정에 초점을 두는 모델은 **지역사회개발모델**이다.

07 ①이 답인 이유

소극적 집합주의는 실용주의적 입장에서, 자본주의에 한계가 있음을 인정하고 국가에 의한 수정·보완 역할이 일정 정도 필요하다고 본다. 특히 자본주의가 초래하는 빈곤과 불평등 완화를 위한 사회복지정책의 필요성을 인정한다.

오답 체크

② 라스키, 밀리반드, 오코너 등은 **마르크스주의** 이념의 대표적 인물들이다. 소극적 집합주의 이념의 대표적 인물로는 베버리지, 케인즈, 갈브레이드 등이 있다.
③ 평등, 자유, 우애의 가치를 지향하는 이념은 **페이비언 사**

회주의와 **마르크스주의**이다. 소극적 집합주의 이념의 핵심 가치는 자유, 개인주의, 경쟁적 사기업이다.

④ 사회계층의 불평등이 경제성장에 기여하며, 사회복지정책의 확대는 경제적 비효율성과 근로동기 약화를 초래한다고 보는 이념은 **반집합주의(신우파)** 이념이다.

08 ①이 답인 이유
상병수당은 국민건강보험의 급여 유형이다. 산업재해보상보험의 급여 유형은 '휴장장유 요상간직'으로 암기하자. **휴**업급여, **장**례비, **장**해급여, **유**족급여, **요**양급여, **상**병보상연금, **간**병급여, **직**업재활급여의 8가지이다.

암기 휴장장유 요상간직

09 ①이 답인 이유
ㄱ. 등간척도는 수량적 속성을 가지지만 사칙연산 모두가 가능한 비율척도와 달리 덧셈과 뺄셈만 가능하다.
ㄷ. 등간척도는 측정값들 간의 간격이 동일하다. 따라서 1과 2 사이 간격은 100과 101 사이 간격과 동일하다.

오답 체크
ㄴ. 등간척도에서 측정값 0은 측정하고자 하는 속성이 전혀 없는 절대적 0의 의미를 갖지 않는다. 절대적 0이 성립하는 것은 **비율척도**이다.
ㄹ. 경제수준을 상, 중, 하의 세 범주로 측정했다면 이것은 **서열척도**이다. 등간척도의 대표적인 예로는 지능지수, 온도, 시험점수 등이 있다.

10 ①이 답인 이유
- 사회복지실천이 이루어지는 기관의 1차적인 목적이 사회복지서비스 제공에 있는 경우 이를 1차현장이라 한다. 청소년쉼터는 청소년에게 복지서비스를 제공하는 것을 1차적 목적으로 하는 청소년복지시설 중 하나이므로 1차현장이다.
- 병원, 학교, 보호관찰소, 교정시설, 보건소 등은 해당 기관의 주요 목적이 따로 있고, 부수적으로 사회복지실천이 이루어지는 현장이므로 2차현장에 해당한다.

11 ②가 답인 이유
- 클라이언트가 효과적이며 효율적인 방식으로 필요한 서비스를 제공받도록 노력함과 아울러 불편사항은 없는지 점검하는 것은 접근성이 아니라 '**책임성**'의 원칙을 위한 활동이다.

- 접근성의 원칙을 위한 사례관리자의 활동으로는 사각지대 발굴을 위한 아웃리치 활동이나, 지역 내 홍보활동을 통해 서비스 관련 정보를 필요한 사람들이 보다 잘 인지하고 활용할 수 있도록 하는 노력 등이 있다.

12 ③이 답인 이유
①, ②, ④는 모두 자선조직협회에 해당하는 설명이지만, ③은 자선조직협회가 아니라 인보관운동에 해당하는 설명이다.

13 ②가 답인 이유
환과고독(鰥寡孤獨) 혹은 사궁으로 불리는 사회적 취약계층을 위한 구휼제도는 삼국시대부터 존재했지만, 향약의 4대 규약 중 하나인 환난상휼(患難相恤)과 같은 상부상조 활동은 조선시대에만 해당된다.

14 ②가 답인 이유
ㄴ. 사정에서는 자료 분석과 이론적 식견 등을 종합하여 클라이언트의 문제와 욕구를 이해하고 전문적인 판단을 통해 개입의 함의를 도출하는 활동이다. 따라서 사정을 적절히 수행하려면 사회복지사는 이론적 식견, 전문적인 판단 능력, 다차원적 요소를 통합·종합적으로 다루는 능력 등을 갖추어야 한다.
ㄹ. 동일한 사례라 하더라도 관점에 따라 사정의 초점은 달라질 수 있으며, 어떤 관점도 대상을 완벽하게 설명하기에는 한계가 있다. 즉 클라이언트의 문제와 욕구를 완벽히 이해할 수 없는 완전무결한 사정은 없다고 보고, 사정에서 사회복지사는 자신의 관점이나 편견이 미칠 수 있는 영향에 대해 성찰하고 인식할 수 있어야 한다.

15 ①이 답인 이유
개입을 종결한 후 개입의 효과를 종합적으로 평가하는 것을 총괄평가, 효과성평가, 결과평가, 성과평가 등으로 부른다.

16 ③이 답인 이유
잔여적 관점의 사회복지는 시장에서 낙오된 사람들을 위한 **안전망(safety-net) 기능만 수행**한다.

17 ②가 답인 이유
사회복지와 사회사업 비교

	사회복지	사회사업
의미	이념적(이상적) 측면 강조	실천적 측면 강조

	사회복지	사회사업
목적	바람직한 사회(사회환경 변화)	바람직한 인간(개인 변화)
대상	보편적, 전체적	선별적, 개별적
방법	제도와 정책 (거시적)	지식과 기술 (미시적)
특징	사전적, 예방적, 적극적, 일반적, 원칙적, 고정적	사후적, 치료적, 소극적, 구체적, 유연적, 역동적

18 ④가 답인 이유

- 장기요양기관으로 지정을 받을 수 있는 시설은 「노인복지법」에 따른 노인복지시설 중 **노인의료복지시설**과 **재가노인복지시설**이다.
- ①의 노인요양시설과 ③의 노인요양공동생활가정은 노인의료복지시설에 속하고, ②의 노인 단기보호시설은 재가노인복지시설에 속하므로 장기요양기관으로 지정 가능하다. 그러나 노인요양병원은 노인복지시설이 아니라 의료기관이기 때문에 지정 대상이 될 수 없다.

19 ③이 답인 이유

오답 체크

ㄱ. 역량강화모델 – 클라이언트의 문제는 클라이언트에게 **도전과 성장의 기회**가 될 수도 있다고 본다. 강점관점에 기초한 모델이므로 사회복지사가 문제를 해결해주는 것이 아니라 사회복지사와 클라이언트의 **협력적 파트너십을 통해 함께 문제를 해결**해가는 것을 강조한다.

ㄹ. **전략적 가족치료모델** – 문제해결을 위해 역설적인 지시 기법을 활용한다.

20 ④가 답인 이유

어린이집이나 유치원을 이용하지 않는 만 50개월 아동은 양육수당 지급대상이며, 이 양육수당 지원은 카두신(A. Kadushin)의 **보충적(보완적)** 서비스에 해당한다.

양육수당, 부모급여, 아동수당 정리

연령	유형	양육수당	부모급여	아동수당
0~23개월	가정보육하는 경우	대상 아님	지급	지급
	어린이집 다니는 경우	대상 아님	지급	지급
24개월~85개월	가정보육하는 경우	지급	대상 아님	지급
	어린이집 다니는 경우	대상 아님 (보육료 지원)	대상 아님	지급
	유치원 다니는 경우	대상 아님 (유아학비 지원)	대상 아님	지급

※ 아동수당 대상 : 8세(96개월) 미만 아동 전체
※ 양육수당 대상 : 어린이집, 유치원, 종일제 아이돌봄서비스 지원을 이용하지 않는 24개월 이상 86개월 미만(85개월까지) 아동

관련 규정

「아동복지법」 제38조(자립지원)

① 국가와 지방자치단체는 보호대상아동의 위탁보호 종료 또는 아동복지시설 퇴소 이후의 자립을 지원하기 위하여 다음 각 호에 해당하는 조치를 시행하여야 한다.
  1. 자립에 필요한 주거·생활·교육·취업 등의 지원
  2. **자립에 필요한 자산의 형성 및 관리 지원(자산형성지원)**
  3. 자립에 관한 실태조사 및 연구
  4. **사후관리체계 구축 및 운영**
  5. 그 밖에 자립지원에 필요하다고 대통령령으로 정하는 사항

「아동학대범죄의 처벌 등에 관한 특례법」 제10조

① 누구든지 아동학대범죄를 알게 된 경우나 그 의심이 있는 경우에는 시·도, 시·군·구 또는 수사기관에 신고할 수 있다.
② 다음 각 호의 어느 하나에 해당하는 사람이 직무를 수행하면서 아동학대범죄를 알게 된 경우나 그 의심이 있는 경우에는 시·도, 시·군·구 또는 수사기관에 즉시 신고하여야 한다.
  1. 아동권리보장원 및 가정위탁지원센터의 장과 그 종사자
  2. 아동복지시설의 장과 그 종사자
  3. 아동복지전담공무원
  4. 가정폭력 상담소, 피해자 보호시설의 장과 그 종사자
  5. 건강가정지원센터의 장과 그 종사자
  6. 다문화가족지원센터의 장과 그 종사자
  7. 사회복지전담공무원 및 사회복지시설의 장과 그 종사자
  8. 성매매피해자 지원시설, 성매매피해상담소 장과 그 종사자
  9. 성폭력피해상담소, 피해자보호시설, 통합지원센터 장과 종사자
  10. 119구급대의 대원
  11. 응급의료기관등에 종사하는 응급구조사
  12. 육아종합지원센터 장과 종사자 및 어린이집의 원장 등 보육교직원
  13. 유치원의 장과 그 종사자
  14. 아동보호전문기관의 장과 그 종사자
  15. 의료기관의 장, 의료인 및 의료기사
  16. 장애인복지시설 장애아동 상담·치료·훈련, 요양 업무 담당
  17. 정신건강복지센터, 정신의료기관, 정신요양/재활시설 장과 종사자
  18. 청소년시설 및 청소년단체의 장과 그 종사자
  19. 청소년 보호·재활센터의 장과 그 종사자
  20. 초·중·고 학교의 장과 그 종사자
  21. 한부모가족복지시설의 장과 그 종사자
  22. 학원의 운영자·강사·직원 및 교습소의 교습자·직원
  23. **아이돌보미**
  24. **취약계층 아동에 대한 통합서비스지원(→ 드림스타트) 수행인력**
  25. **입양기관의 장과 그 종사자**
  26. 한국보육진흥원의 장과 그 종사자로서 어린이집 평가 업무를 수행하는 사람

제49회 동형 모의고사

1	2	3	4	5	6	7	8	9	10
③	①	①	②	③	③	①	④	②	①
11	12	13	14	15	16	17	18	19	20
②	④	③	②	③	④	③	②	④	①

01 ③이 답인 이유
미국의 1935년 「사회보장법」은 노령연금과 **실업보험**을 도입하였다.

02 ①이 답인 이유
열등감과 보상, 우월 추구, 사회적 관심, 창조적 자기 등은 아들러 개인심리이론의 주요 개념이다.

오답 체크
② 동화와 조절은 **피아제 인지발달이론**의 주요 개념이다.
③ 페르소나와 음영은 **융 분석심리이론**의 주요 개념이다.
④ 반두라 사회학습이론의 주요 개념은 관찰학습과 대리적 조건화이다. **조작적 조건화는 스키너** 행동주의이론의 주요 개념에 해당한다.

03 ①이 답인 이유

오답 체크
ㄷ. 사회행동모델이 제도변화를 지향하는 것은 맞지만, 권력을 가진 사람들도 함께 **공동의 노력**을 기울인다고 보는 모델은 **지역사회개발모델**이다. **사회행동모델**에서는 권력을 가진 사람들을 활동 외부에 있는 **표적**(공격해서 파괴해야 할 압제자)이라고 본다.
ㄹ. **지역사회개발모델**에서 지역복지실천가는 조력자, 안내자, 역량강화자 등의 역할을 담당한다.

04 ②가 답인 이유
관료제는 **비정의성(非情誼性)**을 특징으로 한다. 즉 합리적인 결정을 내리기 위해서는 감정적 연계를 피해야 한다고 본다.

05 ③이 답인 이유
①은 결과 우선 가치, ②와 ④는 사람 우선 가치, ③은 수단 우선 가치에 해당한다.

레비(Levy)의 사회복지 전문직 가치

사람 우선 가치	인간을 존엄하고 고귀한 존재로 인정해 주는 가치 • 인간의 타고난 가치와 존엄성에 대한 믿음, 건설적인 변화 의지와 능력에 대한 믿음, 상호적 책임, 소속의 욕구, 개별성에 대한 인정, 인간의 공통된 욕구
결과 우선 가치	인간이 인간답게 살 수 있게 하고, 삶의 질을 높이는 결과를 가져오게 하는 가치 • 부적절한 교육과 주택문제 등 사회적 문제 제거, 평등한 기회 부여와 차별 금지
수단 우선 가치	사람 우선 가치를 실현하는 방법이 되는 가치 • 자기결정권 존중, 비밀보장, 비심판적인 태도 유지

06 ③이 답인 이유
• "**정신요양시설**"이란 정신질환자를 입소시켜 요양 서비스를 제공하는 시설을 말한다.
• "**정신재활시설**"이란 정신질환자 또는 정신건강상 문제가 있는 사람 중 대통령령으로 정하는 사람의 사회적응을 위한 각종 훈련과 생활지도를 하는 시설을 말한다.

옳은 지문 보충설명

제27조(정신재활시설의 종류)
① 정신재활시설의 종류는 다음 각 호와 같다.
  1. 생활시설: 정신질환자등이 생활할 수 있도록 주로 의식주 서비스를 제공하는 시설
  2. 재활훈련시설: 정신질환자등이 지역사회에서 직업활동과 사회생활을 할 수 있도록 주로 상담·교육·취업·여가·문화·사회참여 등 각종 재활활동을 지원하는 시설(주간재활시설, 공동생활가정, 지역사회전환시설, 직업재활시설, 아동·청소년정신건강지원시설)
  3. 그 밖에 대통령령으로 정하는 시설(중독자재활시설, 생산품판매시설, 종합시설)
② 정신재활시설의 구체적인 종류와 사업 등에 관하여 필요한 사항은 보건복지부령으로 정한다.

07 ①이 답인 이유
• 두 변수 사이에 인과관계가 성립되기 위한 조건은 공변성, 시간적 우선성, 통제성이다.
• ③은 공변성, ②는 통제성, ④는 시간적 우선성에 해당하는 내용이다.
• 조사과정에서 발생하는 조사대상자의 반응성은 조사설계의 외적타당도를 저해하므로, 외적타당도를 높이기 위해서는 이러한 반응성이 유발되지 않아야 한다.
• 이 문제의 초점은 변수 간 인과관계 성립의 조건이고, 변수 간 인과관계는 외적타당도가 아니라 내적타당도에 해당하는 내용이므로, 외적타당도를 높이기 위해 필요한 ①의 조건은 답이 되지 않는다.

08 ④가 답인 이유
서비스들 사이를 조정하여 서비스 제공에서의 중복이나 누

락 문제를 해소하여 보다 체계적으로 서비스가 제공될 수 있게 하는 역할을 조정자(coordinator)라 한다.

09 ②가 답인 이유
라이덴 방식은 **주관적 빈곤** 측정의 대표적 방식이다.

10 ①이 답인 이유
강점관점에서는 문제나 증상이 아니라 능력, 가능성, 잠재력, 강점, 자원 등을 강조하며, 누구에게나 이러한 강점과 자원이 있다고 전제한다. 그리고 학대, 외상, 문제 등을 도전과 성장의 기회로 간주한다.

오답 체크
ㄹ. 강점관점에서는 과거가 아니라 문제가 해결된 미래에 초점을 맞추고 그 가능성을 모색하고자 한다.

11 ②가 답인 이유
- 장애인공동생활가정과 청소년치료재활센터는 둘 다 생활시설이다.
- 시설 명칭에 쉼터, 공동생활가정, 주거, 거주, 주택, 요양 등이 들어가면 생활시설이라고 생각하자.
- 청소년복지시설에 해당하는 청소년자립지원관, 청소년치료재활센터, 청소년회복지원시설, 청소년쉼터는 모두 생활시설이다.
- 시설 명칭에 복지관, 상담소, 기관, 재가, 주간보호, 야간보호, 단기보호 등이 들어가면 이용시설이라고 생각하자. 시설 명칭에 '기관'이 들어가는 경우는 청소년치료재활센터만 생활시설이고 나머지는 이용시설이라고 생각하면 된다.

오답 체크
① 사회복지관은 이용시설, 아동양육시설은 생활시설이다.
③ 지역아동센터는 이용시설, 노인요양시설은 생활시설이다.
④ 주간보호시설은 이용시설, 자립지원시설은 생활시설이다.

12 ④가 답인 이유
클라이언트나 클라이언트 가족과 주변체계 혹은 환경과의 관계 및 상호작용에 초점을 둔 사정을 하고자 할 때 가장 유용한 사정도구는 생태도(ecomap)이다.

13 ③이 답인 이유
- 장애인복지시설 중 '거주시설'이 포함되면 모두 생활시설이다.
- 아동, 노인, 장애인 모든 영역에서 공동생활가정은 생활시설에 해당한다. 공동생활가정(group home)은 가정과 같은 주거여건(5~9명 규모)의 생활시설이다.
- 장애인복지시설 중 지역사회재활시설, 의료재활시설, 직업재활시설은 모두 이용시설에 해당한다. **장애인복지관과 장애인 주간보호시설은 지역사회재활시설**에 해당하고, **장애인직업적응훈련시설은 직업재활시설**에 해당한다.

장애인복지시설

형태		시설종류
생활시설	장애인거주시설	장애유형별 거주시설, 중증장애인 거주시설, 장애영유아 거주시설, 장애인 단기거주시설, 장애인 공동생활가정
	장애인쉼터, 피해장애아동쉼터	
이용시설	장애인 지역사회재활시설	장애인복지관, 장애인 주간보호시설, 장애인 체육시설, 장애인 수련시설, 장애인 생활이동지원센터, 한국수어 통역센터, 점자도서관, 점자도서 및 녹음서 출판시설, 장애인 재활치료시설
	장애인 직업재활시설	장애인보호작업장, 장애인근로사업장, 장애인직업적응훈련시설
	장애인의료재활시설	
	장애인생산품판매시설	

이 문제를 이렇게 바꾸면?
「장애인복지법」상 장애인복지시설 중 같은 유형의 시설끼리 옳게 묶은 것은?

ㄱ. 장애인 단기거주시설   ㄴ. 장애인복지관
ㄷ. 장애인 공동생활가정   ㄹ. 장애인 주간보호시설
ㅁ. 장애인직업적응훈련시설

① ㄱ, ㅁ   ② ㄴ, ㄹ   ③ ㄴ, ㅁ   ④ ㄷ, ㄹ

☞ 이 경우, 같은 지역사회재활시설로 묶일 수 있는 ②가 답이 된다.

14 ②가 답인 이유
사회복지사 윤리강령은 사회적·윤리적 구속력은 가지지만, 법적 구속력을 가지지는 못한다.

15 ③이 답인 이유
오답 체크
ㄴ. 자립지원시설은 아동복지시설에서 퇴소한 사람에게 취업준비기간 또는 취업 후 일정 기간 동안 보호함으로써 자립을 지원하는 것을 목적으로 하는 시설로, 「아동복지법」에서 규정하는 아동복지시설에 속한다. 이와 달리, 일정 기간 청소년쉼터 또는 청소년회복지원시설의 지원을 받았는데도 가정·학교·사회로 복귀하여 생활할 수 없는 청소년에게 자립하여 생활할 수 있는 능력과 여건을 갖추

도록 지원하는 시설은 「청소년복지 지원법」에서 규정하는 청소년복지시설에 속하는 **청소년자립지원관**이다.

ㄷ. 양로시설은 노인을 입소시켜 급식과 그 밖에 일상생활에 필요한 편의를 제공함을 목적으로 하는 시설로, 「노인복지법」에서 규정하는 노인복지시설 중 노인주거복지시설에 속한다. 이와 달리, 치매·중풍 등 노인성질환 등으로 심신에 상당한 장애가 발생하여 도움을 필요로 하는 노인을 입소시켜 급식·요양과 그 밖에 일상생활에 필요한 편의를 제공함을 목적으로 하는 시설은 노인요양시설이다. **노인요양시설**은 「노인복지법」에서 규정하는 노인복지시설 중 노인의료복지시설에 속한다.

장애인복지시설 중 다음 유형을 잘 구분하도록 하자.

장애인 거주시설	거주공간을 활용하여 일반가정에서 생활하기 어려운 장애인에게 일정 기간 동안 거주·요양·지원 등의 서비스를 제공하는 동시에 지역사회생활을 지원하는 시설
장애인지역사회 재활시설	장애인을 전문적으로 상담·치료·훈련하거나 장애인의 일상생활, 여가활동 및 사회참여활동 등을 지원하는 시설
장애인 직업재활시설	일반 작업환경에서는 일하기 어려운 장애인이 특별히 준비된 작업환경에서 직업훈련을 받거나 직업 생활을 할 수 있도록 하는 시설(직업훈련 및 직업 생활을 위하여 필요한 제조·가공시설, 공장 및 영업장 등 부속용도의 시설로서 보건복지부령으로 정하는 시설을 포함한다)
장애인 의료재활시설	장애인을 입원 또는 통원하게 하여 상담, 진단·판정, 치료 등 의료재활서비스를 제공하는 시설

16 ④가 답인 이유

2016년부터 민·관 협력 기반의 맞춤형 통합서비스 제공을 위한 읍·면·동 복지허브화 전략을 추진함과 동시에 읍·면·동 지역사회보장협의체를 발족하여 지역사회보호체계를 구축하였다.

오답 체크

① 1960년대에는 **이용시설보다 생활시설이 주를 이루었다.**
② **2000년대 중반부터**(2003년 「사회복지사업법」에서 지역사회보장협의체가 법제화되었고 2005년에 발족) 시·군·구 지역사회보장협의체를 운영하여 지역사회복지 부문의 중요 사항을 심의하고 각 서비스 부문 간 연계를 강화하고자 했다.
③ 희망복지지원단 설치(2012년) **이전에** 사회복지통합관리망(행복e음)이 **먼저** 구축(2010년)되었다.

17 ③이 답인 이유

클라이언트로부터 사적인 질문을 받을 때는 간단히 답하고 초점을 다시 돌리는 것이 좋다.

오답 체크

① 사회복지실천 면접은 특정 상황이나 맥락 속에서 진행되는 목적 지향적인 활동으로, **면접 기간이나 내용은 목적을 벗어나지 않는 선에서 공식적으로 계약된 범위 내로 제한한다.**
② 사회복지실천 면접은 자료수집을 위한 면접, 사정을 위한 면접, 치료를 위한 면접으로 구분할 수 있는데, 클라이언트의 강점을 파악하기 위한 면접은 이 중 '사정을 위한 면접'에 해당하고, **클라이언트 및 환경의 변화를 촉진하기 위한 면접은 '치료를 위한 면접(치료면접)'에 해당**한다.
④ 재보증은 사회복지사가 신뢰를 표현함으로써 클라이언트의 자신감을 향상시키는 기법이다. 클라이언트가 겪는 일이 자신만 가지고 있는 문제가 아님을 인식할 수 있도록 하는 면접 기법은 **일반화**이다.

18 ②가 답인 이유

① 「발달장애인 권리보장 및 지원에 관한 법률」 - 2014년
② 「장애인연금법」 - 2010년
③ 「장애인활동 지원에 관한 법률」 - 2011년
④ 「장애아동 복지지원법」 - 2011년

19 ④가 답인 이유

오답 체크

ㄱ. 집단구성원의 **이질성**이 강할수록 성원 간 방어와 저항도 더 많이 발생한다.
ㄴ. 하위집단은 집단역동을 구성하는 요소 중 하나로, **집단에 부정적인 영향을 미칠 수도 있고 긍정적인 영향을 미칠 수도 있다.**

20 ①이 답인 이유

- ①에서 설명하고 있는 가정위탁(성범죄, 가정폭력, 아동학대, 정신질환 등의 전력이 없는 적합한 가정에 보호대상아동을 일정 기간 가정위탁하는 것)은 **대리적 서비스**에 해당한다. 나머지는 돌봄이나 소득을 보충하는 성격의 보충적 서비스에 해당한다.
- 참고로 ①(가정위탁)과 ③(다함께돌봄센터)은 「아동복지법」에서, ②(아이돌봄지원)는 「아이돌봄 지원법」에서, ④(가족양육수당)은 「영유아보육법」에서 규정하고 있다.

제50회 동형 모의고사

1	2	3	4	5	6	7	8	9	10
②	④	③	③	④	①	②	①	③	④
11	12	13	14	15	16	17	18	19	20
④	③	③	②	①	②	①	①	②	④

01 ②가 답인 이유
- 장애인복지관은 「장애인복지법」상 장애인복지시설에 속한다.
- 정신질환자 등을 위한 직업재활시설은 정신재활시설 종류 중 하나로, 정신건강증진시설에 포함된다.

출제의도) 최근 들어 시설 유형 문제가 노인, 청소년, 정신건강 분야에서 꾸준히 출제되고 있다. 따라서 관련해 다양한 문제를 풀어보며 대비할 필요가 있다. 원래 출제하고 싶었던 오답은 '장애인 재활치료시설'이었지만, 장애인 재활치료시설도 장애인복지관과 마찬가지로 장애인복지시설(그 중에서도 장애인 지역사회재활시설)이라는 것을 바로 인지하지 못해 이 문제를 어렵다고 느낄 것 같아 좀 더 수월하게 답에 접근할 수 있도록 오답을 '장애인복지관'으로 출제했다.

02 ④가 답인 이유
최근 읍·면·동 중심으로의 공공 사회복지 전달체계 개편은 2016년부터 시작되었다. ④의 행복e음 개통은 그보다 앞선 2010년의 사건이다.

03 ③이 답인 이유
①은 교사(혹은 교육자), ②는 중개자(혹은 자원연계자), ③은 조력자(혹은 조성자), ④는 중재자 역할에 해당한다.

04 ③이 답인 이유
상병보상연금은 산재보험의 급여 유형이다. 요양급여는 건강보험과 산재보험 둘 다에 포함되는 급여 유형이다.

05 ④가 답인 이유
사회적 협동조합의 소관부처는 기획재정부이다.

06 ①이 답인 이유
지지적 슈퍼비전은 사회복지사 스스로 업무를 수행할 수 있도록 용기를 주고 지지하는 것으로, 스트레스 유발 상황을 막아 사회복지사의 스트레스를 해소한다.

오답 체크
②는 교육적 슈퍼비전, ③과 ④는 행정적 슈퍼비전에 해당한다.

07 ②가 답인 이유
뒤르켐(Durkheim)이 제시한 연대의 유형 중 혈연, 지역, 종교, 인종, 문화의 동질성에 기초한 전통사회의 연대는 **기계적 연대**이다.

뒤르켐(Durkheim)이 제시한 연대의 두 가지 유형

기계적 연대	• 전통사회의 사회구성 원리이자 구성원의 동질성에 근거한 연대 • 혈연, 지역, 종교, 인종, 문화의 동질성에 기초
유기적 연대	• 산업화가 시작되고 개인의 삶에서 경제생활의 비중이 압도적으로 커지면서 동질적이지 않은 구성원끼리 분업을 통해 상호의존하게 됨 • 뒤르켐은 이러한 이질적 구성원 간 경제적 상호의존과 정서적 결속 상태를 '유기적 연대'라 부름

08 ①이 답인 이유
치매안심센터는 「치매관리법」(2011년 제정, 2012년 시행)에서 규정하고 있다.

옳은 지문 보충설명

「노인복지법」 제23조의2(**노인일자리전담기관**의 설치·운영 등)
① 노인의 능력과 적성에 맞는 일자리지원사업을 전문적·체계적으로 수행하기 위한 전담기관은 다음 각 호의 기관으로 한다.
  1. 노인인력개발기관: 노인일자리개발·보급사업, 조사사업, 교육·홍보 및 협력사업, 프로그램인증·평가사업 등을 지원하는 기관
  2. 노인일자리지원기관: 지역사회 등에서 노인일자리의 개발·지원, 창업·육성 및 노인에 의한 재화의 생산·판매 등을 직접 담당하는 기관
  3. 노인취업알선기관: 노인에게 취업 상담 및 정보를 제공하거나 노인일자리를 알선하는 기관

「노인복지법」 제27조의3(**독거노인종합지원센터**)
① 보건복지부장관은 홀로 사는 노인에 대한 돌봄과 관련된 다음 각 호의 사업을 수행하기 위하여 **독거노인종합지원센터**를 설치·운영할 수 있다.
  1. 홀로 사는 노인에 대한 정책 연구 및 프로그램의 개발
  2. 홀로 사는 노인에 대한 현황조사 및 관리
  3. 홀로 사는 노인 돌봄사업 종사자에 대한 교육
  4. 홀로 사는 노인에 대한 돌봄사업의 홍보, 교육교재 개발 및 보급
  5. 홀로 사는 노인에 대한 돌봄사업의 수행기관 지원 및 평가
  6. 관련 기관 협력체계의 구축 및 교류
  7. 홀로 사는 노인에 대한 기부문화 조성을 위한 기부금품의 모집, 접수 및 배부
  8. 그 밖에 홀로 사는 노인의 돌봄을 위하여 보건복지부장관이 위탁하는 업무

「노인복지법」 제32조(노인주거복지시설)
① 노인주거복지시설은 다음 각 호의 시설로 한다.
  1. 양로시설 : 노인을 입소시켜 급식과 그 밖에 일상생활에 필요한 편의를 제공함을 목적으로 하는 시설
  2. 노인공동생활가정 : 노인들에게 가정과 같은 주거여건과 급식, 그 밖에 일상생활에 필요한 편의를 제공함을 목적으로 하는 시설
  3. **노인복지주택** : 노인에게 주거시설을 임대하여 주거의 편의·생활지도·상담 및 안전관리 등 일상생활에 필요한 편의를 제공함을 목적으로 하는 시설

09 ③이 답인 이유
투사 방어기제는 자신의 실패, 좌절, 불안에 대해 다른 사

람을 탓하는 형태의 방어기제이다. 제시된 사례에서 예서는 성적에 대한 불안을 엄마 탓으로 돌림으로써 자신의 실패에 대한 초자아의 비난을 면하고자 하는 투사 방어기제를 사용하고 있다.

10 ④가 답인 이유
자산조사를 통해 수급자격을 부여하는 것은 선별적 제도인 공공부조이다. 사회보험은 수급자격을 위해 자산조사를 요하지 않는 보편적 제도이다.

11 ④가 답인 이유
이야기체기록은 사회복지사의 재량에 따라 유연하게 기록할 수 있지만, **추후에 원하는 정보를 찾거나 정보를 복구하기 어렵다**는 단점이 있다.

12 ③이 답인 이유
개별화된 서비스 제공은 국가(중앙정부)보다 민간부문에서 담당하는 것이 좋다.

13 ③이 답인 이유
길버트와 테렐(Gilbert & Terrell)은 사회적 할당의 원리를 크게 귀속적 욕구, 기여(보상), 진단적 구분, 자산조사의 네 가지로 제시했으며, **기본소득이나 사회수당**은 이 중 **귀속적 욕구**를 따르는 보편주의적 사회보장제도이다.

오답 체크
① 우리나라의 **건강보험제도뿐만 아니라 의료급여에도 본인부담금이 있다**. 2종 수급권자의 경우 의료기관 이용 시 본인부담금을 좀 더 많이 부담하게 하고 있다.
② 긍정적 차별(positive discrimination)은 길버트와 테렐(Gilbert & Terrell)이 제시한 급여 유형 중 **기회(opportunity)** 급여를 통해 부정적 차별을 보상하는 제도이다.
④ 2세 미만 아동에게 지급하는 부모급여는 기존의 무상보육과 가정양육수당을 통합한 개념이기 때문에 **별도의 가정양육수당 없이 부모급여로 통합되어 지급**된다. 다만 8세 미만을 대상으로 하는 아동수당은 이와 별도이기 때문에 2세 미만의 아동은 부모급여와 아동수당을 둘 다 지급받게 된다.

14 ②가 답인 이유
사례관리에서 강조하는 주요 원칙 중에서도 가장 중요한 원칙은 클라이언트 역량강화의 원칙이다.

15 ①이 답인 이유
- 양로시설은 노인주거복지시설이고, 노인요양시설은 노인의료복지시설이다.
- ②는 노인여가복지시설, ③은 재가노인복지시설, ④는 노인주거복지시설에 속한다.

16 ②가 답인 이유
전문 사회복지사 활동이 매우 중요하긴 하지만, 사회복지행정은 다양한 외부의 자원과 환경에 영향을 많이 받는다.

> **일반행정과 다른 사회복지행정의 특징**
> 1. 변화해야 할 속성을 안고 있는 클라이언트와 직접 접촉하면서 활동한다.
> 2. 서비스를 제공받는 클라이언트의 복지를 보호하고 증진하도록 사회에서 위임받았고, 그 때문에 정당화된다. 공공의 이익을 위해 사회적, 물질적, 비물질적 후원을 받는다.
> 3. 목표가 애매하고 모호하며, 목표에 대해 합의를 얻기 어렵다.
> 4. 투입되는 원료가 도덕적 가치를 지닌 인간이라는 점에 의해 조직 활동이 영향을 받는다. 따라서 거의 모든 활동이 도덕적으로 정당화되어야 하므로 기술과 활동 수행에 제약이 많다.
> 5. **외부의 많은 공공 또는 민간 기관과 업무관계를 맺고 재정원천도 외부에 의존한다.** 따라서 서비스 대상자나 프로그램 방향 등 정책 결정이나 기술 적용에 있어 가치와 이해관계 갈등이 발생하면 많은 혼란을 겪을 수 있다.
> 6. 전반적인 사회과학적 지식의 불확실성과 원조관계에 대한 지식의 불확실성 때문에 서비스 결과의 성공률이 뚜렷하게 높지 못하다. 즉, 소기의 성과를 얻기에는 불완전한 지식과 기술을 사용하고 있다.
> 7. 핵심적인 활동은 종사자와 서비스 대상자인 클라이언트와의 관계로 이루어진다. 따라서 현장에서 활동하는 전문 사회복지사들의 활동이 중요시된다.
> 8. 서비스의 효과를 타당하게 측정할 수 있는 단일한 표준척도를 만들기 어렵다. 따라서 결과에 대한 논란이 많고 변화와 혁신에 대한 저항이 다른 조직보다 더 강할 수 있다.

17 ①이 답인 이유
사회보험의 수입과 지출 총액은 비교적 예측이 용이하지만, 공공부조는 그 재정을 예측하기가 쉽지 않다.

18 ①이 답인 이유
다차원의 사회계층 체제의 형성은 **자유주의 복지체제(복지국가)** 유형의 특징에 해당한다.

19 ②가 답인 이유
- 국민기초생활 보장제도에서는 18세 이상 64세 이하의 수급자 중 근로능력이 있다고 판단될 경우 자활사업에 참가할 것을 조건으로 생계급여를 지급한다. 이렇게 자활사업 참여를 의무조건으로 생계급여를 지급받은 수급자를 '조건부수급자'라고 한다. 따라서 조건부수급자는 자활사업 의무참여자이다.
- 자활사업에는 의무 참여자인 조건부수급자 이외에도 일반수급자, 특례수급 가구의 가구원, 자활급여특례자, 차

상위계층 등이 참여할 수 **있다.**

20 ④가 답인 이유

체계적 표집(계통표집)의 절차는 다음과 같다.

① 표집간격을 구한다. 표집간격은 모집단의 수에서 표본의 수를 나누면 된다. 예를 들어, 1000명에서 100명을 체계적으로 뽑는다면, 1000에서 100을 나눈 값 10이 표집간격이 된다.

② 첫 번째 표집간격 내에서 한 사례를 무작위로 뽑는다. 예를 들어 표집간격이 10이라면 1~10 사이의 값 중 한 값을 무작위로 추출한다.

③ 예를 들어 3이 무작위로 뽑혔다면, 나머지 표본은 이 3에 표집간격 10을 더하는 방식으로 3, 13, 23, 33, ... 이렇게 선정한다.

저자 김유경

서울대학교 사회복지학 석·박사

서울대학교, 세종대학교, 서울시립대학교, 경기대학교,
　　서울사이버대학교, 평택대학교 등 다수 대학에서 강의

에쎔 사회복지사 1급 수험서 집필 및 유튜브 강의

현 공단기 사회복지학 대표강사, 세종대학교 강사,
　　사회복지법인 자광재단 이사

전 광진복지재단(연구원), 노숙인다시서기지원센터(과장),
　　서울대학교 사회복지연구소(선임연구원)

김유경 사회복지학개론
동형모의고사2 실전대비 예상문제 총 50회

1판 1쇄 발행 2024년 2월 20일

지은이　김유경
펴낸이　김동근
펴낸곳　**지식터**

등　록　2022년 10월 19일 (등록번호 제396-2022-000170호)
주　소　경기도 고양시 일산동구 정발산로 24 웨스턴타워 3차 417호(장항동)
전　화　031-811-8500
팩　스　031-811-8600
이메일　jster22@naver.com
홈페이지　www.jster22.com
ISBN　979-11-92845-95-1 (13330)

값 29,000원
잘못된 책은 구입처에서 바꾸어 드립니다.
무단전재와 복제를 금합니다.

김유경 PASS
사회복지학개론(상)

2023년 6월 발행 | 322쪽 | 20,000원
979-11-92845-47-0

김유경 PASS
사회복지학개론(하)

2023년 7월 발행 | 368쪽 | 21,000원
979-11-92845-48-7

김유경 PASS
사회복지학개론 복습노트

2023년 6월 발행 | 224쪽 | 15,000원
979-11-92845-49-4

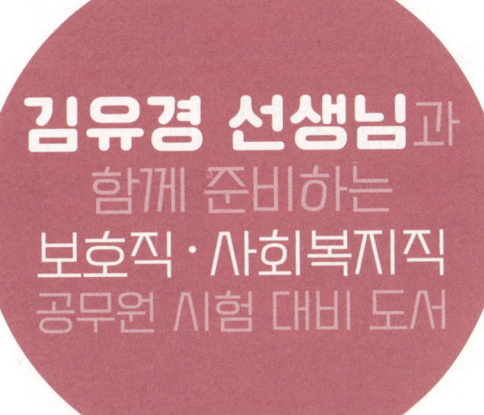

김유경 사회복지학개론
단원별 기출문제집

2023년 9월 발행 | 548쪽 | 33,000원
979-11-92845-72-2

김유경 선생님과
함께 준비하는
보호직·사회복지직
공무원 시험 대비 도서

김유경 사회복지학개론
기출문제집 복습노트

2023년 9월 발행 | 348쪽 | 24,000원
979-11-92845-74-6

필다나 핵심콕콕
사회복지학개론
알짜 필기노트

2023년 8월 | 308쪽 | 22,000원
979-11-92845-61-6

김유경 사회복지학개론
동형모의고사 1
기출재조합 중심

2023년 9월 발행 | 152쪽 | 16,000원
979-11-92845-80-7

김유경 사회복지학개론
단원별 모의고사

2024년 1월 발행 | 362쪽 | 25,000원
979-11-92845-88-3